MUDE SUA DIETA

EM 52 PASSOS SIMPLES

CB056543

Sharon Palmer

MUDE SUA DIETA

EM 52 PASSOS SIMPLES

Fotografias de Heather Poire
Tradução de Maria Sylvia Corrêa

Editora
ALAÚDE

Copyright © 2014 by Sharon Palmer
Copyright da tradução © 2015 Alaúde Editorial Ltda.
Copyright das fotografias © 2014 Heather Poire

Título original: *Plant-Powered for Life – Eat Your Way to Lasting Health with 52 Simple Steps and 125 Delicious Recipes*

Todos os direitos reservados. Nenhuma parte desta edição pode ser utilizada ou reproduzida – em qualquer meio ou forma, seja mecânico ou eletrônico –, nem apropriada ou estocada em sistema de banco de dados sem a expressa autorização da editora.

O texto deste livro foi fixado conforme o acordo ortográfico vigente no Brasil desde 1º de janeiro de 2009.

Este livro é uma obra de consulta e esclarecimento. As informações aqui contidas têm o objetivo de complementar, e não substituir, os tratamentos ou cuidados médicos. Os benefícios para a saúde de uma dieta baseada em frutas, verduras, legumes e sementes são reconhecidos pela medicina, mas o uso das informações contidas neste livro é de inteira responsabilidade do leitor. Elas não devem ser usadas para tratar doenças graves ou solucionar problemas de saúde sem a prévia consulta a um médico ou a um nutricionista. Uma vez que mudar hábitos alimentares envolve certos riscos, nem a autora nem a editora podem ser responsabilizadas por quaisquer efeitos adversos ou consequências da aplicação do conteúdo deste livro sem orientação profissional.

PREPARAÇÃO: Bóris Fatigati da Silva
REVISÃO: Bia Nunes de Sousa e Cacilda Guerra
CAPA: Luiz Morikio
FOTO DA AUTORA: Vanessa Stump
PROJETO GRÁFICO: Cesar Godoy e Rodrigo Frazão
IMAGENS DE MIOLO: ShutterStock.com (Showcake, p. 314; Artem Shadrin, p. 319; Iravgustin, p. 336; Olha Afanasieva, p. 339)
IMPRESSÃO E ACABAMENTO: EGB – Editora Gráfica Bernardi Ltda.

1ª edição, 2016
Impresso no Brasil

Dados Internacionais de Catalogação na Publicação (CIP)
(Câmara Brasileira do Livro, SP, Brasil)

Palmer, Sharon
  Mude sua dieta em 52 passos simples / Sharon Palmer ; fotografias de Heather Poire ; tradução de Maria Sylvia Corrêa. -- São Paulo : Alaúde Editorial, 2016.

  Título original: Plant-powered for life : eat your way to lasting health with 52 simple steps and 125 delicious recipes.

  Bibliografia.
  ISBN 978-85-7881-341-3

  1. Alimentos naturais 2. Culinária vegetariana 3. Nutrição 4. Receitas culinárias I. Poire, Heather. II. Título.

15-11269   CDD-641.5636

Índices para catálogo sistemático: 1. Receitas : Culinária vegetariana 641.5636

2016
Alaúde Editorial Ltda.
Avenida Paulista, 1337, conjunto 11
São Paulo, SP, 01311-200
Tel.: (11) 5572-9474
www.alaude.com.br

Sumário

Nota à edição brasileira	11
Apresentação	13
1. Estabeleça a sua própria meta	19
Refogado à moda de Xangai com arroz negro	20
Fettuccine ao romesco	22
2. Tire a carne do centro de seu prato	25
Tacos de tofu e cogumelos	26
Pizza salada de rúcula	28
Cozido de grão-de-bico com couve e zátar	30
3. Recupere tradições culinárias ou crie outras	33
Cozido de vagem com cebola caramelizada	34
Feijão-vermelho com jambalaya de quiabo	36
Salada de udon com gergelim e ervilha-torta	38
4. Aprecie as leguminosas não apenas pelas proteínas	41
Feijão à moda do Caribe	42
Salada de lentilha com tomate-cereja	44
5. Consuma alimentos da forma mais natural possível	47
Grão-de-bico tostado bem temperado	48
Salada de vagem, tomate e amêndoas	50
6. Abasteça a despensa com um arsenal de vegetais poderosos	53
Hambúrguer de farro e feijão-branco	54
Risoto de aveia com aspargos	56
7. Coma, no mínimo, seis porções de vegetais todos os dias	59
Couve no missô com castanha de caju	60
Macarrão de abóbora com molho de tomate e pignoli	62
Salada de chuchu e jicama	64
8. Informe-se antes de comer	67
Macarrão soba com amendoim e seitan	68
Sopa de abobrinha e orzo	70
Pilaf de centeio e pimentão vermelho	72
9. Coma mais, pese menos	75
Abacaxi e manga com coco	76
Salada de endívia com ervilhas, broto de ervilha e molho cremoso de limão	77
Couve-de-bruxelas assada com limão, sálvia e avelãs	78

10. Prefira os grãos integrais pelo sabor e pela saúde — 81
    Salada de quinoa vermelha — 82
    Cuscuz marroquino com damasco e pistaches — 84
    Pãozinho de minuto de painço e laranja — 86

11. Boas refeições não acontecem por acaso:
    planeje com sabedoria — 89
    Nhoque de batata-doce com pesto de pistaches e laranja — 90
    Salada tropical de repolho-roxo e espelta — 92

12. Faça da variedade um lema — 95
    Tradicional salada de alface com tofu — 96
    Polenta com molho à putanesca — 98
    Cassoulet de alecrim e azeitonas — 100

13. Compre com consciência e propósito — 103
    Cozido de inhame e lentilha à moda etíope — 104
    Lasanha de alcachofra e berinjela à moda mediterrânea — 106
    Feijão à moda siciliana — 108

14. Descubra tesouros vegetais com os produtores,
    em cooperativas ou no seu quintal — 111
    Shortcake de morango e macadâmias — 112
    Aspargo e tofu assados no limão e endro — 114

15. Planeje três a quatro porções de frutas por dia — 117
    Crumble de pêssego e cranberries — 118
    Sorbet de melancia e manjericão — 120

16. Lembre-se: fresco nem sempre é melhor — 123
    Sopa de tortilha — 124
    Barrinhas de aveia e figo — 126

17. Inspire-se pelo mundo afora — 129
    Sopa sueca de ervilha — 130
    Penne integral com pesto à moda de Trápani — 132

18. Mude para azeite extra virgem — 135
    Salada de batata à moda da Pantelária — 136
    Couve-flor assada com condimentos moídos na hora — 138

19. Seja exigente com os carboidratos — 141
    Bolinho de abóbora temperadinho com semente de abóbora — 142
    Cevada com algas marinhas e amendoim — 144

20. Arrume tempo para um café da manhã bem equilibrado — 147
    Feijão-carioca e tofu à moda mexicana — 148
    Tigela de quinoa e banana com pasta de amendoim — 149
    Panquecas de trigo-sarraceno e pera — 150

21. Alimente-se bem mesmo na correria 153
    Salada de cenoura, beterraba e trigo-sarraceno à moda de Mumbai 154
    Wraps de tofu ao curry com papaia 156
22. Belisque direito! 159
    Homus de edamame 160
    Biscoitos crocantes de gengibre e amaranto 162
23. Gaste um tempo cozinhando todo dia – e valorize isso! 165
    Focaccia de grão-de-bico com tomate seco e azeitonas 166
    Abobrinha recheada com centeio e açafrão 168
    Salada de hortaliças em fita com molho de limão 170
24. Priorize alimentos de verdade 173
    Salada picante de feijão-fradinho 174
    Tabule de trigo-sarraceno 176
    Mingau de teff com tâmara, figo e pistache 178
25. Coma folhas verde-escuras todos os dias 181
    Salada de arroz selvagem com caqui e espinafre baby 182
    Fusilli à toscana com acelga e favas 184
26. Tempere! 187
    Muhammara 188
    Sopa de lentilha vermelha com batata e sálvia 190
    Tagine marroquino vegetariano com cuscuz 192
27. Jogue fora o sal e invista em sabores de verdade 195
    Quesadillas de feijão-preto, abacate e coentro 196
    Torradas rústicas de feijão-branco e tomate seco 198
28. Faça das refeições um passeio pelo arco-íris 201
    Waffles de aveia e mirtilos 202
    Salada de maçã, erva-doce e rúcula 204
    Cozido de chana dal 205
29. Invista em utensílios de cozinha que economizem
    tempo e dinheiro 207
    Cozido defumado com batata-doce 208
    Guandu com abóbora e sofrito 210
30. Não tenha medo de gorduras 213
    Guacamole fresco com tomate e pimenta 215
    Barrinhas nutritivas de noz-pecã, cereja e chia 216
31. Ganhe energia com oleaginosas e sementes 219
    Biscoitos integrais com sementes 220
    Mingau de aveia, maçã e cardamomo à moda escandinava 222
    Pasta caseira de amêndoa, amendoim e sementes 223

32. Respeite a época de cultivo dos vegetais	225
Batata e ervilha cremosas	226
Abóbora assada com gengibre e cardamomo	228
Pavê de damasco, ameixa e pêssego	230
33. Aprecie os doces – quando eles valem a pena	233
Torta cremosa de pasta de amendoim	234
Bolo de maçã e uva-passa	236
Torta de batata-doce e noz-pecã	238
34. Coma o vegetal inteiro	241
Lentilha com cogumelos silvestres e brócolis	242
Borscht de beterraba e folhas de beterraba	244
35. Cultive as bactérias boas	247
Feijão-preto e milho picante	248
Arroz-doce integral com banana e coco	250
Wraps de alface à moda tailandesa	252
36. Fortaleça os ossos com alimentos de origem vegetal	255
Mexido de tofu Califórnia	256
Polenta com folhas de mostarda	258
37. Fique de bem com a soja	261
Ratatouille de tofu	262
Frigideira de tempeh e noodle com couve-chinesa	264
38. Respeite os alimentos nativos	267
Feijão-rajado com milho à moda cajun	268
Succotash de verão com tomate	270
39. Alimente-se com consciência	273
Sopa de tomate e cevada	274
Salada de frutas vermelhas com molho de zimbro	276
40. Conheça a história dos alimentos	279
Salada toscana de couve com nectarina e castanha-do-pará	281
Purê trufado de batata e nabo	282
41. Ostente um bigode de leite vegetal	285
Sopa de batata assada e alho-poró	286
Lassi de soja e morango	288
42. Obtenha ômega-3 dos vegetais todos os dias	291
Pão de linhaça, banana e nozes	292
Tigela crocante de farro e chia com frutas frescas	294
Mix energético de chocolate amargo e cereja	295
43. Invente suas vitaminas	297
Shake matinal de frutas e amêndoas	298
Vitamina verde tropical	299

44. Descubra a magia dos cogumelos — 301
    Suculento feijão-branco assado com shitake — 302
    Gratinado de brócolis e cogumelo — 304
    Torta de espinafre e cogumelo portobello — 306
45. Mordisque vegetais crus — 309
    Salada primaveril com divino molho verde — 310
    Salada de ervas e kiwi com pistache e molho de laranja — 312
46. Separe um tempo para um café ou um chá — 315
    Refresco de limão e alfazema — 316
    Café gelado batido com avelãs — 317
    Chá de romã e flores — 318
47. Reserve um espaço para alimentos fermentados — 321
    Lámen com kimchi coreano — 322
    Sanduíche de grão-de-bico e algas marinhas — 324
48. Esbalde-se com pequenas porções de chocolate amargo — 327
    Chocolate quente picante — 328
    Brownie de feijão-preto e nozes — 329
49. Experimente grãos (e leguminosas) germinados — 331
    Abobrinha com arroz germinado — 332
    Granola de lentilha germinada com damasco — 334
50. Aprecie bebidas alcoólicas, sobretudo vinho tinto, mas com moderação — 337
    Vinho quente com uvas-passas e amêndoas — 338
51. Compartilhe a paixão pelo poder dos vegetais — 341
    Queijo de castanha de caju com pipoca de sementes — 342
    Salada de abóbora e cebola caramelizada — 344
    Cupcake de cenoura com cobertura de chocolate — 346
52. Estabeleça novas metas — 349
    Espetinhos vegetarianos com seitan ao chimichurri — 350
    Legumes ao forno com kümmel — 352
    Bolo salgado de cereais e nozes com molho de cogumelo — 354

Observações sobre ingredientes — 357
Outras leituras — 361
Agradecimentos — 362
Índice remissivo — 363

Nota à edição brasileira

A premissa de *Mude sua dieta em 52 passos simples* é a de que devemos sempre tentar incluir mais refeições à base de vegetais integrais no nosso cardápio diário, não importa qual seja o regime alimentar adotado. Para isso, a autora oferece 52 dicas para facilitar essa mudança de paradigma e torná-la um hábito.

Muitas das sugestões que a autora apresenta ao longo do livro já fazem parte, de uma maneira ou de outra, da cultura alimentar brasileira (note-se que, em muitas partes do país, a combinação de arroz e feijão, uma mistura de vegetais, é a base das principais refeições diárias). Entretanto, observamos que o brasileiro vem paulatinamente abandonando a dieta tradicional e adotando dietas cada vez mais parecidas com a do público norte-americano, para quem este livro foi originalmente pensado.

A autora faz diversas vezes uso de versões enlatadas de produtos como feijão e tomate. Entendemos que isso é uma forma de tornar o uso de alimentos de origem vegetal na cozinha mais prático e, por isso, mais frequente, principalmente em países cuja dieta não faz uso recorrente desses produtos. Mantivemos as ocorrências de tomates enlatados e indicamos na lista de ingredientes quando leguminosas como o feijão e o grão-de-bico devem ser incorporados às receitas já cozidos.

Esperamos que a presença deste livro em lares brasileiros possa servir de inspiração para o descobrimento de novas maneiras de se alimentar de forma equilibrada, com refeições cada vez mais baseadas no poder nutritivo dos vegetais integrais.

Boa leitura, e aproveite sua jornada!

Os editores

Legenda

🕐 tempo de preparo

🕐 tempo total

🍴 rendimento

Apresentação

Se eu pudesse oferecer apenas um único conselho nutricional, ele seria: *apaixone-se pelos vegetais*. Pois, se começamos a amar os vegetais de verdade – desejando seus sabores, suas texturas, seus aromas e suas cores –, eles vão corresponder. Vegetais integrais, que vêm sendo cultivados pela humanidade ao longo de séculos, têm o poder de conservar a nossa saúde, funções e boa forma, auxiliando-nos a ter uma vida longa, rica e plena. Simples assim.

Nas páginas a seguir, vou deixar esta afirmação elementar mais clara e equipá-lo com 52 hábitos igualmente simples que formam o cerne da alimentação à base de vegetais integrais, junto com receitas que inspiram e sustentam. Passo a passo, vou levar você em uma jornada rumo a uma saúde melhor e a todas as outras recompensas que uma dieta rica em alimentos de origem vegetal pode oferecer. Ao longo desse trajeto, você vai aprender tantas coisas maravilhosas sobre esses alimentos que só um coração de pedra não se apaixonaria por eles.

Todas as plantas alimentícias – grãos, leguminosas, verduras, frutas, oleaginosas ou sementes – têm uma história. Por exemplo, a cenoura surgiu no Afeganistão como uma raiz roxa ou amarela, até que os agricultores holandeses se apropriassem de uma mutação laranja da cenoura e desenvolvessem o ancestral dessa raiz de hoje, adocicada, alaranjada e carnuda. Ou o quiabo, que chegou aos Estados Unidos com as africanas escravizadas, que enfiaram sementes de quiabo no cabelo – um de seus bens mais preciosos – quando foram sequestradas da África ocidental.

Ao longo da História, as pessoas coletaram e nutriram os vegetais, que eram seu sustento, seu remédio e sua vida. Também permutaram esses vegetais preciosos entre mundos distintos – linhaça e tâmara da Mesopotâmia, condimentos exóticos do Oriente e batata, tomate e chocolate do Novo Mundo. Agricultores começaram a guardar as sementes de suas culturas mais bonitas e saborosas – de abóbora a milho –, reconhecendo-as como um bem a ser conservado e plantado no ano seguinte. Hoje em dia, existem milhares de variedades de vegetais lindos para colhermos. Pensemos em qualquer vegetal – por exemplo, o tomate ou o feijão –, e vamos ver que é possível encontrar centenas, às vezes milhares de diferentes variedades. Mesmo que alguém tentasse, uma vida não seria suficiente para experimentar todos os tipos de plantas comestíveis disponíveis no planeta.

Enquanto os homens se ocupavam em coletar, cultivar e comer esses vegetais incríveis, eles lhes retribuíam. Pode-se dizer que eles nos agradeciam por garantirmos que sua descendência sobrevivesse pelos anos vindouros. E sua retribuição era a boa saúde. Todo vegetal continha compostos que o protegiam do sol, dos insetos e de doenças, e presenteavam o seu consumidor com uma saúde vibrante. Os vegetais nutriram a visão, a pele, o cérebro e o coração.

Hoje em dia, ao consumirmos vegetais em sua forma natural e integral – como eles crescem na natureza ou nas fazendas –, é possível suprir a nossa dieta de tudo o que é bom: fibras, proteínas, gorduras saudáveis, carboidratos de baixo índice glicêmico, vitaminas, minerais e fitoquímicos (compostos vegetais com atividade de proteção à saúde). Seja alguém onívoro, pescetariano, vegetariano ou vegano, é possível obter benefícios ao procurar mais alimentos vegetais integrais.

Sendo especializada em nutrição, ajudei milhares de pessoas a ter uma vida mais saudável através da dieta. E, como jornalista, participo de congressos sobre nutrição no mundo inteiro, entrevistando pesquisadores importantes da área, além de estudar as pesquisas publicadas sobre o assunto todos os dias, para me manter atualizada sobre o conjunto de evidências científicas relacionadas à saúde e à nutrição. Essa ampla base científica aponta para um fato convincente: uma dieta à base de vegetais inteiros e alimentos integrais é nossa melhor defesa contra as doenças.

Precisamos voltar com passo firme para os vegetais que nos sustentaram. Precisamos abandonar a típica dieta ocidental. Essa dieta – cheia de alimentos extremamente processados, carnes gordurosas, gorduras saturadas, sódio e açúcar, e pateticamente deficiente em plantas alimentícias integrais, como grãos, leguminosas, verduras e frutas (e em nutrientes abundantes nesses alimentos, como as fibras, as vitaminas e os minerais) – está nos matando. Lutamos contra uma enxurrada de doenças relacionadas à alimentação: doenças cardíacas, obesidade, diabetes tipo 2, câncer, doença de Alzheimer, envelhecimento precoce, morte precoce, comprometimento de funções mentais e físicas, e assim por diante.

Até os nossos filhos enfrentam agora essas doenças em índices sem precedentes. Quando comecei a trabalhar como nutricionista, a diabetes tipo 2 era denominada de "diabetes de adulto", pois raramente ocorria antes dos 40 anos. Atualmente, ela aparece em crianças também. Além disso, as crianças de hoje podem sofrer derrames e estão nos primeiros estágios da arteriosclerose (acúmulo de gordura nas artérias), resultado de dietas pobres e falta de exercício. Pela primeira vez na História, nossas crianças estão destinadas a ter uma vida mais curta que a nossa.

À medida que as crianças que apresentam precocemente fatores de risco de diabetes e derrame amadurecem, seremos sobrecarregados com saúde ruim, contas médicas e invalidez. Os recursos do planeta inteiro já estão sobrecarregados: os cientistas afirmam que seria necessário uma Terra e meia para dar conta do nosso consumo de alimentos, água e energia. Talvez alguém se surpreenda ao saber que 51% das nossas emissões de gases de efeito estufa são geradas pela agropecuária. Não é mais sustentável comer dessa maneira – nem para nós, nem para nossas crianças, nem para o planeta.

A alimentação é uma aliada poderosa e pode literalmente salvar a nossa vida. É possível reduzir em 80% o risco de todas as doenças crônicas (sim, isso mesmo!) ao adotar um estilo de vida saudável, que inclua comer e beber com qualidade, fazer exercícios físicos e não fumar. Nenhum remédio pode se gabar dessas vantagens.

Apresentação

A mais favorável das dietas para uma vida saudável – e para o planeta – está ao nosso alcance. Ela é tão delicada e simples que costuma passar desapercebida em meio aos brados das dietas da moda. Trata-se simplesmente de uma dieta que se volta para a natureza, para o consumo dos alimentos básicos e integrais que já nos nutriram anteriormente.

Desde que escrevi o meu primeiro livro, *The Plant-Powered Diet* [título não publicado no Brasil], tive o prazer de conhecer muitas histórias bem-sucedidas de pessoas que modificaram a sua alimentação e colheram as recompensas. Algumas pessoas fizeram alterações profundas e viraram veganas; outras fizeram mudanças moderadas, como cortar a carne vermelha ou adotar uma dieta predominantemente baseada em alimentos de origem vegetal. Essas mudanças deram resultados maravilhosos: perda de peso, interrupção do uso de medicamentos para pressão alta, para diabetes ou para controle do colesterol, melhoria dos sintomas de doenças crônicas, e assim por diante. Acima de tudo, as pessoas me relataram que simplesmente se "sentiam bem", tanto em termos de saúde como em termos da sua posição na cadeia produtiva. Não se sentiam em privação, como se estivessem fazendo regime. Ao contrário, desfrutavam de alimentos vegetais deliciosos e completos.

Nos capítulos deste livro, espero que *você* se renda ao fascínio dos vegetais, saboreando e respeitando a nutrição que proporcionam, seu ótimo paladar e a dádiva que são em termos de saúde. Comece por estabelecer sua própria meta (ver página 19) e conquiste esse objetivo passo a passo. Você pode seguir as etapas na ordem em que são apresentadas ou pular algumas e traçar um caminho próprio. Cumpra um por semana durante um ano, ou leve no seu ritmo.

Também apresento receitas 100% à base de alimentos de origem vegetal para que você experimente em sua cozinha. Planejadas de acordo com a abundância de ingredientes e sabores vegetais energéticos disponíveis no mundo, esses pratos vão recompensar o seu esforço com uma saúde vibrante *e* com refeições vibrantes.

Todas as receitas são plenas de energia de nutrientes essenciais. Quando uma receita fornece uma quantidade significativa de determinada vitamina ou mineral – pelo menos 10% do valor diário (VD) necessário a um adulto, com base em uma dieta de 2.000 calorias –, esse nutriente está listado como um "nutriente estrelado". Embora eu acredite que uma boa nutrição tem mais a ver com comida do que com nutrientes, apresento essa informação para ilustrar como os alimentos de origem vegetal podem ser boas fontes de nutrientes, como cálcio, ferro e zinco. A lista de informações nutricionais em cada receita também inclui a quantidade de calorias, proteína, carboidrato, gordura, gordura saturada, fibra, açúcar (considerando o açúcar adicionado e o açúcar que o vegetal apresenta naturalmente) e sódio de cada receita, a fim de auxiliá-lo na tomada de decisões de acordo com suas necessidades específicas de nutrientes.

As receitas não contêm glúten ou, senão, oferecem substituições fáceis sem glúten. Alguns ingredientes (inclusive grãos, farinhas, fermento em pó e condimentos, como o shoyu, mas não apenas esses) podem conter glúten ou estar sujeitos a conter traços de glúten, dependendo do fabricante. Se você faz uma dieta sem glúten, leia as embalagens com cuidado e escolha marcas confiáveis. Observe que não é todo mundo que precisa seguir uma dieta livre de glúten: ela pode ser tão saudável quanto qualquer outro estilo de alimentação mas não é necessariamente melhor, caso você não sofra de doença celíaca ou de qualquer outro distúrbio relacionado ao glúten.

Ao adotar cada um dos 52 passos deste livro e reforçá-los ao longo do tempo com as suas atitudes e com aquilo que você cozinha, você vai adquirir novos hábitos consistentes. Hábitos que vão propiciar saúde o ano todo e pela vida afora. Você também vai aprender que a alimentação à base de alimentos de origem vegetal é simples e deliciosa.

Comece a mudar sua dieta com o poder dos vegetais agora. E, quando você experimentar os benefícios dela, nunca mais vai querer que termine.

ns simples
Mude sua dieta
em 52 passos simples

Refogado à moda de
Xangai com arroz negro

Estabeleça a sua própria meta

Refogado à moda de Xangai com arroz negro
Fettuccine ao romesco

1

Ninguém se alimenta do mesmo jeito. Tem gente que come fora duas vezes por dia; outras pessoas raramente vão a restaurantes. Tem gente que come carne todo dia; outras pessoas nunca fazem isso. Mas todos nós podemos ter boa saúde e bem-estar se nos concentrarmos mais nos alimentos integrais de origem vegetal e menos nos alimentos de origem animal.

O primeiro passo para isso é estabelecer uma meta pessoal para incorporar alimentos de origem vegetal à dieta. Não se trata de "fazer regime", mas sim de se comprometer com mudanças concretas e duradouras que funcionem para você. Se essa meta acabar se alterando com o tempo, tudo bem.

Vegano energizado pelo poder dos vegetais	Vegetariano energizado pelo poder dos vegetais	Onívoro energizado pelo poder dos vegetais
Exclui todos os alimentos de origem animal, inclusive laticínios e ovos	Exclui todas as carnes, mas inclui laticínios e ovos	Pescetariano: exclui todas as carnes, exceto peixe e frutos do mar Semivegetariano: consome pequenas porções de carne

Observe como você come diariamente e pergunte-se:

- Quantas porções de alimentos de origem animal você consome por dia?
- Quantas porções de alimentos de origem vegetal você consome por dia?
- Em que período do dia costuma consumir esses alimentos?
- Que hábitos alimentares você gostaria de alterar? (Talvez você queira eliminar as carnes processadas, como bacon, linguiças e presunto, que, em comparação a demais alimentos de origem animal, foram relacionadas a um maior risco de desenvolvimento de câncer, doenças cardíacas e diabetes tipo 2.)

Em seguida, estabeleça a sua própria meta para incorporar mais alimentos de origem vegetal à sua dieta. Anuncie essa meta em alto e bom som! Por exemplo, dependendo de suas metas, pode ser algo como: "Vou cortar a carne vermelha e consumir uma refeição semanal sem carne e com alimentos integrais" ou "Vou consumir laticínios, ovos, peixes e alimentos vegetais integrais" ou ainda "Vou ter uma dieta inteiramente vegana".

Agora que determinou a meta, faça uso deste livro para atingi-la!

Ver foto na página 18

Mude sua dieta em 52 passos simples

Refogado à moda de Xangai com arroz negro

- 21 minutos
- 33 minutos
- 8 porções (cerca de 1¼ xícara do refogado e ½ xícara de arroz cada)

Uma das melhores maneiras de começar a seguir uma dieta à base de vegetais integrais é priorizar pratos que valorizem vegetais, como este refogado, que inclui uma mistura de verduras e legumes chineses tradicionais – broto de bambu, castanha-d'água chinesa, minimilho, cenoura, repolho chinês e broto de feijão. Acrescente tofu, tempeh ou seitan para dar um toque de proteína vegetal. Os onívoros podem preferir misturar um pouquinho de carne magra ou frutos do mar como "tempero". Refogado pleno de sabor e textura, suas cores realmente saltam aos olhos quando sobrepostas ao negro do arroz, que também é conhecido como "arroz proibido" – o grão era tão valioso que era reservado aos imperadores chineses.

1⅓ xícara de arroz negro
2⅓ xícaras de água
1 colher (sopa) de óleo de gergelim
1 cenoura média fatiada (ver Nota)
1 cebola média fatiada grosseiramente
3 dentes de alho médios picados fino
1½ colher (chá) de gengibre fresco picado fino
1 colher (sopa) de gergelim preto
1 pimentão verde médio fatiado grosseiramente
1¾ xícara de milho em conserva, escorrido
227 g de castanha-d'água chinesa em conserva escorrida
227 g de broto de bambu em conserva escorrido
3 xícaras de acelga fatiada
1 xícara de cogumelos fatiados
1 xícara de broto de feijão fresco
¼ de xícara de coentro fresco picado
3 colheres (sopa) de shoyu com baixo teor de sódio
½ colher (chá) de vinagre de arroz
1 colher (sopa) de xarope de agave
¼ de xícara de caldo de legumes com baixo teor de sódio (ver página 346)
1 colher (sopa) de amido de milho
2 cebolinhas picadas
½ xícara de castanhas de caju picadas grosseiramente

1. Em uma panela pequena, junte o arroz e a água, e cozinhe em fogo médio a baixo por 30 minutos, até o arroz ficar macio e a água ser absorvida.
2. À parte, em uma frigideira larga ou wok, aqueça o óleo de gergelim em fogo médio.
3. Acrescente a cenoura e a cebola, refogando por 3 minutos.
4. Adicione o alho, o gengibre e o gergelim, refogando por mais 5 minutos.
5. Junte o pimentão, o milho, a castanha-d'água e o broto de bambu e refogue por mais 3 minutos.
6. Acrescente a acelga, os cogumelos, o broto de feijão, o coentro e refogue por mais 3 minutos.
7. Em uma tigela pequena, misture o shoyu, o vinagre, o xarope de agave, o caldo e o amido de milho até obter uma consistência homogênea. Despeje na panela dos legumes e continue refogando por cerca de 3 minutos, até o caldo engrossar e os legumes ficarem macios mas ainda firmes. Decore o refogado com a cebolinha e as castanhas de caju e sirva com o arroz.

Nota: Um processador com função de fatiar pode ser bem útil para cortar os legumes frescos desta receita.

Variação: Acrescente 340 g de tofu firme em fatias (para um resultado melhor, prensado; ver página 115) com a acelga.

CADA PORÇÃO: 272 calorias, 10 g de proteína, 44 g de carboidrato, 9 g de gordura, 1,5 g de gordura saturada, 6 g de fibra, 9 g de açúcar, 279 mg de sódio
NUTRIENTES ESTRELADOS: ácido fólico (27% VD), niacina (18% VD), riboflavina (13% VD), tiamina (19% VD), vitamina A (107% VD), vitamina B6 (27% VD), vitamina C (96% VD), vitamina K (68% VD), cálcio (14% VD), cobre (50% VD), ferro (14% VD), magnésio (26% VD), manganês (70% VD), fósforo (25% VD), potássio (18% VD), selênio (15% VD), zinco (14% VD)

Fettuccine ao romesco

- 8 minutos
- 11 minutos
- 8 porções (cerca de ⅔ de xícara de massa e ⅓ de xícara de molho cada)

O molho romesco foi criado no nordeste da Espanha como um acompanhamento saboroso para pratos regionais com frutos do mar e legumes. Este rico molho vermelho é reforçado com pimentões vermelhos assados – cheios de licopenos, que combatem doenças – e é servido com massa fresca, que pode ser encontrada na seção refrigerada de muitos supermercados. Trata-se de um prato excelente para dar início a uma dieta à base de alimentos vitais de origem vegetal, embora seja possível servi-lo com uma pequena quantidade de proteína animal, se você preferir. Reserve a sobra do molho para comer com pão ou torradas.

Molho romesco
1 pimenta pequena com sementes sem o talo e cortada em quartos
3 dentes de alho médios
439 g de pimentões vermelhos assados em conserva, com o líquido
½ xícara de amêndoas tostadas picadas
3 colheres (sopa) de massa de tomate
1 colher (sopa) de páprica defumada
uma pitada de pimenta-de-caiena em pó
3 colheres (sopa) de vinagre de vinho tinto
1 colher (sopa) de azeite extra virgem
uma pitada de sal marinho (opcional)
454 g de fettuccine fresco (integral, se possível; ver Nota)

Acompanhamentos opcionais
mais amêndoas tostadas
ervas frescas, como manjericão, alecrim ou orégano

1. Para fazer o molho romesco: em um processador ou liquidificador, coloque a pimenta, o alho, os pimentões assados, as amêndoas, a massa de tomate, a páprica, a pimenta-de-caiena, o vinagre e o azeite, e bata por cerca de 1 minuto para obter uma consistência homogênea. Vá raspando as laterais do copo do aparelho, se necessário. Experimente e acerte o sal, se desejar.
2. Despeje o molho romesco em uma tigela para servir e deixe à temperatura ambiente, a menos que vá servir mais tarde (ver Nota).

3. Leve à fervura uma panela grande com água e cozinhe o fettuccine, por 2 a 3 minutos, até ficar al dente. Escorra a água. Disponha a massa em uma travessa e sirva imediatamente, com o molho romesco por cima, em porções individuais. Decore com as amêndoas e as ervas frescas, se desejar.

Nota: Se não conseguir encontrar fettuccine integral fresco, pode substituí-lo pela mesma quantidade de massa seca, cozinhando-a por 8 a 10 minutos, de acordo com as instruções da embalagem. Esta receita será livre de glúten se for usada massa sem glúten. Guarde a sobra do molho romesco na geladeira, em recipiente hermeticamente fechado, por até 2 semanas. Fica ótimo com pão, como molho ou patê, e acompanhando saladas com grãos ou legumes.

Variação: Misture ao molho romesco 220 g de tofu ou seitan assado cortado em cubos pequenos antes de servir.

....

CADA PORÇÃO: 297 calorias, 11 g de proteína, 51 g de carboidrato, 7 g de gordura, 1 g de gordura saturada, 9 g de fibra, 2 g de açúcar, 144 mg de sódio
NUTRIENTES ESTRELADOS: ácido fólico (10% VD), niacina (17% VD), riboflavina (11% VD), tiamina (20% VD), vitamina A (19% VD), vitamina B6 (10% VD), vitamina C (35% VD), vitamina E (14% VD), cobre (18% VD), ferro (20% VD), magnésio (27% VD), manganês (99% VD), fósforo (20% VD), zinco (11% VD)

Pizza salada de rúcula

Tire a carne do centro de seu prato

Tacos de tofu e cogumelos
Pizza salada de rúcula
Cozido de grão-de-bico com couve e zátar

Imaginemos o seguinte: um prato imenso com um enorme pedaço de carne no meio, ladeado por uma colherada de purê de batatas e um pouco de vagem. Ou isto: uma bandeja de lanchonete com um cheesebúrguer em um pão branco, acompanhado de uma folha de alface murcha, uma fatia de tomate e um cone transbordando de batatas fritas. Nessas duas refeições, o alimento de origem animal – sobretudo a carne – ocupa o centro do prato, acompanhado de uma porção acanhada (muitas vezes, industrializada) de vegetais.

Essas refeições representam uma dieta tipicamente norte-americana, que muitos sempre consideram "saudável". Foi esse tipo de refeição que levou os Estados Unidos a consumir três vezes mais carne que a média mundial. É também o que os leva rapidamente rumo à obesidade, a doenças cardíacas, diabetes tipo 2 e câncer.

Agora, imaginemos o seguinte: feijão-vermelho simples em cima do arroz, ladeado por um monte de abóbora, pimentão, cebola e ervas cozidas. Ou um pão sírio integral servido com homus, salada de trigo e hortelã e uma generosa porção de berinjela assada. Essas refeições estão baseadas em produtos sazonais e regionais e têm a carne – quando ela aparece – como um complemento, não como o item principal. Pelo mundo afora, da África à América do Sul e à Ásia, as pessoas que se alimentam dessa maneira apresentam níveis mais baixos de doenças crônicas. Cientistas já apelidaram esses estilos de alimentação de dietas do "homem pobre", mas elas costumam ser ricas tanto em sabor como em nutrientes. Uma das maneiras mais fáceis de fazer a transição para uma dieta fortalecida pelo poder dos vegetais é mudar o modo de pensar o planejamento das refeições. Ao planejar as refeições da semana, não devemos pensar em frango na segunda-feira e bife na terça. Pensemos em couve na segunda e lentilha na terça. Começando com os alimentos de origem vegetal, não sentimos falta da carne.

Tacos de tofu e cogumelos

- 17 minutos
- 17 minutos
- 8 porções
  (1 taco para cada porção)

Não é difícil tirar a carne do centro do prato quando nos concentramos em preparos frescos, de inspiração internacional, como estes tacos picantes. Você nem vai sentir falta da carne quando preparar este prato rápido, que certamente vai satisfazer a família inteira. Combine-o com a Sopa de tortilha (página 124) a fim de equilibrar a refeição. Melhor de tudo: guarde as sobras do recheio, que, reaquecidas, dão um almocinho rápido no dia seguinte.

227 g de tofu firme (para um resultado melhor, utilize escorrido e prensado; ver página 115)
1 colher (chá) de azeite extra virgem
1½ xícara de cogumelos picados fino (por exemplo, cogumelos portobello pequenos)
2 cebolinhas picadas
1 dente de alho médio picado fino
2 colheres (sopa) de molho de tomate tipo mexicano, e mais ½ xícara para servir
1 colher (chá) de tempero para taco com baixo teor de sódio (ver página 359)
1 colher (chá) de shoyu com baixo teor de sódio
1¾ xícara de feijão-preto cozido
2 xícaras de verduras
2 tomates médios picados
1 abacate médio sem casca cortado em 8 fatias
8 tortilhas integrais de 15 cm de diâmetro (por exemplo, de milho ou de trigo integral)
1 xícara de queijo vegetal em pedaços (opcional)
creme azedo vegetal (opcional; ver página 358)

1. Use um ralador ou um processador para desmanchar o tofu.
2. Em uma frigideira grande, aqueça o azeite em fogo médio e acrescente os pedaços de tofu, o cogumelo, a cebolinha e o alho. Refogue por 2 minutos.
3. Acrescente o molho de tomate, o tempero para taco e o shoyu. Refogue por mais 5 a 7 minutos até os cogumelos ficarem macios.
4. À parte, esquente o feijão-preto no micro-ondas ou no fogo médio.
5. Disponha em uma travessa as verduras, o tomate e o abacate.
6. Esquente as tortilhas no micro-ondas ou em uma frigideira quente por 30 segundos.

7. Para montar os tacos: recheie cada tortilha com aproximadamente ¼ de xícara da mistura de tofu e cogumelos, ¼ de xícara de feijão-preto, ¼ de xícara de verduras, 3 colheres (sopa) de tomate picado, 1 fatia de abacate, 2 colheres (sopa) de queijo vegetal, um bocado de creme azedo vegetal, se desejar, e 1 colher (sopa) de salsa.

Nota: Conserve na geladeira a sobra do recheio de taco em um recipiente hermeticamente fechado por até 2 dias. Reaqueça-o por alguns minutos no micro-ondas ou em uma frigideira pequena e sirva com os demais ingredientes, como sugerido.

....

CADA PORÇÃO: 244 calorias, 10 g de proteína, 31 g de carboidrato, 10 g de gordura, 2 g de gordura saturada, 7 g de fibra, 2 g de açúcar, 430 mg de sódio
NUTRIENTES ESTRELADOS: ácido fólico (13% VD), vitamina A (11% VD), vitamina C (14% VD), vitamina K (13% VD), cálcio (13% VD), ferro (11% VD), potássio (12% VD)

Ver foto na página 24

Mude sua dieta em 52 passos simples

Pizza salada de rúcula

- 13 minutos
- 45 minutos
- 8 porções (1 fatia cada)

Eis aqui como repensar um prato: uma salada verde fresca e uma pizza integral em uma refeição só, que dá para fazer em 45 minutos. Que comida deliciosa e rápida para as noites atribuladas da semana! Combine-a com a substanciosa Sopa de lentilha vermelha com raízes e sálvia (página 190) e tenha uma refeição completa e satisfatória.

massa de pizza integral caseira (ver Nota) ou comprada pronta (454 g) ou preparada com uma mistura pronta integral
fubá para salpicar
⅓ de xícara de molho de tomate
1½ colher (chá) de orégano seco
1 xícara de queijo vegetal ralado (ver Nota)
2 xícaras de rúcula e espinafre baby frescos
1½ xícara de tomate-cereja amarelo cortado ao meio
½ pimentão vermelho médio picado
1 abacate médio maduro sem casca fatiado
½ xícara de pistaches sem casca torrados
1 colher (sopa) de vinagre balsâmico
1 colher (sopa) de azeite extra virgem

1. Preaqueça o forno a 180 °C. Abra a massa da pizza em uma assadeira ou pedra (35 cm de diâmetro), previamente polvilhada com fubá.
2. Espalhe o molho de tomate na massa, salpique o orégano e espalhe o queijo vegetal. Leve a assadeira ou a pedra ao forno por 30 a 35 minutos, até a crosta dourar e ficar firme ao toque.
3. Logo antes de servir, retire a massa do forno e cubra-a com a rúcula, o espinafre, o tomate-cereja, o pimentão, o abacate e os pistaches. As verduras vão murchar rapidamente.
4. Regue com o vinagre e o azeite. Sirva imediatamente.

Nota: Você pode preparar a sua massa de pizza em casa. Misture ¾ de xícara de água morna (43 °C), 1½ colher (chá) de fermento biológico seco e 1 colher (chá) de mel em uma tigela. Deixe descansar por 10 minutos. Junte 1½ colher (chá) de azeite extra virgem e 1¾ xícara de farinha de trigo integral. Despeje a massa em uma superfície ligeiramente enfarinhada e sove por 10 minutos. Coloque a massa em uma tigela untada, cubra com uma toalha e deixe em um lugar quente por 1 hora. Depois, continue com o passo 1 da receita. Elimine o queijo vegetal, se desejar.

Variação: Substitua a rúcula e o espinafre baby por outras folhas firmes, como couve e couve-manteiga.

....

CADA PORÇÃO: 258 calorias, 12 g de proteína, 34 g de carboidrato, 8 g de gordura, 1 g de gordura saturada, 5 g de fibra, 5 g de açúcar, 466 mg de sódio
NUTRIENTES ESTRELADOS: vitamina A (11% VD), vitamina C (28% VD), vitamina K (19% VD), cálcio (15% VD), ferro (11% VD)

Cozido de grão-de-bico com couve e zátar

- 13 minutos
- 17 minutos
- 8 porções (1 xícara generosa cada)

Um modo infalível de criar um prato cujos ingredientes principais são de origem vegetal é recorrer à culinária do Mediterrâneo – a quintessência da alimentação à base de alimentos de origem vegetal vinculada a uma infinidade de benefícios. Este prato mediterrâneo ganha um toque de zátar, uma mistura de condimentos tradicional do Oriente Médio que inclui sumagre, tomilho, gergelim, manjerona e orégano. O zátar, que costuma ser salpicado em cima dos pratos para lhes dar um sabor a mais, oferece a este cozido os seus aromas vibrantes – e você pode prepará-lo em minutos. Sirva com pão sírio integral ou Muhammara (página 188).

1 colher (chá) de azeite extra virgem
1 cebola pequena picada
2 dentes de alho médios picados
2½ colheres (chá) de zátar (ver Nota)
½ colher (sopa) de pimenta calabresa
411 g de tomate pelado em cubos sem sal, com o líquido
1¾ de xícara de grão-de-bico cozido (425 g)
2 xícaras de água
1 colher (chá) de caldo de legumes com baixo teor de sódio (ver página 359)
4 xícaras de couve fresca picada
suco de ½ limão-siciliano

1. Em uma panela média, aqueça o azeite em fogo médio. Acrescente a cebola, o alho, o zátar e a pimenta calabresa e refogue por 2 minutos.
2. Junte o tomate, o grão-de-bico, a água e o caldo, tampe a panela e leve ao fogo alto até ferver.
3. Misture a couve e o suco de limão no caldo fervente, abaixe o fogo para médio e cozinhe por cerca de 2 minutos, até a couve amolecer um pouco mas sem perder a cor.
4. Sirva imediatamente.

Nota: É possível encontrar zátar em lojas especializadas em produtos árabes ou na seção de condimentos de alguns mercados públicos. Para fazer o seu, veja a página 359.

....

CADA PORÇÃO: 116 calorias, 6 g de proteína, 19 g de carboidrato, 2 g de gordura, 0 g de gordura saturada, 4 g de fibra, 2 g de açúcar, 187 mg de sódio
INGREDIENTES ESTRELADOS: ácido fólico (10% VD), vitamina A (75% VD), vitamina C (87% VD), vitamina K (313% VD), cálcio (10% VD), cobre (34% VD), manganês (36% VD), potássio (10% VD)

Salada de udon com gergelim e ervilha-torta

Recupere tradições culinárias ou crie outras

3

Cozido de vagem com cebola caramelizada
Feijão-vermelho com jambalaya de quiabo
Salada de udon com gergelim e ervilha-torta

Muita gente já consome alimentos de um amplo leque de tradições culinárias distintas. Uma noite, comemos algo com curry e, em outra, comemos yakissoba. A inspiração global pode ser deliciosa e saudável (ver página 129), mas, se a variedade só acontece quando se come fora, consumimos muito mais calorias, gorduras, gorduras saturadas, açúcar e sódio do que o necessário. E deixamos de conservar as nossas próprias tradições culinárias (ou de criá-las).

Desde sempre, a humanidade compartilhou recursos, proteção e comida em troca do bem-estar do indivíduo e da comunidade. A esta altura, já faz parte de nosso DNA compartilhar comida, o que propicia muito mais do que o simples sustento: propicia prazer, acolhimento, amor, alegria, celebração e nutrição. Por isso, todos os melhores momentos da vida – casamentos, eventos religiosos, aniversários, nascimentos – são marcados pela refeição partilhada.

Ao longo dos séculos, as crianças aprenderam sobre a cultura alimentar na cozinha, com os pais, e transmitiram esse conhecimento à geração seguinte. Talvez uma jovem tenha aprendido com a mãe a cozinhar verduras – o modo correto de lavá-las, enrolá-las, cortá-las e cozinhá-las –, uma tradição que remonta a muitas gerações da África ocidental. Basta um vínculo se romper e toda essa tradição familiar se perde para sempre.

Tenho uma perspectiva própria das tradições culinárias, filtradas pela minha avó – que foi criada no Arkansas –, pelo meu pai – de Minnesota –, pelo (quase) comprometimento da minha família com o vegetarianismo e pela minha infância – vivida na costa noroeste do Pacífico. Meu redemoinho de lembranças alimentares inclui o aroma doce de morangos maduros de uma fazenda de Washington, o saboroso feijão-fradinho da minha mãe e o "johnnycake" (pão de milho) do meu pai. Cutuque as suas lembranças para ressuscitar as suas tradições culturais gastronômicas. Essas tradições podem estar enraizadas no país dos seus antepassados ou ainda na região onde você foi criado. Talvez incluam aspectos religiosos, de celebração, de eventos familiares, de férias ou de fins de semana.

Que tradições culinárias você vai celebrar e transmitir aos seus amigos e familiares?

Cozido de vagem com cebola caramelizada

🕐 16 minutos
🕐 40 minutos
🍴 6 porções
(¾ de xícara cada)

Entre em contato com as suas raízes culinárias pensando nas comidas preferidas do seu passado. Para muita gente, essas raízes incluem o aconchego de pratos clássicos, como uma caçarola de vagens, picante, saindo do forno. A minha versão revigorada pelo poder vegetal, que troca montes de cebolas fritas por cebolas douradas e caramelizadas, é tão saudável quanto deliciosa.

1 colher (sopa) de azeite extra virgem
1 cebola amarela grande cortada ao meio e em meia-lua
¾ de colher (chá) de pimenta-do-reino moída na hora
4 xícaras de água
vagens frescas sem as pontas (454 g; ver Nota)
2 xícaras de cogumelos frescos fatiados
2 dentes de alho médios picados fino
¼ de colher (chá) de páprica doce
¼ de colher (chá) de noz-moscada em pó
2 colheres (sopa) de farinha de trigo ou, para receita sem glúten, 1 colher (sopa) de amido de milho
1½ xícara de leite vegetal sem açúcar (por exemplo, de soja, amêndoa ou coco)
uma pitada de sal marinho (opcional)
2 colheres (sopa) de farelo de pão integral (ver Nota na página 107)

1. Em uma frigideira ou panela rasa, aqueça ½ colher (sopa) de azeite em fogo médio, depois acrescente a cebola e a pimenta-do-reino. Refogue por 9 a 10 minutos até que os anéis de cebola fiquem caramelizados e dourados. Retire a cebola e reserve a frigideira vazia.
2. À parte, em uma panela grande, aqueça a água e coloque as vagens. Tampe a panela e cozinhe por 5 minutos. Escorra a água e disponha as vagens em uma travessa refratária de vidro (de aproximadamente 20 cm de largura).
3. Preaqueça o forno a 190 °C.
4. Aqueça ½ colher (sopa) de azeite na mesma frigideira usada para a cebola. Junte os cogumelos, o alho, a páprica e a noz-moscada e refogue por 4 minutos.

5. Em uma tigela pequena, misture bem a farinha e o leite vegetal para não encaroçar. Junte essa mistura aos cogumelos e cozinhe por 1 minuto, aproximadamente, até a mistura engrossar. Tempere com uma pitada de sal, se desejar. Despeje o molho de cogumelos na travessa com as vagens e misture bem.
6. Cubra a mistura de vagens com a cebola e o farelo de pão. Leve ao forno, sem cobrir, por 20 minutos e sirva bem quente.

Nota: É possível substituir as vagens frescas por congeladas (degeladas) ou em conserva (sem sal, escorridas). Nesse caso, pule o cozimento das vagens (passo 2) e coloque-as diretamente na travessa.

....

CADA PORÇÃO: 110 calorias, 7 g de proteína, 15 g de carboidrato, 4 g de gordura, 5 g de gordura saturada, 4 g de fibra, 5 g de açúcar, 80 mg de sódio
NUTRIENTES ESTRELADOS: ácido fólico (10% VD), riboflavina (14% VD), vitamina A (14% VD), vitamina B6 (11% VD), vitamina C (21% VD), vitamina K (14% VD), cálcio (13% VD), manganês (13% VD)

Feijão-vermelho com jambalaya de quiabo

- 18 minutos
- 1 hora e 30 minutos
- 6 porções (1½ xícara cada)

Não importa de onde somos, podemos tomar algo emprestado do caldeirão culinário do mundo a fim de dotar o nosso prato de ousadia. Os sabores crioulos de Nova Orleans – embebidos de uma rica tradição cultural, que inclui a África, o Caribe e o Novo Mundo – estão entre os meus preferidos. Talvez você se surpreenda ao descobrir que muitos desses pratos tradicionais, como a jambalaya, são à base de vegetais: feijão e arroz. Esta refeição de um único prato é uma explosão de sabores, e ela fica mais substanciosa servida com uma baguete integral crocante. As sobras ficam maravilhosas no dia seguinte.

1 colher (chá) de azeite extra virgem
1 cebola grande picada
3 dentes de alho médios picados fino
¼ de colher (chá) de pimenta-de-caiena em pó
¼ de colher (chá) de páprica doce
¼ de colher (chá) de cominho em pó
2 colheres (chá) de pimenta vermelha chili em pó
¼ de colher (chá) de sal de aipo
molho de pimenta (opcional)
1 xícara de arroz cateto integral
2 pimentões médios (vermelho, amarelo ou verde) picados
2 cenouras médias picadas
2 talos de salsão picados
2 xícaras de quiabo fresco ou congelado picado
411 g de tomate assado em cubos, com o líquido
1¾ xícara de feijão-vermelho cozido mais ⅔ de xícara do caldo de cozimento
2 xícaras de caldo de legumes com baixo teor de sódio (ver página 359)
½ xícara de água
¼ de xícara de salsinha picada

1. Em uma frigideira larga, aqueça o azeite em fogo médio.
2. Acrescente a cebola e refogue por 5 minutos.
3. Junte o alho, a pimenta-de-caiena, a páprica, o cominho, a pimenta vermelha, o sal de aipo, o molho de pimenta (se desejar) e o arroz. Cozinhe por 2 minutos, mexendo sempre.

4. Acrescente o pimentão, a cenoura, o salsão e o quiabo. Refogue por mais cerca de 5 minutos, mexendo sempre.
5. Adicione o tomate, o feijão-vermelho, o caldo de legumes e a água. Misture bem. Deixe ferver, abaixe o fogo para médio a baixo, tampe a panela e deixe cozinhando por 1 hora e 10 minutos a 1 hora e 20 minutos, até o arroz ficar macio, mexendo de vez em quando. Adicione mais água, se necessário, mas a consistência deve ser mesmo espessa.
6. Retire do fogo e salpique a salsinha pouco antes de servir.

Variação: Substituir o feijão-vermelho por qualquer outro feijão ou leguminosa (tais como feijão-preto, grão-de-bico ou outras variedades).

CADA PORÇÃO: 280 calorias, 10 g de proteína, 56 g de carboidrato, 3 g de gordura, 1 g de gordura saturada, 12 g de fibra, 7 g de açúcar, 424 mg de sódio
NUTRIENTES ESTRELADOS: ácido fólico (17% VD), tiamina (11% VD), vitamina A (110% VD), vitamina B6 (15% VD), vitamina C (113% VD), vitamina K (74% VD), cálcio (12% VD), cobre (15% VD), ferro (16% VD), magnésio (13% VD), manganês (35% VD), fósforo (14% VD), potássio (19% VD), zinco (12% VD)

Ver foto na página 32

Mude sua dieta em 52 passos simples

Salada de udon com gergelim e ervilha-torta

- 20 minutos
- 20 minutos
- 6 porções (1 xícara generosa cada)

Evoque a tradicional perspicácia asiática para reforçar suas refeições com aromas e saúde. Repleta de uma variedade de aromas, texturas e cores, esta salada de inspiração japonesa é fácil e pode ser preparada em um instante. É um prato excelente para levar a uma reunião de amigos ou para o almoço do trabalho. Com a mistura de sabores, ela fica ainda melhor no dia seguinte.

260 g de udon
1 colher (sopa) de vinagre de arroz
2 colheres (sopa) de suco de laranja
1 colher (sopa) de xarope de agave
3 colheres (sopa) de shoyu com baixo teor de sódio
1 colher (sopa) de óleo de gergelim
1 colher (sopa) de pasta de amendoim sem sal
½ colher (chá) de gengibre fresco picado fino
2 dentes de alho médios picados fino
¼ de colher (chá) de pimenta calabresa
227 g de ervilhas-tortas cozidas no vapor, sem as pontas e cortadas ao meio
1 cenoura média cortada em palitinhos
3 cebolinhas picadas
1 colher (sopa) de gergelim (preto ou branco)

1. Leve à fervura uma panela média com água. Coloque o udon e cozinhe, sem tampar a panela, por 10 minutos aproximadamente (de acordo com a orientação da embalagem). Despeje em uma peneira e enxágue em água fria.
2. Em uma travessa pequena, prepare o molho misturando o vinagre, o suco de laranja, o xarope de agave, o shoyu, o óleo de gergelim, a pasta de amendoim, o gengibre, o alho e a pimenta calabresa.
3. Transfira a massa já escorrida para uma tigela grande. Acrescente o molho e misture. Junte as ervilhas-tortas, a cenoura e a cebolinha, misturando novamente. Salpique o gergelim.
4. Deixe esfriando até a hora de servir.

Variações: Acrescente 227 g de tofu cortado em cubos pequenos (para um resultado melhor, prensado; ver página 115) ou uma lata de 425 g (1¾ xícara) de feijão cozido sem temperar, como o azuqui ou o carioca, no passo 3. Use massa de arroz em vez de udon para que a receita seja sem glúten.

CADA PORÇÃO: 230 calorias, 9 g de proteína, 40 g de carboidrato, 4,5 g de gordura, 5 g de gordura saturada, 3 g de fibra, 7 g de açúcar, 315 mg de sódio
NUTRIENTES ESTRELADOS: niacina (11% VD), tiamina (10% VD), vitamina A (38% VD), vitamina C (48% VD), ferro (13% VD)

Salada de lentilha
com tomate-cereja

Aprecie as leguminosas não apenas pelas proteínas

4

Feijão à moda do Caribe
Salada de lentilha com tomate-cereja

Ah, o despretensioso feijão. As leguminosas, que são sementes tiradas das vagens quando maduras, incluem os feijões, as favas, as ervilhas e as lentilhas, e aparecem como gênero de primeira necessidade em quase todas as dietas tradicionais do planeta, desde o grão-de-bico do Oriente Médio até o feijão-vermelho da América Central. Claro, existem boas razões para isso: esses vegetais frugais e não perecíveis chegam muito perto da perfeição. Uma porção de meia xícara propicia um bom suprimento de pelo menos nove vitaminas e minerais essenciais, bem como uma dose cavalar de fibras, carboidratos de absorção lenta e proteínas. Na verdade, meia xícara de leguminosas cozidas tem quase a mesma quantidade de proteínas que 30 g de carne, por isso é importante incluir essas belezinhas diariamente em uma dieta baseada no poder dos vegetais.

As leguminosas também são ricas em fitoquímicos protetores do vegetal que se relacionam à proteção da saúde. Por exemplo, muitas leguminosas de cor escura, como o feijão-preto ou a lentilha escura, contêm antocianinas, o mesmo pigmento encontrado em muitas frutas bem coloridas, como o mirtilo e o cranberry. Hoje em dia, muita gente não consome o suficiente dessas saudáveis plantas alimentícias. Nas dietas atuais, elas foram suplantadas pelos alimentos de origem animal e produtos altamente processados.

Trace um plano para ingerir leguminosas todos os dias. No brunch, gosto de feijão-carioca ou feijão-preto cozido e servido com tortilhas ou assado acompanhado de torradas; no almoço, um wrap picante com feijão, lentilha ou homus e, no jantar, um feijão cozido com curry ou um cozido de feijão-fradinho com verduras. As leguminosas podem até servir de lanche, se lambiscamos o edamame direto da vagem ou se tostamos o grão-de-bico bem temperado (ver página 48). Para não haver problemas digestivos, insira as leguminosas lentamente em sua dieta, caso não esteja acostumado a elas, mas tenha como objetivo pelo menos uma porção diária a fim de obter os melhores benefícios para a saúde.

Feijão à moda do Caribe

- 18 minutos
- 1 hora e 45 minutos (tempo de molho não incluído)
- 10 porções (1 xícara cada, aproximadamente)

Tente inserir as leguminosas em sua dieta pelo menos algumas vezes por semana. Não é difícil, pois existem inúmeras variedades deliciosas e coloridas. Lindos feijões-brancos funcionam como uma tela para inspirar uma receita caribenha, mas, se preferir, faça este prato vibrante com o feijão-preto mesmo. Sirva com tortilhas integrais e salada verde, e obtenha uma refeição integral e substanciosa.

340 g ou 1¾ xícara de feijão orca ou feijão-carioca
2 xícaras de água, e mais para deixar o feijão de molho
2 xícaras de caldo de legumes com baixo teor de sódio (ver página 359)
½ xícara de suco de laranja
170 g de massa de tomate
1 colher (chá) de azeite extra virgem
1 cebola média picada
1 pimentão vermelho médio picado
1 pimenta jalapeña média picada
2 dentes de alho médios picados fino
½ colher (chá) de coentro em grãos
½ colher (chá) de cominho em pó
1 colher (chá) de tomilho seco
¼ de colher (chá) de páprica defumada, ou a gosto
10 pistilos de açafrão macerados no pilão
1 folha de louro
½ xícara de coentro fresco picado

1. Cubra o feijão de água e deixe de molho, de véspera.
2. Escorra o feijão e coloque-o em uma panela grande com 2 xícaras de água, o caldo, o suco de laranja e a massa de tomate. Tampe a panela e leve à fervura em fogo médio a alto. Depois, abaixe o fogo para médio e deixe o feijão cozinhando por 1 hora e 30 minutos.
3. Enquanto o feijão cozinha, aqueça o azeite em uma frigideira. Acrescente a cebola e refogue por 4 minutos. Junte o pimentão, a pimenta jalapeña, o alho, o coentro em grãos, o cominho, o tomilho e a páprica, refogando por mais 4 minutos. Adicione essa mistura de vegetais refogados, o açafrão e o louro à panela de feijão. Tampe.

4. De vez em quando, mexa o feijão, adicionando água se necessário, embora a consistência tenha que ser espessa. Quando o feijão ficar macio (depois do tempo total de 1 hora e 30 minutos de cozimento), retire o louro e adicione com o coentro fresco.

Nota: Para preparar este prato em uma panela elétrica (slow cooker), coloque na panela o feijão escorrido e todos os ingredientes restantes e cozinhe por 4 a 5 horas na potência alta. Para melhores resultados, refogue os vegetais como indicado no passo 3 antes de colocá-los na panela.

CADA PORÇÃO: 153 calorias, 10 g de proteína, 28 g de carboidrato, 1 g de gordura, 0 g de gordura saturada, 10 g de fibra, 5 g de açúcar, 257 mg de sódio
NUTRIENTES ESTRELADOS: ácido fólico (37% VD), tiamina (15% VD), vitamina B6 (12% VD), vitamina C (79% VD), vitamina K (15% VD), cobre (21% VD), ferro (20% VD), magnésio (15% VD), manganês (23% VD), fósforo (16% VD), potássio (23% VD)

Ver foto na página 40

Mude sua dieta em 52 passos simples

Salada de lentilha com tomate-cereja

- 15 minutos
- 30 minutos (sem incluir o tempo para esfriar)
- 6 porções (1 xícara cada, aproximadamente)

O feijão não é o único membro da família das leguminosas que vale exaltar. As lentilhas, cheias de fibras e vitaminas, são igualmente nutritivas. Além disso, cozinham em apenas 15 ou 20 minutos – sem precisar deixar de molho. Anos atrás, um amigo francês me passou uma receita tradicional de salada de lentilha que a mãe fazia. Essa receita proporciona um prato maravilhoso e rico em proteínas, realçando qualquer refeição. Como seus sabores continuam se mesclando, também fica ótimo no dia seguinte. Sirva com uma baguete integral torrada e Ratatouille de tofu (página 262) e apresente uma verdadeira refeição do interior francês.

454 g de lentilhas cruas ou 3 xícaras de lentilhas cozida (ver Nota)
4 xícaras de água
2 colheres (chá) de caldo de legumes com baixo teor de sódio (ver página 359)
4 talos ou 1½ xícara, aproximadamente, de salsão picado
1½ xícara de tomate-cereja cortado ao meio
2 cebolas pequenas picadas fino
¼ de xícara de salsinha picada fino
1½ colher (sopa) de azeite extra virgem
2 colheres (chá) de mostarda de Dijon
2 colheres (sopa) de vinagre de vinho tinto
1 colher (chá) de ervas de Provença (ver página 359)
pimenta-do-reino moída na hora a gosto
1 dente de alho médio picado fino
uma pitada de sal marinho (opcional)

1. Em uma panela, coloque as lentilhas, a água e o caldo. Tampe e leve à fervura em fogo alto. Abaixe o fogo para médio e cozinhe por 15 a 20 minutos, até as lentilhas ficarem macias, porém firmes.
2. Retire do fogo, escorra todo o líquido e transfira as lentilhas para uma tigela grande. Deixe esfriar por pelo menos 30 minutos.
3. Junte o salsão, o tomate-cereja, a cebola e a salsinha.
4. Em uma tigela pequena, prepare o molho misturando o azeite, a mostarda, o vinagre, as ervas de Provença, a pimenta-do-reino e o alho.
5. Misture o molho nas lentilhas. Experimente e tempere com o sal. Deixe esfriar até a hora de servir.

Nota: Se estiver com pressa, pode usar lentilhas pré-cozidas e congeladas, caso encontre. Embora a salada de lentilhas francesa clássica use lentilhas puy (pequenas e verde-escuras), experimente outras variedades, se encontrar, para dar uma cor.

Variação: Substitua as lentilhas por feijão ou outra leguminosa cozida – como feijão-branco, feijão-rajado ou favas.

....

CADA PORÇÃO: 136 calorias, 8 g de proteína, 19 g de carboidrato, 4 g de gordura, 5 g de gordura saturada, 4 g de fibra, 3 g de açúcar, 55 mg de sódio
NUTRIENTES ESTRELADOS: ácido fólico (40% VD), tiamina (10% VD), vitamina A (13% VD), vitamina B6 (11% VD), vitamina C (19% VD), vitamina K (67% VD), cobre (13% VD), ferro (16% VD), magnésio (10% VD), manganês (24% VD), fósforo (16% VD), potássio (14% VD)

Salada de vagem, tomate e amêndoas

Consuma alimentos da forma mais natural possível

5

Grão-de-bico tostado bem temperado
Salada de vagem, tomate e amêndoas

Alimento integral: este termo está literalmente na boca de todo mundo. Mas o que é um alimento integral? Pense em termos de algo "próximo da natureza". Observando de perto um alimento integral, é possível imaginar como ele foi cultivado. Por exemplo, quando vejo um maço de mostarda, penso na planta, com suas raízes firmes no solo, e enxergo o agricultor cortando as folhas verdes e tenras da base da planta. A mesma coisa ocorre quando vejo o feijão-branco a granel. Penso na fileira de pés de feijão e as vagens pendentes no calor do sol, e no agricultor, que deixa as sementes amadurecerem e secarem antes de colher as vagens.

Tais alimentos vêm na forma "integral" – não são pulverizados, nem refinados, nem desnaturados quimicamente. Eles não precisam de rótulos nem de marketing no supermercado. Basta levá-los para casa, lavá-los, cozinhá-los e comê-los. No entanto, montes de alimentos das prateleiras passaram por inúmeras modificações antes de serem embalados. Por exemplo, a casquinha rica em nutrientes dos grãos é descartada; outros ingredientes são refinados a ponto de não conservarem nenhuma semelhança com a planta de onde vieram. Se não conseguimos reconhecer a planta que deu origem à comida, é provável que estejamos perdendo nutrientes – as fibras, as vitaminas, os minerais, os fitoquímicos encontrados em sua polpa, em sua casca e em suas sementes.

Tente garantir que *a maior parte* dos alimentos que consome esteja o mais próximo possível da natureza. Procure alimentos que sejam naturais e minimamente processados – e que tenham ingredientes que você possa discernir a olho nu. Pense em cenouras, não em salgadinhos cor de cenoura; em amêndoas, não em barrinhas de cereal com sabor de amêndoa; em milho, não em salgadinho de milho.

Grão-de-bico tostado bem temperado

- 15 minutos
- 1 hora e 30 minutos (tempo de molho não incluído)
- 12 porções (½ xícara cada, aproximadamente)

Em relação à variedade, não se restrinja à hora das refeições – beliscar também é uma oportunidade maravilhosa para recarregar a energia com uma alimentação baseada em saborosos vegetais integrais. E se estivermos precisando de uma opção aromática, de tempero exótico e saudável para beliscar, acabamos de encontrar uma! Este grão-de-bico tostado explode de sabores e é crocante. Ofereça uma tigela cheia deles como aperitivo em uma festa, ou prepare uma fornada para beliscar pela semana inteira. Cada porção compreende 7 g de proteína e 7 g de fibra, o que significa que este aperitivo vai ajudar você a se sentir satisfeito e sem fome até a refeição seguinte.

448 g de grão-de-bico
¼ de colher (chá) de pimenta calabresa (ver Nota)
3 bagas de cardamomo
¼ de colher (chá) de feno-grego
½ colher (chá) de cominho em grãos
¼ de colher (chá) de coentro em grãos
¼ de colher (chá) de mostarda em grãos
2 colheres (sopa) de azeite extra virgem
suco de 1 limão-siciliano médio
2 dentes de alho médios picados fino
uma pitada de sal marinho (opcional)

1. Coloque o grão-de-bico em uma tigela grande, cubra de água e deixe de molho de véspera.
2. Escorra o grão-de-bico e coloque-o de novo na tigela.
3. Preaqueça o forno a 190 °C.
4. Em um liquidificador ou processador, bata a pimenta calabresa, o cardamomo, o feno-grego, o cominho, o coentro e a mostarda por 1 minuto, aproximadamente, até ficarem bem triturados.
5. Acrescente o azeite, o suco de limão e o alho aos temperos e bata até o alho e todos os temperos ficarem bem misturados.
6. Adicione essa mistura de temperos ao grão-de-bico, revirando tudo para cobrir bem.

7. Espalhe o grão-de-bico fazendo uma camada em uma assadeira larga e leve ao forno. Asse por 1 hora e 15 minutos, aproximadamente – dependendo da textura que deseja –, revirando os grãos a cada 15 minutos.
8. Sirva imediatamente, salpicado de sal marinho, se desejar.

Nota: É possível conservar o grão-de-bico na geladeira por até 3 dias. É melhor servir quente – você pode reaquecê-los ligeiramente no micro-ondas. Se prefere um aperitivo mais picante, aumente a quantidade de pimenta calabresa.

CADA PORÇÃO: 161 calorias, 7 g de proteína, 24 g de carboidrato, 5 g de gordura, 0,5 g de gordura saturada, 7 g de fibra, 4 g de açúcar, 4 mg de sódio
NUTRIENTES ESTRELADOS: ácido fólico (53% VD), tiamina (13% VD), vitamina B6 (11% VD), ferro (14% VD), magnésio (11% VD), potássio (10% VD)

Ver foto na página 46

Mude sua dieta em 52 passos simples

Salada de vagem, tomate e amêndoas

- 10 minutos
- 30 minutos
- 6 porções (1¼ xícara cada, aproximadamente)

É fácil enxergar a ação da natureza nesta clássica salada francesa. As vagens compridas e delicadas – as variedades francesas são as ideais – são o coração desta salada, temperada com um tradicional molho francês. Essas belezuras simples e cor de esmeralda são cheias de fibras, vitaminas, minerais e fitoquímicos da família dos carotenoides, nutrientes relacionados à saúde cardíaca. Se você tem vontade de ter uma horta caseira, talvez seja uma ideia divertida começar por uma linda treliça com vagens.

2 xícaras de água
227 g de vagens-manteiga finas sem as pontas
suco de ½ limão-siciliano
1 colher (sopa) de azeite extra virgem
1 colher (chá) de xarope de agave
1 colher (chá) de mostarda de Dijon
1 colher (chá) de tomilho seco
1 dente de alho médio picado fino
uma pitada de pimenta-do-reino moída na hora
uma pitada de sal marinho (opcional)
3 xícaras de folhas novas, como alface-romana, rúcula ou alface-lisa
2 tomates médios picados
3 colheres (sopa) de amêndoas tostadas picadas grosseiramente, de preferência amêndoas espanholas

1. Leve água à fervura em uma panela média. Acrescente as vagens, tampe a panela e cozinhe em fogo médio por 6 minutos. Escorra a água e transfira as vagens para uma tigela.
2. À parte, prepare o molho, misturando o suco de limão, o azeite, o xarope de agave, a mostarda, o tomilho, o alho, a pimenta-do-reino e, se desejar, o sal marinho. Despeje o molho sobre as vagens e leve-as à geladeira para marinar por 20 minutos.
3. Arrume as folhas em uma travessa.
4. Misture o tomate às vagens frias. Arrume as vagens e o tomate sobre as folhas e espalhe as amêndoas por cima.

Nota: Caso queira preparar esta salada com antecedência, ela pode ser bem conservada na geladeira, em recipiente hermeticamente fechado, por até 3 dias. Acrescente as folhas e as amêndoas no último momento, para que não murchem.

....

CADA PORÇÃO: 69 calorias, 2 g de proteína, 6 g de carboidrato, 4 g de gordura, 0,5 g de gordura saturada, 2 g de fibra, 3 g de açúcar, 18 mg de sódio
NUTRIENTES ESTRELADOS: ácido fólico (10% VD), vitamina A (49% VD), vitamina C (14% VD), vitamina K (34% VD)

Hambúrguer de farro
e feijão-branco

Abasteça a despensa com um arsenal de vegetais poderosos

Hambúrguer de farro e feijão-branco
Risoto de aveia com aspargos

Se você não tem à mão todos os ingredientes essenciais para abraçar o poder dos vegetais, então não dá! Vai viver correndo para o supermercado, ou então desistir de refeições à base de vegetais integrais de uma vez. Porém, esse estilo de dieta pode ser fácil e simples se você reforçar a despensa com vegetais de primeira necessidade: grãos integrais, leguminosas, temperos, oleaginosas e sementes.

Tendo o essencial à mão, basta complementar com ingredientes frescos – legumes, verduras, frutas, tofu e leites vegetais – para produzir refeições fabulosas em questão de minutos. Uma xícara de arroz integral é a base de um refogado, com um punhado de grão-de-bico dá para improvisar um curry, e a aveia em flocos é a base do mingau matinal, bem como de um risoto (ver Risoto de aveia com aspargos na página 56).

Tenha sempre estes ingredientes básicos na despensa:

- Leguminosas secas ou em conserva, como feijão-carioca, feijão-fradinho, grão-de-bico e lentilha
- Vegetais secos, congelados ou em conserva, como tomate seco, ervilhas congeladas e algas secas (ver Nota na página 145)
- Frutas secas, congeladas ou em conserva, como pêssego e pera em calda sem açúcar ou maçã, damasco e mirtilo secos sem açúcar
- Ervas e condimentos, como pimenta-da-jamaica, manjericão, louro, cardamomo, pimenta-de-caiena, coentro, cominho, alho, orégano, páprica, salsinha e tomilho
- Oleaginosas e sementes, como amêndoas, amendoim e linhaça
- Óleos, como azeite extra virgem e óleo de canola prensado a frio
- Grãos integrais, como amaranto, triguilho, trigo em grãos, quinoa, farinhas integrais e massas integrais

Esses alimentos são o início de milhares de refeições mágicas com alimentos à base de origem vegetal, desde Feijão-vermelho com jambalaya de quiabo (página 36) até Polenta com molho à putanesca (página 98).

Ver foto na página 52

Mude sua dieta em 52 passos simples

Hambúrguer de farro e feijão-branco

🕐 29 minutos

🕐 2 horas e 30 minutos
(tempo de resfriamento incluído)

🍴 10 porções
(1 pão, 1 folha de alface, 2 fatias de tomate e 2 fatias de abacate cada)

Se você estoca com inteligência a sua despensa de alimentos de origem vegetal, vai conseguir produzir refeições maravilhosas todas as noites da semana. Basta combinar alguns itens da despensa – feijão em conserva, farro, aveia, nozes, ervas e azeite – com alguns itens frescos, o que inclui cogumelos, cenoura, tomate, abacate e pão de hambúrguer integral, e você vai ter uma refeição deliciosa, digna de uma noite especial, de uma festa no fim de semana ou de uma comemoração. O hambúrguer caseiro vegetariano, como estes saborosos hambúrgueres de farro e feijão-branco, obviamente fica muito acima dos congelados no que diz respeito ao sabor. E não é tão difícil de preparar como você imagina. Prepare em grande quantidade para um grupo de amigos ou para reaquecer e usar em várias refeições durante a semana.

¾ de xícara de farro cru
3 xícaras de água
1 colher (chá) de caldo de legumes com baixo teor de sódio (ver página 359)
425 g de feijão-branco em conserva sem sal, escorrido (líquido reservado)
    ou 1¾ xícara de feijão-branco cozido
1 cebola média picada fino
1 xícara de cogumelos picados fino
1 xícara de cenoura ralada (2 cenouras médias)
¼ de xícara de nozes picadas
¼ de xícara de orégano fresco picado ou 1 colher (chá) de orégano seco
2 colheres (sopa) de cebolinha picada fino
⅓ de xícara de aveia em flocos
½ xícara de farelo de pão integral (ver Nota na página 107)
1 colher (chá) de mistura de ervas com baixo teor de sódio (ver página 359)
¼ de colher (chá) de pimenta-do-reino moída na hora
¼ de colher (chá) de cúrcuma em pó
uma pitada de sal (opcional)
3 colheres (sopa) de azeite extra virgem
10 pães de hambúrguer integrais
10 folhas de alface
3 tomates médios cortados em 20 fatias
2 abacates cortados em 20 fatias

1. Coloque o farro em uma panela com a água e o caldo. Misture bem, tampe a panela e leve à fervura em fogo alto. Depois, abaixe o fogo para médio, cozinhe por 35 a 40 minutos e escorra todo o líquido que sobrar no final.
2. Coloque o feijão-branco em uma tigela e amasse-o ligeiramente com um garfo, o suficiente para continuar encaroçado e espesso. Junte o farro cozido, a cebola, os cogumelos, a cenoura, as nozes, o orégano, a cebolinha, a aveia, o farelo de pão, a mistura de ervas, a pimenta-do-reino, a cúrcuma e, se desejar, o sal marinho. Misture os ingredientes com as mãos limpas, acrescentando depois de 2 a 3 colheres (sopa) do líquido do feijão, a fim de obter uma mistura grossa, porém úmida, que tenha liga. Leve à geladeira por 1 hora.
3. Em uma frigideira larga, aqueça 1 colher (sopa) de azeite em fogo médio. Com ½ xícara da mistura de feijão, modele a massa com a mão na forma de hambúrguer, agregando os ingredientes para que não esfarelem. Com cuidado, coloque 3 ou 4 hambúrgueres no óleo quente, fritando por 6 minutos de cada lado. Vire devagar. Repita o procedimento, acrescentando 1 colher (sopa) de azeite a cada leva, até fritar tudo.
4. Sirva cada hambúrguer com 1 pão, 1 folha de alface, 2 fatias de tomate e 2 fatias de abacate.

Nota: Se você não for servir todos os hambúrgueres de uma vez, prepare e frite-os de acordo com as orientações e conserve na geladeira em recipiente hermeticamente fechado por até 3 dias. Reaqueça no micro-ondas ou em uma frigideira e sirva conforme sugerido.

Variação: Substitua o farro por 2¼ xícaras de arroz integral cozido. Esta versão não contém glúten (desde que use aveia, pão, farelo de pão e outros ingredientes sem glúten).

....

CADA PORÇÃO: 354 calorias, 11 g de proteína, 50 g de carboidrato, 15 g de gordura, 2 g de gordura saturada, 11 g de fibra, 6 g de açúcar, 378 mg de sódio
NUTRIENTES ESTRELADOS: ácido fólico (18% VD), niacina (19% VD), ácido pantotênico (11% VD), riboflavina (14% VD), tiamina (30% VD), vitamina A (53% VD), vitamina B6 (17% VD), vitamina C (17% VD), vitamina K (27% VD), cobre (19% VD), ferro (16% VD), magnésio (26% VD), manganês (84% VD), fósforo (26% VD), potássio (18% VD), selênio (52% VD), zinco (17% VD)

Risoto de aveia com aspargos

🥄 19 minutos
🕐 31 minutos
🍴 4 porções
(1¼ xícara cada, aproximadamente)

Em uma viagem para a Itália, experimentei um risoto de nozes que era uma coisa do outro mundo! Quando voltei, percebi que é possível fazer risoto de quase qualquer grão da despensa – até de aveia em flocos. Este grão, em sua forma integral, exibe uma série de nutrientes integrais, como ferro e magnésio. Mas o betaglucano, uma fibra especial encontrada na aveia, é de fato a estrela dessa festa nutritiva: o consumo de uma só porção diária já foi relacionado à queda do colesterol do sangue em até 23%. Combinando-a com sabores suculentos, como amêndoas e aspargos, temos uma forma deliciosa de consumir aveia diariamente!

1 colher (sopa) de azeite extra virgem
½ cebola grande picada
2 dentes de alho médios picados fino
1½ xícara de champignon fresco fatiado
½ colher (chá) de pimenta-do-reino moída na hora
3 xícaras de caldo de legumes com baixo teor de sódio (ver página 359)
½ xícara de vinho branco
1 xícara de aveia em flocos grossos
340 g de aspargos frescos sem as pontas e picados em pedaços de 3 cm
¼ de xícara de amêndoa tostada em lâminas
2 colheres (sopa) de sálvia fresca picada ou 1 colher (chá) de sálvia desidratada

1. Em uma panela grande, aqueça o azeite em fogo médio. Acrescente a cebola e refogue por 3 minutos.
2. Junte o alho, os cogumelos e a pimenta-do-reino, refogando por mais 1 minuto.
3. À parte, em uma panela pequena, aqueça o caldo e o vinho em fogo médio, sem deixar ferver.
4. Adicione a aveia à mistura de cogumelos. Despeje aproximadamente ½ xícara do caldo quente em cima. Cozinhe em fogo médio, com a panela destampada, mexendo sempre, até o líquido ser absorvido. Repita o procedimento, acrescentando ½ xícara de caldo por vez até ser absorvido, cozinhando e mexendo por 5 minutos. Junte os aspargos, as amêndoas e a sálvia, e continue cozinhando e acrescentando o caldo com vinho até o líquido ser incorporado e o risoto ficar cremoso mas ainda firme (15 a 20 minutos a mais).

Variação: Misture 425 g de alguma leguminosa em conserva (por exemplo, grão-de-bico, feijão-branco ou favas) no passo 4.

....

CADA PORÇÃO: 275 calorias, 13 g de proteína, 37 g de carboidrato, 9 g de gordura, 1 g de gordura saturada, 8 g de fibra, 4 g de açúcar, 52 mg de sódio
NUTRIENTES ESTRELADOS: ácido fólico (15% VD), niacina (16% VD), ácido pantotênico (15% VD), riboflavina (25% VD), tiamina (13% VD), vitamina A (14% VD), vitamina B6 (11% VD), vitamina C (14% VD), vitamina E (12% VD), vitamina K (69% VD), cálcio (10% VD), cobre (33% VD), ferro (25% VD), magnésio (10% VD), manganês (112% VD), molibdênio (13% VD), fósforo (11% VD), potássio (13% VD), selênio (15% VD)

Couve no missô
com castanha de caju

Coma, no mínimo, seis porções de vegetais todos os dias

7

Couve no missô com castanha de caju
Macarrão de abóbora com molho de tomate e pignoli
Salada de chuchu e jicama

O mundo dos vegetais oferece um leque admirável de opções. Existem literalmente milhares de vegetais, de todos os tons do arco-íris, de diferentes formas e tamanhos, desde uma ervilha do tamanho de uma pérola até abóboras do tamanho de uma criança. Os sabores e as texturas são igualmente distintos. Basta comparar a polpa adocicada e macia do inhame com o sabor picante e vivo de uma pimenta habanera!

Cada vegetal é como uma casa de força nutricional, propiciando-nos proteínas, fibras e dúzias de vitaminas, minerais e fitoquímicos essenciais a cada mordida – e tudo isso por um punhadinho de calorias. Em média, as hortaliças oferecem cerca de 25 calorias, 2 g de proteína e 5 g de carboidrato em uma porção cozida de meia xícara. (Hortaliças ricas em amido, como milho, batata, abóbora e ervilha, apresentam um pouco mais de calorias e carboidrato – embora sejam escolhas saudáveis também –, e os feijões e as lentilhas entram na categoria das leguminosas.) Estudos demonstram que pessoas que se deleitam com montes de vegetais colhem recompensas como menor risco de desenvolver certos tipos de câncer, diabetes tipo 2, doenças cardíacas, declínio cognitivo, doenças oftalmológicas e perda óssea.

Contudo, na maioria dos países ocidentais, não consumimos vegetais o suficiente. Muita gente só vai encarar alguma porção de vegetais no jantar (não, a salsinha ou a fatia de tomate do sanduíche não contam como porção!) e talvez se satisfaça com uma pequena amostra. A fim de obter os benefícios de uma dieta à base de alimentos de origem vegetal, recomendo que você tente consumir pelo menos seis porções diárias de vegetais (em geral, 1 xícara de vegetais crus ou ½ xícara de vegetais cozidos).

Talvez pareça fácil, mas isso significa que você vai ter que colocar vegetais em quase todas as refeições e lanchinhos. Inclua-os, por exemplo, refogados sobre uma torrada integral ou em um burrito vegetariano. Para beliscar ao longo do dia, leve consigo palitinhos de cenoura ou de salsão, buquezinhos de brócolis ou de couve-flor ou, ainda, vagem. E duplique os vegetais – ou triplique – servindo no jantar um cozido de legumes, uma sopa ou uma salada. Não tenha medo de incluir vegetais nos pratos, como abobrinha ralada em um recheio de taco ou cenoura ralada em bolinhos (ver Cupcake de cenoura com cobertura de chocolate, página 346). E, se você nunca foi muito de vegetais, aventure-se por esse mundo. Lá se foram os dias dos legumes borrachentos, sem graça e feitos no micro-ondas; eles foram substituídos por preparos saborosos: assados (ver Couve-de-bruxelas assada com limão, sálvia e avelãs, página 78), salteados em alho e azeite ou refogados no missô (ver Couve no missô com castanha de caju, página 60). Faça dos vegetais a estrela das suas refeições.

Ver foto na página 58

Mude sua dieta em 52 passos simples

Couve no missô com castanha de caju

- 6 minutos
- 10 minutos
- 4 porções (1 xícara cada, aproximadamente)

Entre os mais potentes vegetais em termos de nutrientes, encontram-se as folhas verde-escuras, como a couve. Aqui, ela foi combinada com o missô, uma tradicional pasta japonesa feita de soja fermentada, resultando em um prato simples, rico e saboroso. Talvez você esteja familiarizado com o missô devido a pratos japoneses famosos como a missoshiro, sopa de missô, mas ele complementa muitos pratos. Este prato simples de folhas refogadas pode ser preparado em minutos e, acompanhado do Macarrão soba com amendoim e seitan (página 68), compõe uma refeição deliciosa que pode ser feita em menos de meia hora.

1 colher (chá) de óleo de amendoim
1 colher (sopa) de missô (ver Nota)
⅓ de xícara de água
suco de ½ limão-siciliano
284 g de couve picada grosseiramente
¼ de xícara de castanhas de caju
1 colher (sopa) de algas marinhas secas picadas

1. Em uma frigideira grande, junte o óleo de amendoim, o missô, a água e o suco de limão em fogo médio. Misture com um batedor, por aproximadamente 2 minutos, até obter uma consistência macia e espumante.
2. Acrescente a couve, tampe a panela e refogue por 4 minutos, sem mexer, até a couve ficar macia mas ainda firme e de um verde vivo.
3. Decore com as castanhas de caju e as algas marinhas. Sirva imediatamente.

Nota: O missô pode ser encontrado em muitos supermercados e lojas especializadas em produtos asiáticos. Se não consumir glúten, use missô e shoyu sem glúten.

Variação: No passo 2, acrescente 170 g de tofu firme fatiado (para um resultado melhor, prensado; ver página 115), tempeh ou seitan.

....

CADA PORÇÃO: 119 calorias, 5 g de proteína, 10 g de carboidrato, 8 g de gordura, 1 g de gordura saturada, 3 g de fibra, 2 g de açúcar, 200 mg de sódio
NUTRIENTES ESTRELADOS: ácido fólico (15% VD), vitamina A (48% VD), vitamina C (22% VD), vitamina K (230% VD), cálcio (12% VD), ferro (12% VD), magnésio (17% VD), fósforo (11% VD)

Macarrão de abóbora com molho de tomate e pignoli

🕐 20 minutos
🕐 37 minutos
🍴 8 porções
(⅛ de abóbora cada)

Encontre maneiras incomuns de inserir mais vegetais em seu prato, como usar a abóbora para fazer "macarrão": basta cozinhá-la para ver que sua polpa dourada se transforma em fios parecidos com o espaguete. Combinei essa "massa" simples de abóbora com molho de tomate – um molho de tomate italiano básico e clássico – com pignoli tostados e crocantes. É um prato surpreendentemente fácil, porém tão bonito que fica parecendo que levou horas para ser preparado! Sirva com um acompanhamento à base de feijão cozido, como Feijão à moda siciliana (página 108).

1 abóbora-moranga média (aproximadamente 1,8 kg)
1 colher (sopa) de azeite extra virgem
¼ de cebola média picada fino
2 dentes de alho médios picados fino
794 g de tomate em conserva picado ou amassado, com o líquido
¼ de colher (chá) de páprica defumada
½ xícara de manjericão fresco picado ou 1½ colher (chá) de manjericão seco
uma pitada de pimenta-do-reino moída na hora ou sal marinho (opcional)
3 colheres (sopa) de pignoli torrados

1. Leve à fervura uma panela grande de água.
2. Abra a abóbora ao meio no sentido do comprimento e tire as sementes. Corte cada metade em 4 pedaços iguais, para obter um total de 8 pedaços.
3. Coloque a abóbora na água fervente, tampe a panela e cozinhe por 20 minutos, aproximadamente, em fogo médio, até que a abóbora amoleça um pouco, sem cozinhar demais nem ficar mal cozida, e seus fios possam se soltar facilmente com um garfo. Ao terminar, escorra a água e tampe a panela até a hora de servir.
4. Enquanto a abóbora estiver cozinhando, aqueça o azeite em uma frigideira ou panela grande em fogo médio.
5. Acrescente a cebola e refogue por cerca de 4 minutos. Junte o alho e refogue por mais 4 minutos, até ficar macio.
6. Em um liquidificador, junte a cebola, o alho e o tomate com o líquido e use a tecla pulsar por 2 a 3 segundos, para que os ingredientes se mesclem mas continuem pedaçudos. Como alternativa, pode-se bater até obter uma textura homogênea.

7. Devolva a mistura de tomate e cebola à panela, acrescente a páprica, o manjericão e aqueça até ficar espumoso. Junte a pimenta-do-reino e, se desejar, o sal marinho.
8. Para servir, disponha e desfie um pedaço de abóbora em cada prato. Despeje ⅓ de xícara do molho, aproximadamente, em cada gomo e coloque uma colher (chá) bem cheia de pignoli. Sirva imediatamente.

Variações: No passo 7, acrescente ao molho 283 g de tofu assado cortado em cubos ou de seitan fatiado.

....

CADA PORÇÃO: 130 calorias, 3 g de proteína, 22 g de carboidrato, 5 g de gordura, 1 g de gordura saturada, 5 g de fibra, 9 g de açúcar, 78 mg de sódio
NUTRIENTES ESTRELADOS: niacina (12% VD), vitamina A (16% VD), vitamina B6 (13% VD), vitamina C (30% VD), vitamina K (16% VD), manganês (23% VD), fósforo (16% VD), potássio (14% VD)

Salada de chuchu e jicama

⏱ 28 minutos
🕐 28 minutos
🍴 12 porções
(1 xícara cada, aproximadamente)

Palitinhos crocantes de jicama e chuchu – ambos vegetais nativos do México – combinados com grapefruit, abacate, pimenta e limão-siciliano fazem uma salada refrescante para os dias mais quentes de verão. É possível encontrar jicama (a raiz de uma vinha) em alguns supermercados ou quitandas especializadas. Em uma tarde ensolarada, gosto muito de servir esta salada estimulante como complemento de tacos vegetarianos (ver Tacos de tofu e cogumelos na página 26) ou com hambúrgueres vegetarianos grelhados.

1 jicama média cortada em palitos finos (4 xícaras, aproximadamente)
255 g de chuchu cortado em palitos finos (ver Nota)
¼ de cebola vermelha média picada fino
1 grapefruit rosa grande sem casca cortado ao meio e picado
1 abacate médio picado
1 xícara de coentro fresco picado
1 pimenta pequena (jalapeña, habanera ou dedo-de-moça) picada fino
2 limões-taiti médios
2 colheres (sopa) de azeite extra virgem
2 colheres (chá) de xarope de agave
2 dentes de alho picados fino
½ colher (chá) de pimenta-do-reino branca
uma pitada de sal marinho (opcional)

1. Em uma tigela grande, misture a jicama, o chuchu, a cebola, o grapefruit, o abacate, o coentro e a pimenta.
2. Faça tirinhas com a casca de um dos limões (descascando o limão, tirando a parte branca e fatiando a casca) e coloque em um prato pequeno. Esprema os dois limões e adicione o suco às cascas, junto com o azeite, o xarope de agave, o alho, a pimenta e, se desejar, o sal marinho. Misture tudo.
3. Tempere a salada com o molhinho.

Nota: Também conhecida como jacatupé, feijão-batata ou feijão-macuco, entre outros nomes, a jicama é uma leguminosa cuja parte comestível é a raiz, parecida com uma batata; pode ser encontrada em algumas lojas de produtos asiáticos ou substituída por yacon.

Variação: Pode-se substituir o grapefruit por 2 laranjas médias e o chuchu por 1 pepino médio.

....

CADA PORÇÃO: 83 calorias, 1 g de proteína, 10 g de carboidrato, 5 g de gordura, 1 g de gordura saturada, 4 g de fibra, 4 g de açúcar, 4 mg de sódio
NUTRIENTES ESTRELADOS: ácido fólico (10% VD), vitamina C (44% VD), vitamina K (12% VD)

Macarrão soba com amendoim e seitan

Informe-se antes de comer

Macarrão soba com amendoim e seitan
Sopa de abobrinha e orzo
Pilaf de centeio e pimentão vermelho

8

Grande parte das suas compras de mantimentos deveria ser de vegetais integrais, simples e minimamente processados: cereais integrais como aveia e quinoa, leguminosas, como feijão-carioca e lentilha, frutas e hortaliças frescas, oleaginosas e sementes, como nozes e sementes de girassol. A maior parte desses alimentos não apresenta rótulos complexos, já que são alimentos de um ingrediente único. No entanto, não há nada de mau em se virar com alguns alimentos industrializados, como granolas, pães prontos, seletas de legumes e produtos em conserva ou congelados. O bom é que muitos desses produtos vêm ostentando uma nova dedicação aos vegetais integrais, sendo possível encontrar pacotes de grãos tradicionais pré-cozidos, feijão em conserva sem sal e homus. Mas nem todos os produtos alimentícios são feitos da mesma maneira.

Ao optar por uma dieta melhor, baseada em vegetais integrais, é preciso ser exigente com os produtos que você compra. E o único jeito é ler. Duas coisas devem ser avaliadas em todas as embalagens: a tabela de valores nutricionais e a lista de ingredientes. Os valores nutricionais vão nos informar o tamanho da porção sugerida e a quantidade de calorias, gordura, gordura saturada, proteína, fibra, carboidrato e sódio de cada porção. Queremos baixos níveis de gordura saturada e de sódio, e as calorias também são uma preocupação se estamos cuidando do peso. Prefira produtos que contenham 20% ou menos do VD recomendado (valor diário, com base em uma dieta de 2.000 calorias) de calorias. Em troca, você deve ter pelo menos 10% do VD de nutrientes valiosos, como fibras e proteínas.

A lista de ingredientes é ainda mais preciosa, em muitos aspectos. O primeiro item listado apresenta a maior quantidade por peso, portanto, é mau sinal se for óleo, açúcar ou grãos refinados, como farinha de trigo ou arroz branco. Prefira então alimentos integrais com poucos ingredientes artificiais ou refinados. Por exemplo, certifique-se de que o seu homus contenha uma boa quantia de proteínas (3 g por porção é uma bela contribuição), não muito sódio (abaixo de 150 mg) e, sobretudo, ingredientes *de verdade*.

Macarrão soba com amendoim e seitan

🕐 16 minutos
🕒 16 minutos
🍴 6 porções
(1 xícara cada, aproximadamente)

Quem é que precisa de massa chinesa superindustrializada quando é possível preparar em um instante este econômico prato de massa tamanho família? Combinado com uma salada crocante, como a Salada primaveril com divino molho verde (página 310), é uma excelente solução para o jantar de uma semana atribulada ou para um almoço rápido de sábado. Guarde as sobras para o almoço do dia seguinte – elas ficam deliciosas quentes ou frias.

3 xícaras de água
198 g de macarrão soba
1 colher (chá) de óleo de gergelim
1 pimentão médio (vermelho, amarelo ou laranja) picado grosseiramente
1 xícara de brócolis picado
1 dente de alho médio picado fino
1 colher (chá) de gengibre fresco picado fino
½ colher (chá) de pimenta calabresa
1 colher (sopa) de manjericão fresco picado ou 1 colher (chá) de manjericão seco
1 colher (chá) de gergelim (preto ou branco)
227 g de seitan escorrido e fatiado
1 colher (sopa) de pasta de amendoim sem sal
¼ de xícara de caldo de legumes com baixo teor de sódio (ver página 359)
¼ de xícara de suco de laranja
1½ colher (sopa) de shoyu com baixo teor de sódio
3 colheres (sopa) de amendoim torrado picado grosseiramente
3 cebolinhas picadas

1. Leve a água a ferver em uma panela tampada. Coloque o macarrão soba, tampe a panela e abaixe o fogo para médio. Cozinhe por 5 minutos, até ficar al dente. Despeje a massa em um escorredor e passe água fria por ela.
2. Enquanto a massa cozinha, aqueça o óleo de gergelim em uma frigideira grande em fogo médio. Junte o pimentão, o brócolis, o alho, o gengibre, a pimenta calabresa, o manjericão, o gergelim e o seitan. Refogue por 6 minutos.
3. Misture a pasta de amendoim, o caldo, o suco, o shoyu e cozinhe por mais 2 minutos, mexendo.
4. Acrescente a massa cozida e escorrida e o amendoim e salteie por 2 minutos, aproximadamente, até esquentar toda a massa por completo.
5. Espalhe a cebolinha e sirva imediatamente.

Variação: Substitua o seitan por tofu extra firme cortado em cubos pequenos (para um resultado melhor, prensado; ver página 115) e o macarrão soba por massa de arroz. (Com tofu e massa de arroz, você terá um prato sem glúten, desde que verifique se os demais ingredientes, como o shoyu, são sem glúten.)

....

CADA PORÇÃO: 221 calorias, 11 g de proteína, 30 g de carboidrato, 7 g de gordura, 0,5 g de gordura saturada, 4 g de fibra, 3 g de açúcar, 391 mg de sódio
NUTRIENTES ESTRELADOS: vitamina A (22% VD), vitamina C (68% VD), vitamina K (10% VD), cálcio (10% VD), ferro (13% VD), manganês (12% VD)

Sopa de abobrinha e orzo

- 12 minutos
- 50 minutos
- 8 porções (1 xícara generosa cada)

As sopas caseiras à base de vegetais são um dos pratos mais nutritivos, econômicos e fáceis de preparar. É provável que a carga de sódio seja muito menor em uma versão caseira se comparada com muitas sopas de pacote, que podem conter até 1.600 mg em cada porção! Nos meses mais frios, deixe uma panela desta sopa cozinhando enquanto prepara o restante da sua refeição.

411 g de tomate em conserva sem sal picado, com o líquido
6 xícaras de água
2 colheres (chá) de caldo de legumes com baixo teor de sódio (ver página 359)
1 cebola pequena picada
2 cenouras médias picadas
2 talos de salsão picados
2 dentes de alho médios picados fino
¼ de colher (chá) de pimenta-do-reino moída na hora
1 colher (chá) de manjericão seco
1 colher (chá) de orégano seco
uma pitada de sal marinho (opcional)
1 xícara de orzo integral
2 abobrinhas italianas pequenas picadas

1. Coloque o tomate e a água em uma panela grande e leve ao fogo médio a alto. Acrescente o caldo, a cebola, a cenoura, o salsão, o alho, a pimenta-do-reino, o manjericão e o orégano.
2. Misture os ingredientes, tampe a panela e deixe cozinhando em fogo médio por 25 minutos.
3. Experimente e, se desejar, acrescente uma pitada de sal marinho. Junte o orzo e a abobrinha, tampe a panela e cozinhe por mais 15 minutos, até os legumes ficarem macios. Talvez seja necessário adicionar mais água para completar a que evaporou, mas a consistência deve ser espessa.

Informe-se antes de comer

Nota: Não é possível guardar esta sopa, pois o orzo absorve o líquido. Se você não vai consumi-la de uma vez, faça metade da receita ou congele a porção extra logo depois do preparo.

Variação: Substitua uma das abobrinhas por abóbora (ou pela sobra de polpa de uma receita de legume recheado, como a Abobrinha recheada com centeio e açafrão, página 168). Experimente também salpicar um pouco de zátar em cada tigela de sopa para realçar os sabores com um toque do Oriente Médio (para fazer o seu próprio zátar, ver página 359).

CADA PORÇÃO: 143 calorias, 5 g de proteína, 29 g de carboidrato, 1 g de gordura, 0 g de gordura saturada, 6 g de fibra, 6 g de açúcar, 63 mg de sódio
NUTRIENTES ESTRELADOS: ácido fólico (34% VD), niacina (13% VD), riboflavina (12% VD), tiamina (20% VD), vitamina A (68% VD), vitamina C (28% VD), ferro (12% VD), potássio (10% VD)

Pilaf de centeio e pimentão vermelho

🕐 11 minutos
🕐 1 hora
🍴 8 porções
(¾ de xícara cada, aproximadamente)

O pilaf é um saboroso prato tradicional à base de cereal com uma longa história na cultura gastronômica de muitas etnias, incluindo a grega, a persa, a turca e a indiana. Para mim, é um acompanhamento substancioso, que pode ser preparado em um instante. Mas ninguém precisa de um produto industrializado supersalgado para levar à mesa um pilaf delicioso. Esta guarnição de inspiração indiana conta com a boa qualidade do centeio para dar uma variada.

1 colher (sopa) de azeite extra virgem
1 cebola roxa média picada
1 colher (chá) de coentro em pó
¼ de colher (chá) de pimenta-de-caiena em pó
¼ de colher (chá) de cúrcuma em pó
1 colher (chá) de cominho em pó
1 colher (chá) de gengibre fresco picado
2 dentes de alho médios picados
1 pimentão vermelho médio picado
1 pimentão amarelo médio picado
2 xícaras de centeio (ver Nota)
4 xícaras de água
1 colher (sopa) de suco de limão-siciliano
uma pitada de sal marinho (opcional)

1. Em uma frigideira larga, aqueça o azeite em fogo médio. Coloque a cebola e frite por 4 minutos. Junte o coentro, a pimenta-de-caiena, a cúrcuma, o cominho, o gengibre e o alho, refogando por mais 4 minutos.
2. Acrescente os pimentões vermelho e amarelo e o centeio, e continue refogando por 4 minutos.
3. Adicione a água e o suco de limão e tampe a panela. Deixe cozinhar em fogo baixo por 45 a 50 minutos, mexendo de vez em quando, até o centeio ficar macio e o líquido ser absorvido. Experimente e ponha mais sal, a gosto.

Nota: É possível encontrar centeio na maioria das lojas de produtos naturais e *on-line*. Se preferir arroz ou se seguir uma dieta sem glúten, substitua o centeio por 2 xícaras de arroz integral no passo 2 e use 3 xícaras de água no passo 3, cozinhando até amolecer.

....

CADA PORÇÃO: 186 calorias, 7 g de proteína, 38 g de carboidrato, 3 g de gordura, 0 g de gordura saturada, 7 g de fibra, 2 g de açúcar, 6 mg de sódio
NUTRIENTES ESTRELADOS: vitamina A (19% VD), vitamina C (146% VD), ferro (13% VD), fósforo (20% VD)

Salada de endívia com ervilhas, broto de ervilha e molho cremoso de limão

Coma mais, pese menos

Abacaxi e manga com coco
Salada de endívia com ervilhas, broto de ervilha e molho cremoso de limão
Couve-de-bruxelas assada com limão, sálvia e avelãs

Perder peso é uma coisa misteriosa. As pessoas gastam 20 bilhões de dólares por ano na tentativa de perder peso. No entanto, as pesquisas têm demonstrado que uma dieta à base de alimentos de origem vegetal pode estar relacionada a um peso mais saudável. Um estudo recente apontou que, quanto mais alimentos de origem vegetal as pessoas incluíam em sua dieta, menos elas pesavam: os veganos tinham IMC em média 5 pontos menor que os não vegetarianos (23,6 versus 28,8).

Tem sentido, uma vez que a maior parte dos vegetais integrais são alimentos pobres em energia, o que significa que contêm uma quantidade relativamente pequena de calorias em relação à quantidade de comida consumida. Por exemplo, 30 g de carne cozida (85% magra) contém 70 calorias, mas 30 g de espinafre cozido contém apenas 6 calorias. Mesmo os alimentos vegetais que são ligeiramente mais densos em termos de energia, como os cereais, os feijões, as batatas e as frutas, são um bom negócio em termos calóricos. Aveia cozida, por exemplo, contém 154 calorias em porção de meia xícara, e feijão-carioca cozido apresenta 123 calorias em meia xícara. São pechinchas nutritivas, se comparadas com alimentos ricos em calorias, como pizza (algumas contêm 350 calorias por fatia) ou costelinha de porco (670 calorias em meia costela, sem acompanhamentos).

Estudos demonstram que adotar uma dieta rica em alimentos vegetais fartos em massa e de pouca caloria pode ser uma estratégia eficaz para a perda de peso, graças ao seu alto conteúdo de fibras e água, que nos satisfazem com pouca caloria. Ou seja: é possível desfrutar de uma porção generosa de um cozido que inclua meia xícara de quinoa, de grão-de-bico e de cogumelos, mais uma xícara de vagem – e uma porção de meia xícara de morangos frescos de sobremesa –, tudo isso por apenas 315 calorias. É a mesma quantidade de calorias encontrada em um cheesebúrguer pequeno (sem incluir outros recheios e as batatas fritas!). Que refeição deixaria você mais satisfeito por mais tempo? Não é de surpreender que as pessoas que se alimentam mais de vegetais costumem consumir menos calorias e pesar menos do que as pessoas centradas em carne.

Se você está querendo manter ou perder peso, encha o prato com mais dessas pechinchas em calorias e riquezas nutritivas. Comece a refeição com uma sopa rica em vegetais ou uma salada; encha o prato de vegetais; aprecie um prato principal de cereais integrais ou leguminosas ricas em fibras e deleite-se com frutas na sobremesa. Não conte calorias, conte alimentos integrais de origem vegetal.

Abacaxi e manga com coco

- 🕐 12 minutos
- 🕓 12 minutos
- 🍴 12 porções
  (¾ de xícara cada, aproximadamente)

As frutas, que se apresentam em uma série de cores, tamanhos, texturas e sabores, são perfeitas para serem consumidas exatamente como são. Das amoras arroxeadas às luminosas laranjas, passando pelas pitaias, quem precisa de sobremesa quando pode morder uma fruta adocicada, perfumada e inebriante? Nas regiões tropicais das Américas, a disponibilidade de frutas frescas chega a ser indecente! Nas matas, dá para ver banana, coco, papaia, abacaxi, manga e outras, e também comprá-las nas quitandas locais. Essas frutas, que crescem nessas regiões há séculos, são plenas de sabores e nutrientes. As que aparecem nesta receita podem ser encontradas com facilidade.

2 colheres (sopa) de pignoli
¼ de xícara de coco ralado
1 abacaxi médio maduro, sem casca, cortado em pedaços de 4 cm (ver Nota)
1 manga grande madura, sem casca, cortada em pedaços de 4 cm (ver Nota)
1 banana média sem casca fatiada
¾ de xícara de iogurte vegetal sabor baunilha
2 colheres (sopa) de suco de manga ou de laranja

1. Preaqueça o forno em 190 °C. Espalhe os pignoli e o coco ralado por uma assadeira rasa e deixe no forno por 4 minutos, até dourar (cuidado para não queimar). Retire do forno e deixe esfriar.
2. Coloque o abacaxi, a manga e a banana em uma tigela grande.
3. Em uma tigela pequena, misture o iogurte e o suco de manga ou de laranja.
4. Misture o molho de iogurte com as frutas, cobrindo bem.
5. Espalhe os pignoli e o coco torrados por cima das frutas e sirva imediatamente.

Nota: O abacaxi e a manga frescos são fáceis de encontrar, mas podem ser substituídos por abacaxi em calda ou manga congelada.

CADA PORÇÃO: 86 calorias, 1 g de proteína, 19 g de carboidrato, 1,5 g de gordura, 1 g de gordura saturada, 2 g de fibra, 14 g de açúcar, 4 mg de sódio
NUTRIENTES ESTRELADOS: vitamina C (74% VD), vitamina E (11% VD), manganês (40% VD)

Salada de endívia com ervilhas, broto de ervilha e molho cremoso de limão

10 minutos
10 minutos
4 porções
(1 salada cada)

Ver foto na página 74

A fim de se manter em um peso saudável, comece as refeições com uma salada – pesquisas mostram que isso ajuda a comer menos no total. Brotos de ervilha – as folhas tenras da planta da ervilha tradicional – andam cada dia mais populares entre chefs e gourmets. Nesta receita, combino seu sabor herbáceo com ervilhas verdes e um cremoso molho de limão. Com uma cama de folhas frescas de endívia e decorada com macadâmias picadas, esta salada é surpreendente. Acompanhamento perfeito para uma refeição especial, ela parece ser muito mais difícil de preparar do que realmente é! Essa combinação oferece proteínas, fibras, vitamina C e muito mais.

3 colheres (sopa) de maionese vegetal (ver página 357)
1 colher (sopa) de suco de limão-siciliano
1 colher (chá) de raspa de limão
¼ de colher (chá) de pimenta-do-reino moída na hora
1 xícara de ervilhas congeladas, degeladas e escorridas (ou ervilhas frescas, cozidas no vapor, ver Nota)
2 endívias sem as pontas e cortadas ao meio no sentido do comprimento
57 g de brotos de ervilha frescos sem as pontas (ver Nota)
2 colheres (sopa) de macadâmias picadas

1. Em uma travessa pequena, misture a maionese vegetal, o suco de limão, a raspa de limão e a pimenta-do-reino. Junte as ervilhas.
2. Em 4 pratos de salada, disponha as metades de endívia, viradas para cima. Sobre cada endívia, coloque ¼ dos brotos de ervilha e ¼ de xícara da mistura de ervilhas. Espalhe ½ colher (sopa) de macadâmias em cada porção.

Nota: As ervilhas podem ser substituídas por edamame sem casca, grão-de-bico ou feijão (por exemplo, branco, carioca ou preto). Se não encontrar broto de ervilha fresco, substitua por brotos de alfafa ou outro broto comestível.

CADA PORÇÃO: 125 calorias, 5 g de proteína, 19 g de carboidrato, 5 g de gordura, 1 g de gordura saturada, 10 g de fibra, 3 g de açúcar, 139 mg de sódio
NUTRIENTES ESTRELADOS: ácido fólico (28% VD), tiamina (20% VD), vitamina A (22% VD), vitamina C (32% VD), vitamina K (12% VD), magnésio (10% VD), manganês (28% VD), molibdênio (21% VD), fósforo (10% VD), potássio (18% VD)

Couve-de-bruxelas assada com limão, sálvia e avelãs

🕐 7 minutos
🕐 32 minutos
🍴 4 porções
(½ xícara cada, aproximadamente)

As couves-de-bruxelas são um excelente exemplo de planta alimentícia de baixa densidade calórica. Os chefs de cozinha se apaixonaram por esse *petite chou* (pequenas cabeças de repolho). Ainda que, antigamente, esses brotos tenham adquirido uma má reputação – a única maneira pela qual as cozinheiras preparavam esse ingrediente era matando-o na fervura –, as couves-de-bruxelas assadas são o máximo nos dias de hoje! E o melhor de tudo: é possível encontrar esse vegetal fresco quase o ano todo.

454 g de couves-de-bruxelas frescas sem as pontas e cortadas ao meio
½ colher (sopa) de azeite extra virgem
1 colher (sopa) de suco de limão-siciliano
1 colher (chá) de alho assado pronto ou caseiro (ver Nota)
1 colher (chá) de sálvia fresca picada ou ½ colher (chá) de sálvia desidratada
uma pitada de sal marinho (opcional)
¼ de xícara de avelãs picadas grosseiramente

1. Preaqueça o forno a 190 °C.
2. Coloque as couves-de-bruxelas em uma assadeira funda.
3. Em uma tigela pequena, misture o azeite, o suco de limão, o alho, a sálvia e, se desejar, o sal marinho. Despeje essa mistura de azeite nas couves-de-bruxelas, revirando para cobrir bem.
4. Espalhe as avelãs por cima das couves-de-bruxelas.
5. Leve ao forno na parte mais alta e asse por 20 a 25 minutos, até dourarem e ficarem tenras.

Nota: Para preparar o alho assado, corte as pontas e tire a casca externa das cabeças de alho e coloque-as no meio de uma folha de papel-alumínio em uma travessa pequena. Regue com 1 colher (chá) de azeite, embrulhe e deixe no forno a 180 °C por 40 minutos, aproximadamente, até dourar e ficar tenro. Solte os dentes de alho da cabeça e sirva ou use como ingrediente.

Variação: Acrescente 227 g de tofu firme cortado em cubos ou fatiado (para um resultado melhor, prensado; ver página 115) durante o passo 2.

CADA PORÇÃO: 112 calorias, 5 g de proteína, 12 g de carboidrato, 6 g de gordura, 0,5 g de gordura saturada, 5 g de fibra, 3 g de açúcar, 29 mg de sódio
NUTRIENTES ESTRELADOS: ácido fólico (20% VD), tiamina (14% VD), vitamina A (17% VD), vitamina B6, (15% VD), vitamina C (164% VD), vitamina E (11% VD), vitamina K (251% VD), ferro (11% VD), magnésio (10% VD), manganês (43% VD), fósforo (10% VD), potássio (14% VD)

Pãozinho de minuto
de painço e laranja

Prefira os grãos integrais pelo sabor e pela saúde

10

Salada de quinoa vermelha
Cuscuz marroquino com damasco e pistaches
Pãozinho de minuto de painço e laranja

O movimento contra os grãos está vivo e vai muito bem. Incentivadas pela ascensão da alimentação sem glúten, muitas pessoas andam questionando o valor dos cereais. No entanto, se nos alimentamos desses vegetais em sua forma integral – e o mais próximos possível de sua natureza – e em porções sensatas, os cereais são, na verdade, promotores de saúde. De fato, centenas de pesquisas descobriram que as pessoas que fazem dietas ricas em cereais integrais colhem muitas recompensas, inclusive diminuição do risco de desenvolvimento de derrames, diabetes tipo 2, doenças cardíacas, obesidade, asma, câncer colorretal, pressão alta e gengivite.

A questão não deveria ser rejeitar cereais, mas, sim, rejeitar carboidratos refinados (ver página 141). Os benefícios de consumir cereais aparecem quando comemos cereais integrais. Quando o trigo é beneficiado e vira farinha branca, a camada externa e o germe interno são retirados, sobrando apenas o amido do endosperma. A sedosa farinha de trigo resultante desse processo é facilmente digerida e rapidamente absorvida pela corrente sanguínea, gerando picos de glicose no sangue e de produção de insulina. Por isso, nossa propensão para os grãos muito refinados, como os usados no pão branco e nos biscoitos, tem levado a problemas de saúde.

Os cereais integrais, que são, em essência, sementes de gramíneas, oferecem ingredientes fundamentais dos quais precisamos na vida diária. Os cereais integrais não apenas ostentam fibras incomparáveis e carboidratos de baixa caloria, que abastecem o organismo de energia, mas também são ricos em vitaminas B, bem como na maioria dos minerais de que precisamos para que o organismo funcione adequadamente. Podem inclusive reforçar significativamente a carga de antioxidantes e de proteínas.

Isso não quer dizer que as pessoas sensíveis ao glúten ou que tenham a doença celíaca (uma doença autoimune cujo tratamento é evitar o glúten) devam contrariar os conselhos médicos e consumir cereais que contenham glúten (todas as variedades de trigo, cevada, centeio e seus híbridos). Mas, mesmo que alguém siga uma alimentação sem glúten por razões médicas, ainda deve se beneficiar do consumo de grãos sem glúten integrais, como trigo-sarraceno, arroz, quinoa e painço.

Prepare os grãos integrais cozinhando-os na água, como se faz com o arroz, e tente acrescentar em massas as farinhas integrais de trigo, de quinoa e de amaranto (se não sabe bem como, comece substituindo um quarto da farinha de trigo branca de uma receita pela farinha integral e aumente essa quantidade de modo gradual, à medida que você for se acostumando com o sabor e a textura). Não se limite a apenas um grão. Experimente todos: amaranto, cevada, arroz, trigo-sarraceno, milho, painço, aveia, quinoa, teff, trigo, arroz selvagem, entre outros.

Salada de quinoa vermelha

- 15 minutos
- 25 minutos
- 6 porções (1 xícara generosa cada)

Deixe que os grãos integrais reinem soberanos em todas as refeições, nos mingaus, no pão, nos acompanhamentos e até nas saladas. Grãos ancestrais simples – como a quinoa, um ingrediente nativo do Peru rico em fibras e proteínas – ficam ótimos em saladas, como esta receita de inverno. Quando chega o tempo frio no hemisfério Norte, as frutas de outono e inverno, como a romã e a pera, podem dar sabor a uma salada de grãos crocantes. A cor de rubi das frutas, dos grãos e das folhas desta salada pintam-na de vermelho – um cartão-postal de fitoquímicos poderosos com potencial de combate a doenças. A salada é simples o bastante para um jantar de um dia comum e elegante o suficiente para uma mesa festiva. É deliciosa – e substanciosa – o suficiente para levar no almoço do dia seguinte.

2 xícaras de água
1 xícara de quinoa vermelha ou colorida
½ colher (chá) de caldo de legumes com baixo teor de sódio (ver página 359)
1 xícara de sementes de romã frescas
¼ de xícara de cebola roxa picada fino
2 talos de salsão médios picados
1 pera vermelha média com casca, sem sementes e fatiada
¼ de xícara de sementes de girassol
2 colheres (sopa) de xarope de romã (ver Nota na página 188)
½ colher (sopa) de vinagre de vinho tinto
½ colher (sopa) de azeite extra virgem
2 colheres (sopa) de pasta de semente de girassol
¼ de colher (chá) de pimenta-do-reino moída na hora
2 colheres (sopa) de salsinha fresca picada ou 1 colher (chá) de salsinha desidratada
½ colher (chá) de mistura de ervas com baixo teor de sódio (ver página 359)
1 dente de alho médio picado fino
2 xícaras de alface-roxa baby

1. Em uma panela pequena, ferva a água em fogo alto, depois, acrescente a quinoa e o caldo, abaixando o fogo para médio. Tampe a panela e cozinhe por mais 15 minutos (ou siga as instruções da embalagem, que podem variar ligeiramente). Transfira a quinoa para uma tigela e deixe esfriar.
2. À parte, em uma tigela média, junte as sementes de romã, a cebola, o salsão, a pera e as sementes de girassol.
3. Em um prato pequeno, prepare o tempero, juntando o xarope de romã, o vinagre, o azeite, a pasta de semente de girassol, a pimenta-do-reino, a salsinha, a mistura de ervas e o alho até obter um creme.
4. Acrescente a quinoa fria à tigela com as sementes de romã e misture bem. Junte o tempero e revire a quinoa para cobrir bem.
5. Forre uma travessa ou saladeira com a alface. Disponha em cima a salada de quinoa. Sirva imediatamente ou deixe na geladeira até a hora de servir.

Variações: Substitua a quinoa por 2 xícaras de grãos integrais cozidos, como sorgo, trigo em grãos, arroz integral ou farro, ou use 2 xícaras de qualquer outra variedade de quinoa cozida, como a branca (dourada) ou a preta.

CADA PORÇÃO: 234 calorias, 8 g de proteína, 32 g de carboidrato, 9 g de gordura, 1 g de gordura saturada, 5 g de fibra, 7 g de açúcar, 39 mg de sódio
NUTRIENTES ESTRELADOS: ácido fólico (17% VD), tiamina (11% VD), vitamina A (117% VD), vitamina C (14% VD), vitamina E (18% VD), vitamina K (168% VD), cobre (13% VD), ferro (19% VD), magnésio (12% VD), manganês (22% VD), fósforo (11% VD), potássio (10% VD), selênio (14% VD)

Cuscuz marroquino com damasco e pistaches

🕐 11 minutos
🕑 31 minutos
🍴 6 porções
(¾ de xícara cada, aproximadamente)

Os temperos e sabores do Oriente Médio – gengibre, cardamomo, cúrcuma e pistache – são abundantes neste aromático acompanhamento, em que se sobressai o cuscuz, um alimento à base de trigo tradicional do Norte da África. Com o uso de ervas e condimentos tão aromáticos e saborosos, é possível deixar os alimentos mais atraentes sem a ajuda de sal. Sirva este cuscuz com uma receita à base de legumes, como o Cozido de grão-de-bico com couve e zátar (página 30), para obter os benefícios do grão integral, um tanto de fibras boas para o coração e a força anti-inflamatória dos condimentos.

½ colher (sopa) de azeite extra virgem
1 cebola média fatiada
½ colher (chá) de gengibre fresco picado fino
¼ de colher (chá) de cardamomo em pó
¼ de colher (chá) de canela em pó
¼ de colher (chá) de cúrcuma em pó
uma pitada de pimenta-de-caiena em pó (ver Nota)
½ xícara de damascos secos picados
1½ xícara de cuscuz marroquino integral (ver Nota)
2½ xícaras de caldo de legumes com baixo teor de sódio (ver página 359)
⅓ de xícara de pistaches sem casca torrados

1. Aqueça o azeite em uma panela grande em fogo médio. Acrescente a cebola e cozinhe por 4 minutos. Junte o gengibre, o cardamomo, a canela, a cúrcuma e a pimenta-de-caiena e cozinhe por mais 4 minutos, mexendo sempre.
2. Adicione os damascos, o cuscuz e o caldo. Mexa bem e tampe a panela. Reduza para fogo baixo e deixe cozinhar por 20 minutos, aproximadamente, mexendo sempre para não grudar, até que o cuscuz fique macio e o líquido seja absorvido.
3. Espalhe os pistaches e sirva.

Nota: Elimine ou aumente ligeiramente a quantidade de pimenta-de-caiena, a gosto. O cuscuz marroquino integral, disponível em lojas de alimentos naturais ou especializadas, é uma variedade maior e que leva mais tempo para cozinhar, em comparação com o cuscuz tradicional.

Variação: Para um prato sem glúten, substitua o cuscuz por arroz integral, acrescentando mais caldo no passo 2, se necessário. O tempo de cozimento deve ser reduzido em 5 minutos, aproximadamente. Certifique-se de que todos os demais ingredientes não contenham glúten.

....

CADA PORÇÃO: 282 calorias, 10 g de proteína, 51 g de carboidrato, 6 g de gordura, 0,5 g de gordura saturada, 8 g de fibra, 10 g de açúcar, 38 mg de sódio
NUTRIENTE ESTRELADO: ferro (12% VD)

Ver foto na página 80

Mude sua dieta em 52 passos simples

Pãozinho de minuto de painço e laranja

- 11 minutos
- 36 minutos
- 6 porções (1 pãozinho cada)

Estes pãezinhos macios têm muito do sabor estimulante da laranja e são crocantes, graças aos grãos de painço presentes na massa — uma prova de que grão integral significa muito mais que apenas farinha integral. Os pãezinhos são feitos tanto de farinha de painço quanto do painço integral — há muito tempo, um nutritivo gênero de primeira necessidade na África, na Ásia e na Índia. Gosto muito de oferecer estes pãezinhos cheirosos com café ou como acompanhamento de uma refeição simples, como a Tradicional salada de alface com tofu (página 96).

óleo para pincelar
2 colheres (sopa) de chia (ver Nota)
¼ de xícara de xarope de agave
¼ de xícara de leite vegetal sem açúcar
5 colheres (sopa) de margarina vegetal (ver Nota na página 235)
1½ colher (chá) de raspa de laranja
½ xícara de farinha de painço (ver Nota)
½ xícara mais 2 colheres (sopa) de farinha de trigo integral
½ xícara de painço
1 colher (sopa) de fermento químico em pó

1. Preaqueça o forno a 190 °C. Pincele uma assadeira com óleo.
2. Misture vigorosamente, em uma batedeira ou manualmente, a chia, o substituto de ovo, o xarope de agave e o leite vegetal por 2 minutos.
3. Acrescente a margarina e misture bem.
4. Misture a raspa de laranja, a farinha de painço, a farinha de trigo integral, o painço e o fermento, até obter uma massa macia (não misture demais).
5. Despeje colheradas da massa na assadeira preparada, formando 6 pãezinhos.
6. Leve ao forno por 20 minutos até dourarem. Sirva quente.

Nota: A chia também oferece propriedades emulsificantes a esta receita. A farinha de painço pode ser encontrada em muitas lojas de produtos naturais e *on-line*. Se não for possível encontrá-la, ela pode ser substituída por ½ xícara de farinha de trigo integral. A sobra dos pãezinhos pode ser conservada em um recipiente hermeticamente fechado em temperatura ambiente por alguns dias ou no congelador por até 1 mês.

Variações: Você pode preparar minipães despejando 12 colheradas menores na assadeira, no passo 5. Também pode substituir a raspa de laranja por raspa de limão para fazer pãezinhos de painço e limão. Para que esta receita não tenha glúten, substitua a farinha de trigo integral por uma mistura de farinhas sem glúten, certificando-se de que todos os demais ingredientes também não contenham glúten.

....

CADA PORÇÃO: 262 calorias, 6 g de proteína, 40 g de carboidrato, 9 g de gordura, 1 g de gordura saturada, 5 g de fibra, 11 g de açúcar, 90 mg de sódio
NUTRIENTES ESTRELADOS: niacina (12% VD), tiamina (14% VD), vitamina C (11% VD), cálcio (35% VD), ferro (11% VD), magnésio (17% VD)

Salada tropical
de repolho-roxo
e espelta

Boas refeições não acontecem por acaso: planeje com sabedoria

11

Nhoque de batata-doce com pesto de pistaches e laranja
Salada tropical de repolho-roxo e espelta

É fácil ficar entusiasmado com todos os benefícios que você, sua família e o planeta vão ter com a alimentação natural, integral e à base de vegetais. Porém, como uma árvore frutífera recém-plantada, esse estilo de alimentação mais benéfico não vai se desenvolver a menos que seja cultivado. Se começamos com um pequeno planejamento cuidadoso, em algum tempo conseguimos aproveitar os frutos desse esforço.

Siga as seguintes dicas para criar refeições saudáveis e cheias do poder e da energia dos alimentos de origem vegetal:

- **Escolha o melhor dia de compras para você.** Programe as compras de acordo com seu cronograma. Por exemplo, se você trabalha de segunda a sexta, talvez queira fazer as compras dos gêneros alimentícios no sábado ou domingo. Verifique os melhores dias das feiras e quitandas locais para obter produtos frescos e procure conhecer os lugares onde se pode comprar diretamente do produtor, considerando essas informações no seu planejamento de compras.
- **Planeje o cardápio.** Antes de sair para as compras, talvez seja bom preparar um breve cardápio semanal e anotá-lo em um bloquinho de papel ou no smartphone. Essa será a base da sua lista de compras.
- **Não tenha medo de criar refeições na hora.** Se você não é de fazer cardápios, então garanta que sua geladeira esteja repleta dos produtos mais frescos e deliciosos da safra – venham eles do supermercado, das quitandas ou das feiras – e que as prateleiras da despensa estejam bem preenchidas (ver página 53). Depois, basta combinar os produtos frescos com feijões, grãos integrais e condimentos a fim de preparar refeições deliciosas em um piscar de olhos.
- **Faça uma lista de compras.** Seja com um cardápio feito, seja com uma abordagem mais imediatista, a eficiência é maior se você fizer uma lista de compras (o que poupa correrias de última hora).

Nhoque de batata-doce com pesto de pistaches e laranja

- 30 minutos
- 1 hora
- 8 porções
(½ xícara de nhoque e 1 colher (sopa) de pesto)

Se você deseja apreciar refeições deliciosas e com alimentos vegetais poderosos, deixe à mão uma reserva de ingredientes básicos, como raízes e tubérculos, azeite extra virgem e oleaginosas. Talvez você se surpreenda ao saber que o nhoque caseiro – um clássico prato italiano – é muito fácil de fazer. Basta preparar a massa, fazer rolinhos com ela, cortar os rolinhos em "almofadinhas" e despejá-las na água fervente. Não é preciso nenhum equipamento especial. Dá até para facilitar ainda mais com algum planejamento, se você cozinhar a batata-doce de véspera. O meu nhoque de batata-doce é rico de sabor, cor e antioxidantes e combina perfeitamente com o pesto de pistaches e raspa de laranja. Sirva este prato com Salada de lentilha com tomate-cereja (página 44) e ponha na mesa um prato europeu maravilhoso e com vegetais poderosos.

Nhoque
2 batatas-doces grandes sem casca e cortadas em cubos pequenos (ver Nota)
¼ de colher (chá) de noz-moscada em pó
uma pitada de sal kosher (opcional)
2 xícaras de farinha de trigo integral, e mais para fazer os nhoques
2 a 12 colheres (sopa) de leite vegetal sem açúcar
1 colher (chá) de azeite extra virgem

Pesto de pistaches e laranja
½ xícara de pistaches sem casca torrados, sem sal
suco de ½ limão-siciliano
2 colheres (sopa) de suco de laranja
raspas da casca de ½ laranja média
1½ colher (chá) de azeite extra virgem
uma pitada de pimenta-do-reino moída na hora

1. Para fazer o nhoque, coloque a batata-doce em uma panela pequena e cubra com água. Tampe a panela e leve à fervura em fogo alto. Diminua o fogo e cozinhe por 20 minutos, aproximadamente, até ficar macio. Escorra a água e amasse os pedaços da batata com um espremedor em uma tigela. Deixe esfriar um pouco.
2. À parte, prepare o pesto, misturando todos os ingredientes em um processador ou liquidificador. Processe até ficar cremoso mas ainda com pedacinhos (não processe demais). Reserve.
3. Em uma batedeira, misture a batata amassada com a noz-moscada, o sal kosher (se quiser) e a farinha. Vá acrescentando 1 colher por vez de leite vegetal, apenas o suficiente para obter uma massa macia e ligeiramente grudenta.
4. Vire a massa sobre uma superfície limpa e enfarinhada, dividindo-a em 6 partes. Faça um rolo comprido de cerca de 2 cm de diâmetro e corte em pedaços de 2 cm de comprimento, como almofadinhas.
5. Encha uma panela grande com bastante água e leve a ferver. Depois abaixe o fogo e acrescente azeite.
6. Ponha metade dos nhoques na água quente. Assim que boiarem, deixe por mais 5 a 8 minutos, até ficarem cozidos. Retire-os com uma escumadeira. Repita o mesmo procedimento com o restante dos nhoques.
7. Sirva imediatamente com o pesto.

Nota: Você pode usar batata-doce congelada no passo 3. O pesto de pistache e laranja é também um excelente acompanhamento para outros pratos de massas, sanduíches ou vegetais. Você pode dobrar a receita de pesto, que pode ser bem conservado na geladeira, em recipiente hermeticamente fechado, por até uma semana. Embora o nhoque seja melhor fresco, você pode conservar a sobra na geladeira (separada do pesto) por até 3 dias e reaquecê-la depois no micro-ondas. Você também pode preparar o nhoque de véspera e cozinhá-lo na hora de servir.

Variação: Para fazer uma receita sem glúten, substitua a farinha de trigo integral por uma farinha sem glúten, e vá acrescentando leite vegetal, 1 colher (sopa) por vez, para obter uma massa macia e ligeiramente grudenta.

CADA PORÇÃO: 191 calorias, 6 g de proteína, 32 g de carboidrato, 6 g de gordura, 1 g de gordura saturada, 6 g de fibra, 3 g de açúcar, 13 mg de sódio
NUTRIENTES ESTRELADOS: niacina (11% VD), tiamina (17% VD), vitamina A (125% VD), vitamina B6 (18% VD), vitamina C (24% VD), magnésio (15% VD), potássio (10% VD)

Ver foto na página 88

Mude sua dieta em 52 passos simples

Salada tropical de repolho-roxo e espelta

- 15 minutos
- 50 minutos
- 8 porções (quase 1 xícara cada)

A espelta, uma antiga variedade de trigo, dá às saladas um toque crocante. Com frutas secas e condimentos exóticos e o colorido do repolho-roxo, esta salada se sustenta sozinha em um jantar. Combine com um cozido de feijão ou lentilha, como o meu Feijão-preto e milho picante (página 248) e tenha uma refeição integral, satisfatória e poderosa à base de vegetais. Ela também fica muito boa na marmita do almoço do dia seguinte.

¾ de xícara de espelta (ver Nota)
3 xícaras de água
4 xícaras, aproximadamente, de repolho-roxo cortado em tiras (ver Nota)
¾ de xícara de fruta tropical seca (por exemplo, abacaxi, mamão, manga)
3 cebolinhas picadas
½ xícara de salsinha fresca picada
1 colher (sopa) de gergelim
3 colheres (sopa) de suco de laranja
1 colher (sopa) de azeite extra virgem
1 dente de alho médio picado
¼ de colher (sopa) de pimenta calabresa
½ colher (chá) de cominho em grãos
½ colher (chá) de pimenta vermelha em pó
¼ de colher (chá) de cúrcuma em pó

1. Em uma panela pequena, coloque a espelta e a água. Tampe e cozinhe em fogo médio por 45 a 50 minutos, mexendo de vez em quando até ficar macio. Deixe esfriar ligeiramente.
2. Depois de esfriar, misture a espelta, o repolho-roxo, a fruta seca, a cebolinha, a salsinha e o gergelim em uma tigela grande.
3. Em uma tigela pequena, prepare o molho, misturando o suco de laranja, o azeite, o alho, a pimenta calabresa, o cominho, a pimenta vermelha e a cúrcuma.
4. Misture o tempero na salada, revirando-a bem.

Nota: Cozinhe a espelta de véspera para agilizar o preparo da receita. É possível encontrar repolho-roxo já cortado em alguns supermercados.

Variação: No passo 1, substitua a espelta por ¾ de xícara de arroz basmati integral e cozinhe em 1½ xícara de água por 40 minutos.

....

CADA PORÇÃO: 136 calorias, 4 g de proteína, 24 g de carboidrato, 4 g de gordura, 0,5 g de gordura saturada, 4 g de fibra, 8 g de açúcar, 16 mg de sódio
NUTRIENTES ESTRELADOS: vitamina A (25% VD), vitamina C (77% VD), magnésio (10% VD)

Tradicional salada de alface com tofu

Faça da variedade um lema

Tradicional salada de alface com tofu
Polenta com molho à putanesca
Cassoulet de alecrim e azeitonas

Somos criaturas de hábitos, mesmo em nossas escolhas alimentares. Pesquisas demonstram que as pessoas costumam comer as mesmas coisas no café da manhã todos os dias, além de escolher os mesmos alimentos no supermercado sempre que vão às compras. Quantas vezes você pede a mesma refeição no seu restaurante preferido e busca na prateleira do supermercado os mesmos itens para o café da manhã?

É muito bom conhecermos as nossas preferências, sobretudo quando compreendemos o seu valor nutricional e temos informações sobre os nossos alimentos favoritos. Mas a variedade deve vir em primeiro lugar – a nossa saúde depende disso.

Se alguém consome apenas alface-americana e jamais come as folhas verde-escuras da rúcula, da couve e do espinafre, está deixando de obter um monte de vitaminas, minerais, fitoquímicos e proteínas. Se sempre comemos uma guarnição de batatas no jantar, perdemos os nutrientes e sabores do arroz integral, do centeio, do trigo-sarraceno. Talvez um vegetal seja rico em ferro, enquanto outro é rico em cálcio. Um talvez seja rico em vitamina C, enquanto outro é cheio de vitaminas B. Variedade em todas as refeições, o dia inteiro, confere à sua alimentação uma combinação poderosa de macro e micronutrientes que trazem benefícios importantes para os órgãos e tecidos do seu corpo. Embora possa ser difícil satisfazer 100% das nossas necessidades de cada nutriente todos os dias, quando temos uma alimentação bastante variada, é possível preencher as pequenas lacunas nutricionais ao longo da semana.

Portanto, não devemos ficar muito presos às mesmas coisas todos os dias – vamos variar! Experimente a aveia no lugar das torradas no café da manhã (ver Mingau de aveia, maçã e cardamomo à moda escandinava, página 222) para dar uma carga de betaglucanos – fibra relacionada aos cuidados com o coração – na sua dieta. De vez em quando, misture castanhas-do-pará no seu iogurte vegetal para obter um reforço de selênio. Um dia, consuma feijão-preto (e sua dose de antocianinas, boas para a saúde cerebral) e, no outro dia, o feijão-carioca (com ferro e cálcio). Outro efeito colateral da variedade? Um espectro delicioso, aromático e colorido de sabores e texturas. *Vive la différence!*

Tradicional salada de alface com tofu

Ver foto na página 94

- 15 minutos
- 15 minutos
- 8 porções (1¼ xícara cada, aproximadamente)

Quem disse que os consumidores de alimentos vegetais poderosos não podem comer uma dessas saladas tradicionais, que costumam ter carne na sua composição? Sobretudo se substituímos esses alimentos de origem animal por incríveis alimentos de origem vegetal, incluindo tofu assado e feijão-preto. Assim obtemos uma entrada simples e colorida, que oferece um arco-íris vibrante de alimentos vegetais, com tomate, abacate, nozes e ervas frescas. Combine esta salada com uma sopa de grãos integrais, como a Sopa de abobrinha e orzo (página 70).

6 xícaras de alface-romana rasgada
1 colher (sopa) de azeite extra virgem
1 colher (chá) de vinagre de vinho tinto
1 colher (sopa) de ervas frescas picadas fino (por exemplo, orégano, estragão, tomilho) ou ½ colher (chá) de ervas desidratadas
¼ de colher (chá) de mostarda em grãos
1 dente de alho pequeno picado
¼ de colher (chá) de pimenta-do-reino moída na hora
uma pitada de sal marinho (opcional)
1 xícara de feijão-preto cozido sem sal
227 g de tofu assado cortado em cubos pequenos (ver Nota)
2 tomates pequenos picados
1 abacate médio sem casca e sem caroço, picado
1 colher (chá) de suco de limão-siciliano
½ xícara de nozes picadas
2 colheres (sopa) de cebolinha picada

1. Coloque a alface em uma saladeira.
2. Em uma tigela pequena, misture o azeite, o vinagre, as ervas, a mostarda, o alho, a pimenta-do-reino e, se desejar, o sal marinho. Despeje na alface, revirando bem.
3. Disponha a alface temperada em uma travessa oval, fazendo uma camada uniforme.
4. Distribua o feijão-preto, bem no centro do prato, em cima da alface.
5. À direita do feijão, arrume o tofu em uma carreira.

6. À esquerda do feijão, distribua o tomate em outra carreira.
7. Regue o abacate com o suco de limão para evitar oxidação e distribua-o à direita do tofu assado, em mais uma carreira.
8. À esquerda do tomate, faça uma carreira com as nozes.
9. Espalhe a cebolinha pela salada toda.
10. Sirva imediatamente.

Nota: O tofu assado é marinado e temperado e pode ser encontrado em algumas lojas de produtos asiáticos. É um item excelente para ser acrescentado a saladas e sanduíches. É possível preparar em casa. Preaqueça o forno a 180 °C. Corte 230 g de tofu prensado (ver página 115) em 2 retângulos, no sentido do comprimento. Coloque esses retângulos em uma pequena assadeira, regando com 2 colheres (sopa) de shoyu com baixo teor de sódio, mais ervas e condimentos, a gosto. Asse o tofu por 20 a 25 minutos.

Variação: Substitua o feijão-preto por qualquer outro feijão, como o feijão-rajado, o feijão-carioca, o feijão-branco ou o feijão rosinha.

CADA PORÇÃO: 195 calorias, 11 g de proteína, 12 g de carboidrato, 13 g de gordura, 1,5 g de gordura saturada, 5 g de fibra, 1 g de açúcar, 125 mg de sódio
NUTRIENTES ESTRELADOS: ácido fólico (23% VD), vitamina A (78% VD), vitamina C (13% VD), vitamina K (50% VD), cobre (10% VD), ferro (11% VD), manganês (23% VD), molibdênio (29% VD), potássio (10% VD)

Polenta com molho à putanesca

🕐 15 minutos
🕐 52 minutos
🍴 8 porções
(1 xícara de polenta e molho cada, aproximadamente)

Não se prenda ao mesmo acompanhamento de sempre, como arroz ou batatas, por exemplo. Leve o seu apetite a uma aventura cultural ao experimentar uma variedade de grãos integrais. A polenta, feita de fubá, surgiu como um gênero alimentício europeu modesto, feito do trigo moído e outros grãos ou de grão-de-bico, antes da chegada do milho do Novo Mundo. Assim que o milho foi introduzido na Europa, a polenta virou um mingau de milho cremoso, que era cozido em uma panela de cobre e recebia molhos e complementos saborosos. Nessa minha versão à base de vegetais, combino a polenta com outra receita clássica da culinária camponesa: o molho à putanesca. Feito de alguns ingredientes simples, como tomate, alcaparra, azeitona, cebola e alho, ele obedece à secular tradição de destacar apenas ingredientes simples regionais – uma marca da culinária italiana.

Polenta
1 xícara de fubá (ver Nota)
3½ xícaras de água
uma pitada de sal kosher (opcional)
1 colher (chá) de azeite extra virgem

Molho à putanesca
½ colher (sopa) de azeite extra virgem
1 cebola média picada
3 dentes de alho médios picados
794 g de tomate pelado em cubos sem sal, com o líquido
1 colher (sopa) de massa de tomate
3 colheres (sopa) de alcaparras lavadas e escorridas
½ xícara de azeitona italiana sem caroço cortada ao meio
½ colher (chá) de manjericão seco
½ colher (chá) de pimenta calabresa

1. Preaqueça o forno 180 °C.
2. Para fazer a polenta, despeje o fubá, a água, o sal, se desejar, e 1 colher (chá) de azeite em uma travessa refratária de vidro (de cerca de 22 cm de largura, ou em que caibam aproximadamente 2 litros). Mexa bem. Leve ao forno, sem cobrir, por 50 minutos.
3. À parte, para fazer o molho à putanesca, aqueça o azeite em uma panela em fogo médio. Coloque a cebola e o alho, refogando por 6 minutos.
4. Junte o tomate, a massa de tomate, as alcaparras, a azeitona, o manjericão e a pimenta calabresa. Mexa tudo e cozinhe em fogo baixo por 15 minutos, sem tampar, mexendo de vez em quando, até o molho engrossar.
5. Depois de 50 minutos, quando a polenta estiver firme, retire-a do forno, despeje o molho em cima e sirva.

Nota: A farinha de milho crua é, fundamentalmente, milho moído grosseiramente (ver mais informações na página 259). Este prato pode ser servido com um queijo vegetal tipo parmesão, a gosto. Ou, ainda, pode-se acrescentar pignoli torrados, pistaches ou feijão-branco cozido ao molho, no passo 4.

CADA PORÇÃO: 166 calorias, 4 g de proteína, 26 g de carboidrato, 5 g de gordura, 1 g de gordura saturada, 3 g de fibra, 4 g de açúcar, 373 mg de sódio
NUTRIENTES ESTRELADOS: vitamina A (13% VD), vitamina C (30% VD)

Cassoulet de alecrim e azeitonas

- 10 minutos
- 1 hora e 35 minutos (sem incluir o tempo de molho)
- 6 porções (¾ de xícara cada, aproximadamente)

Não é preciso ficar preso à rotina em uma dieta baseada no poder dos vegetais. Fazer isso seria ruim não apenas para o paladar mas também para a saúde, pois ficamos com carência dos diversos tipos de nutrientes únicos que os vegetais oferecem. Os milhares de variedades de plantas alimentícias pelo mundo afora podem inspirar refeições distintas e saborosas. O tradicional feijão-verde francês (flageolet), por exemplo, foi o preferido de muitos chefs franceses durante o século XIX. O seu sabor natural e sua textura cremosa o tornam perfeito para os cassoulets franco-mediterrâneos, como este prato. Procure essa variedade de feijão em lojas especializadas ou *on-line* ou substitua-o por um feijão-branco macio, como o feijão-de-lima ou o feijão-branco comum.

2 xícaras, aproximadamente, de feijão-verde francês ou de feijão-branco
4 xícaras de água e um pouco mais para deixar o feijão de molho
½ colher (sopa) de caldo de legumes com baixo teor de sódio (ver página 359)
2 folhas de louro
2 dentes de alho médios picados
½ colher (chá) de pimenta-do-reino moída na hora
½ colher (sopa) de azeite extra virgem
⅓ de xícara de azeitonas kalamata ou azapa sem caroço escorridas
4 ramos de alecrim

1. De véspera, coloque o feijão em uma panela média, cobrindo-o com água. Tampe a panela e deixe o feijão de molho.
2. Escorra e lave o feijão. Coloque-o de novo na panela.
3. Acrescente a água, o caldo, as folhas de louro, o alho e a pimenta, mexendo bem.
4. Tampe a panela e leve à fervura em fogo alto. Abaixe o fogo para médio e deixe o feijão cozinhando por 45 minutos.
5. Retire a tampa e cozinhe por mais 45 a 50 minutos, até o líquido diminuir e o feijão ficar macio mas sem se romper.
6. Regue o feijão com o azeite e complete com as azeitonas e o alecrim. Deixe a panela tampada por 20 a 30 minutos para que os sabores se mesclem.

Nota: Os passos 2 a 6 são perfeitos para uma panela elétrica (slow cooker). Deixe na potência alta e cozinhe por 4 a 5 horas.

....

CADA PORÇÃO: 237 calorias, 14 g de proteína, 39 g de carboidrato, 3,5 g de gordura, 0,5 g de gordura saturada, 13 g de fibra, 2 g de açúcar, 182 mg de sódio
NUTRIENTES ESTRELADOS: ácido fólico (74% VD), tiamina (27% VD), vitamina B6 (15% VD), cálcio (12% VD), ferro (20% VD), magnésio (30% VD), fósforo (21% VD), potássio (25% VD), zinco (10% VD)

Lasanha de alcachofra e
berinjela à moda mediterrânea

Compre com consciência e propósito

Cozido de inhame e lentilha à moda etíope
Lasanha de alcachofra e berinjela à moda mediterrânea
Feijão à moda siciliana

Tudo organizado, cardápio feito, lista de compras à mão. No entanto, tudo pode desmoronar nos corredores do supermercado se não for possível encontrar chia e pasta de amêndoa ou se você se enrola ao escolher os produtos. Não é de admirar que tanta gente considere fazer compras de alimentos uma tarefa terrível.

Siga os meus passos para aliviar esse peso e criar estratégias inteligentes de compras, a fim de sustentar um estilo de alimentação reforçado pelo poder dos vegetais.

- **Identifique os supermercados e as quitandas da sua região mais ricos em hortaliças, frutas, legumes e outros vegetais.** Explore a vizinhança e encontre pontos comerciais na região que mais combinem com as suas necessidades de vegetais. Se o tempo é prioridade, evite fazer montes de paradas semanais em lojas diversas. Concentre a atenção em mercados e quitandas que apoiem o consumo de vegetais ao ter estoque variado de cereais integrais e leguminosas, uma boa seleção de ervas desidratadas e condimentos, uma bela seção de itens frescos voltada para os produtos regionais e as safras, e um leque de alternativas de origem vegetal, como leites, iogurtes, tofu, seitan e tempeh. E não dispense a internet, que é uma maneira cada vez mais prática de adquirir gêneros como grãos, oleaginosas e leguminosas.
- **Compre alimentos com consciência.** Embora seja importante ler as informações nutricionais antes de escolher os alimentos (ver página 67), é também importante conhecer como se comportam as empresas da sua preferência. Talvez seja o caso de fazer a lição de casa no computador (ou nos corredores das lojas, pelo smartphone) e verificar os sites – será que se preocupam com sustentabilidade, com reciclagem e bem-estar? Gaste o seu dinheiro nas melhores empresas de produtos alimentícios.
- **Não pense apenas em nutrição.** O alimento bom e saudável é mais que um monte de carboidratos, proteínas e vitaminas. Ele também deve ser saboroso, conter baixos níveis de resíduos de pesticidas (ou seja, ser orgânico), regional e integral (ver página 279).
- **Economize dinheiro com alimentos de boa qualidade.** Não é preciso fazer compras em uma loja de produtos naturais cara para ter uma alimentação saudável à base de vegetais. Vamos lembrar que esse estilo de alimentação – com pouca proteína animal e poucos alimentos industrializados – deve ser mais econômico, e não mais caro. Procure barganhas nutritivas: frutas frescas da safra e cereais, leguminosas, oleaginosas e sementes a granel.

Cozido de inhame e lentilha à moda etíope

🕐 18 minutos
🕐 1 hora
🍴 4 porções
   (1 xícara generosa cada)

A culinária da Etiópia apresenta alguns dos mais saborosos pratos à base de vegetais do planeta! Isso graças a alimentos não perecíveis, como leguminosas secas, raízes e condimentos exóticos. Com esses ingredientes à mão, esta receita torna-se uma solução fácil para uma refeição de um único prato, servida junto com um pão sírio integral.

1½ colher (chá) de óleo de amendoim
1 cebola grande picada
3 dentes de alho médios picados
1 colher (chá) de gengibre fresco picado fino
1 inhame fresco picado ou 1 batata-doce picada
½ pimentão verde médio picado
1 xícara de lentilhas vermelhas
411 g de tomate pelado em cubos sem sal, com o líquido
4 xícaras de água
½ colher (chá) de páprica doce
¼ de colher (chá) de pimenta-de-caiena em pó
1 colher (chá) de cominho em pó
¼ de colher (chá) de noz-moscada em pó
uma pitada de cravo-da-índia em pó
½ colher (chá) de canela em pó
uma pitada de sal kosher (opcional)
2 colheres (sopa) de suco de limão-siciliano
¼ de xícara de salsinha fresca picada
¼ de xícara de hortelã fresca picada

1. Em uma panela grande e pesada, aqueça o óleo de amendoim. Acrescente a cebola e refogue por 5 minutos.
2. Acrescente o alho, o gengibre, o inhame (ou a batata-doce) e o pimentão, refogando por mais 5 minutos.
3. Junte as lentilhas, o tomate, a água, a páprica, a pimenta-de-caiena, o cominho, a noz-moscada, o cravo-da-índia e a canela. Mexa bem, deixe ferver, abaixe o fogo para médio a baixo, tampe a panela e cozinhe por 35 a 40 minutos, até as lentilhas e os legumes ficarem macios. Experimente e adicione uma pitada de sal kosher, a gosto.
4. Adicione o suco de limão, a salsinha e a hortelã e mexa bem. Tampe a panela e deixe cozinhar por mais 5 minutos.

Variação: No passo 2, substitua as lentilhas por 425 g de grão-de-bico ou feijão-preto demolhado, cozinhando até ficarem macios.

CADA PORÇÃO: 166 calorias, 10 g de proteína, 29 g de carboidrato, 2 g de gordura, 0 g de gordura saturada, 12 g de fibra, 5 g de açúcar, 40 mg de sódio
NUTRIENTES ESTRELADOS: ácido fólico (42% VD), tiamina (21% VD), vitamina A (51% VD), vitamina B6 (14% VD), vitamina C (71% VD), vitamina K (54% VD), ferro (18% VD), magnésio (13% VD), manganês (10% VD), potássio (13% VD), zinco (11% VD)

Ver foto na página 102

Mude sua dieta em 52 passos simples

Lasanha de alcachofra e berinjela à moda mediterrânea

- 20 minutos
- 1 hora e 44 minutos
- 8 porções (1 pedaço cada)

Com a ajuda de alguns alimentos na despensa – massa integral de lasanha, tomate e alcachofras em conserva e ervas desidratadas – juntamente com produtos frescos, em um instante é possível preparar esta lasanha de vegetais com um toque diferente. Em vez das camadas espessas e cheias de molho das lasanhas tradicionais, esta versão mediterrânea dá preferência a vegetais assados e a uma cobertura crocante de farelo de pão, sem o molho. O resultado é um prato saboroso que exibe os sabores calorosos e ensolarados do Mediterrâneo: manjericão, berinjela, alcachofra, pimentão e alho. Agora, um pouco de curiosidades: em alguns países do Mediterrâneo, jogar pão velho fora era considerado um crime. Então, alguns cozinheiros sempre guardavam pão velho para torrar e fazer farelo, o que sempre conferia textura e sabor encantadores a pratos muito simples, como sopas, legumes e, claro, massas.

1 berinjela média, com casca, picada
1 cebola média picada
1 pimentão vermelho grande picado
3 dentes de alho médios picados fino
1½ colher (sopa) de azeite extra virgem com manjericão (ver Nota)
1 colher (sopa) de vinagre balsâmico
1 colher (chá) de mistura de ervas com baixo teor de sódio (ver página 359)
¼ de colher (chá) de pimenta-do-reino moída na hora
411 g de tomate pelado em cubos sem sal, com o líquido
397 g de coração de alcachofra em conserva, escorrido e fatiado
¼ de xícara de manjericão fresco picado ou 2 colheres (chá) de manjericão seco
½ xícara de água
191 g ou 12 folhas de lasanha integral
1 xícara de mozarela vegetal ralada
¼ de xícara de farelo de pão integral (ver Nota)

1. Preaqueça o forno a 205 °C.
2. Distribua a berinjela, a cebola, o pimentão e o alho em uma assadeira grande e regue tudo com o azeite e o vinagre. Salpique as ervas e a pimenta-do-reino. Mexa bem, depois asse por 30 minutos. Na metade do tempo, revire os legumes.
3. Depois de 30 minutos, retire a assadeira do forno e abaixe a temperatura para 180 °C. Acrescente o tomate com o líquido, o coração de alcachofra e o manjericão fresco à mistura de berinjela da assadeira, revirando para distribuir tudo muito bem.
4. Coloque a água em uma assadeira (20 × 30 cm, aproximadamente). Arrume no fundo as 4 folhas de lasanha, sobrepondo-as. Distribua ⅓ da mistura de legumes pela massa, depois espalhe ⅓ de xícara de queijo vegetal. Repita o procedimento, completando 3 camadas.
5. Espalhe o farelo de pão em cima da última camada e cubra tudo com papel-alumínio. Leve ao forno, coberto, por 45 minutos. Retire o papel e deixe assando por mais 10 a 15 minutos, até dourar.

Nota: Você pode usar azeite com manjericão disponível em muitos supermercados e lojas especializadas ou misturar ¼ de colher (chá) de manjericão em pó em 1½ colher (sopa) de azeite. Para preparar o seu farelo de pão integral, torre um pão de trigo integral (sem glúten, se preferir) em forno a 205 °C, por 10 a 15 minutos, até secar e dourar (1 fatia rende ¼ de xícara de farelo). Retire do forno e deixe esfriar ligeiramente. Depois, coloque o pão em um liquidificador ou processador para fazer o farelo. Você pode fazer isso enquanto os legumes estão torrando (e fazer a mais a fim de guardar para algum outro prato, se preferir).

Variações: No passo 2, você pode substituir a berinjela por 3 abobrinhas pequenas. Para que esta receita não contenha glúten, use farelo de pão e massa de lasanha sem glúten e queijo vegetal.

CADA PORÇÃO: 221 calorias, 11 g de proteína, 32 g de carboidrato, 7 g de gordura, 2 g de gordura saturada, 8 g de fibra, 6 g de açúcar, 286 mg de sódio
NUTRIENTES ESTRELADOS: niacina (11% VD), tiamina (11% VD), vitamina C (83% VD), cálcio (16% VD), ferro (11% VD), manganês (15% VD), potássio (10% VD)

Feijão à moda siciliana

🕐 9 minutos

🕐 1 hora e 40 minutos
(sem incluir o tempo de molho)

🍴 8 porções
(1 xícara cada, aproximadamente)

Nas lojas de produtos naturais, nos mercados – na seção de leguminosas ou na seção de grãos a granel –, procure por variedades de feijão, das mais surpreendentes cores, formatos, sabores e texturas. É possível estocar na despensa esse ingrediente básico e econômico, e ali ele se conserva por meses e pode inspirar os seus pratos integrais à base de vegetais. Preparado ao estilo litorâneo simples da Sicília, com alcaparra, azeitona, limão e orégano, este é um prato fácil de montar em uma panela elétrica (slow cooker) antes de sair para o trabalho. Assim, quando chegar em casa, você vai ser recebido com um prato aromático e substancioso de feijão, que pode ser combinado com um pão integral caseiro e com uma salada verde básica.

340 g de feijão-carioca (1¾ xícara; ver Nota)
4 xícaras de água e um pouco mais para deixar o feijão de molho
2 xícaras de caldo de legumes com baixo teor de sódio (ver página 359)
411 g de tomate pelado em cubos sem sal, com o líquido
1 cebola média picada
3 dentes de alho médios picados fino
½ xícara de azeitonas sicilianas inteiras e escorridas
¼ de xícara de alcaparras escorridas e lavadas
suco de ½ limão-siciliano
½ colher (chá) de páprica defumada
¼ de colher (chá) de pimenta-do-reino moída na hora
2 colheres (sopa) de orégano fresco picado ou 1½ colher (chá) de orégano seco

1. Cubra o feijão de água e deixe de molho de véspera.
2. Escorra o feijão e coloque-o em uma panela grande com a água, o caldo e o tomate. Mexa bem, tampe a panela e leve à fervura em fogo alto.
3. Acrescente a cebola, o alho, as azeitonas, as alcaparras, o suco de limão, a páprica, a pimenta-do-reino e o orégano. Tampe a panela e abaixe o fogo para médio. Cozinhe por 1 hora e 30 minutos, até o feijão ficar macio, mexendo de vez em quando. Reponha a água perdida na evaporação, se necessário. Sirva imediatamente.

Nota: Experimente utilizar outros tipos de feijão, como o feijão-preto ou o feijão-branco. Para preparar a receita em uma panela elétrica (slow cooker), siga o passo 1 e escorra o feijão. Depois, coloque o feijão que já ficou de molho e todos os demais ingredientes na panela. Cozinhe por 4 a 5 horas na potência alta ou por 8 a 10 horas na potência baixa, até todos os ingredientes ficarem macios. Se desejar, você pode salpicar zátar no final, para dar um toque extra. (Para preparar o seu zátar, ver página 359.)

....

CADA PORÇÃO: 179 calorias, 12 g de proteína, 31 g de carboidrato, 1,5 g de gordura, 0 g de gordura saturada, 12 g de fibra, 5 g de açúcar, 410 mg de sódio
NUTRIENTES ESTRELADOS: ácido fólico (43% VD), tiamina (12% VD), vitamina C (21% VD), ferro (23% VD), magnésio (16% VD), fósforo (16% VD), potássio (17% VD)

Shortcake de morango e macadâmias

Descubra tesouros vegetais com os produtores, em cooperativas ou no seu quintal

14

Shortcake de morango e macadâmias
Aspargo e tofu assados no limão e endro

Você já reparou que, quando andamos pelos corredores dos supermercados, mal sentimos algum aroma no ar? No entanto, se algum dia você já colheu tomates, morangos ou alho frescos, sabe bem como seus aromas são inebriantes! O perfume deles permanece por horas nas mãos, nas roupas e no cabelo.

Nos mercados, nas feiras e nas quitandas locais, é possível sentir o cheiro dos pêssegos e morangos maduros, mesmo antes de enxergá-los nas gôndolas. O motivo de o perfume – e o sabor – das frutas e hortaliças ser tão maravilhoso é que elas costumam ser colhidas maduras, poucas horas antes de os agricultores levarem-nas aos mercados, portanto, estão no auge do seu sabor e da sua oferta de nutrientes. Ainda é possível ver a terra úmida grudada nas batatas e nos rabanetes, e o verde ainda intacto das folhas das beterrabas e cenouras.

Adquirir esses produtos é uma forma maravilhosa de se relacionar com a agricultura local, aprender mais sobre como o nosso alimento é produzido e encontrar produtos cultivados sem pesticidas e fertilizantes químicos. Consumindo esses produtos "verdes", damos apoio a um sistema alimentar sustentável (ver página 279).

Na América do Norte, esse mesmo benefício pode ser encontrado nas Community Supported Agriculture, comunidades que oferecem uma "cota" dos produtos dos agricultores locais por um preço razoável. Se uma pessoa se associa a uma CSA, ela pode buscar ou receber em casa uma caixa de produtos frescos da safra da região, uma vez por semana. A surpreendente variedade de frutas e hortaliças encoraja as pessoas a serem mais criativas e a experimentarem vegetais menos comuns, como a couve-rábano e o nabo. [Existe uma versão brasileira da CSA, e mais informações sobre ela podem ser obtidas no site <http://csabrasil.org/>. O Idec (Instituto Brasileiro de Defesa do Consumidor) oferece em seu site um Mapa de Feiras Orgânicas, de abrangência nacional.]

Não devemos desanimar com os nossos supermercados. Cada vez mais, eles estão oferecendo produtos frescos regionais, ao trabalhar com agricultores dos arredores para oferecer produtos orgânicos, frescos e maduros, e alguns até estão organizando feiras orgânicas em seus estacionamentos. Não se esqueça também: os produtos mais frescos que você vai experimentar podem ser cultivados em casa. Se houver um quintal, vale sacrificar um canteiro de flores por um de hortaliças, plantar uma árvore frutífera ou apenas colocar um tomateiro ou um vaso de ervas na sua entrada ou no parapeito da janela. Deleite-se com produtos maduros e frescos, onde quer que os encontre.

Ver foto na página 110

Mude sua dieta em 52 passos simples

Shortcake de morango e macadâmias

- 16 minutos
- 34 minutos
- 6 porções (1 tortinha cada)

Uma das minhas maneiras preferidas de preparar sobremesas é enfatizando o adocicado natural e poderoso das frutas. Quando é época de morango, trate de aproveitar ao máximo essas belezinhas doces e escarlates. É possível encontrá-los fresquinhos em supermercados, quitandas e feiras – e até dá para cultivá-los no jardim. Além de misturar pedaços de morango a granolas, saladas e sobremesas geladas, dedique-se a preparar esta sobremesa clássica – a tortinha de morango –, que traz um toque verde todo meu. As tortinhas delicadas ficam divinas com um montinho de morangos frescos, cobertura de coco e farelo de macadâmias.

Massa
óleo para pincelar
¾ de xícara de farinha de amêndoa ou amêndoa em flocos
1½ xícara de farinha de trigo integral
1 colher (chá) de canela em pó
1 colher (sopa) de fermento químico em pó
⅓ de xícara de margarina vegetal (ver Nota na página 235)
2 colheres (sopa) de xarope de agave
3 colheres (sopa) de leite à base de coco sem açúcar

Cobertura
3½ a 4 xícaras de morangos frescos picados
1 xícara de iogurte vegetal sabor baunilha ou morango
2 colheres (sopa) de macadâmias picadas

1. Preaqueça o forno a 190 °C. Pincele uma assadeira com o óleo. Em uma tigela pequena, misture a farinha de amêndoa, a farinha integral, a canela e o fermento. Amasse a margarina com um garfo, e depois use uma colher de pau para misturá-la ao xarope de agave e ao leite à base de coco, fazendo a massa. Abra a massa com um rolo em uma superfície ligeiramente enfarinhada, obtendo 2,5 cm de espessura, aproximadamente. Com um cortador redondo de cerca de 7 cm de diâmetro, corte 6 tortinhas. Disponha as tortinhas na assadeira e leve ao forno por 18 a 20 minutos, até dourarem.

2. À parte, para fazer a cobertura, coloque ½ xícara de morangos fatiados em uma tigela pequena e amasse-os com um garfo até obter uma textura encaroçada e suculenta. Misture o iogurte nos morangos amassados. Coloque os morangos restantes em uma tigela.
3. Enquanto as tortinhas ainda estão quentes, corte-as ao meio em dois discos. Distribua a metade de baixo em pratinhos individuais. Cubra cada uma com ½ xícara dos morangos frescos, 2½ colheres (sopa) da mistura de iogurte, 1 colher (chá) de macadâmias e depois a outra metade da tortinha. Sirva imediatamente.

Variação: Se você não encontrar morangos, substitua por pêssego, nectarinas, banana ou manga. Para uma receita sem glúten, substitua a 1½ xícara de farinha de trigo integral por 1¼ xícara de outra farinha sem glúten, e certifique-se de que todos os demais ingredientes não contenham glúten.

CADA PORÇÃO: 291 calorias, 6 g de proteína, 32 g de carboidrato, 16 g de gordura, 3 g de gordura saturada, 7 g de fibra, 7 g de açúcar, 15 mg de sódio
NUTRIENTES ESTRELADOS: tiamina (14% VD), vitamina C (72% VD), vitamina E (18% VD), cálcio (13% VD), ferro (15% VD), magnésio (18% VD), manganês (21% VD), zinco (11% VD)

Aspargo e tofu assados no limão e endro

🕒 7 minutos
🕐 37 minutos
🍴 4 porções
(6 aspargos e 56 g de tofu cada, aproximadamente)

No hemisfério Norte, o aspargo é um dos vegetais mais celebrados da primavera. Quando os brotinhos surgem, saudando o calor do sol, oferecem um sabor delicado. No entanto, este vegetal sutil está cheio de nutrientes – fibras, vitaminas, minerais e antioxidantes relacionados a benefícios cardíacos e anticancerígenos. Procure aspargos frescos em feiras e mercados municipais. O aspargo é ótimo para ter na horta de casa – uma vez plantado, ele vai nascer no mesmo lugar pelos vinte anos seguintes. O aspargo inteiro assado é uma das minhas maneiras preferidas de preparo, sobretudo servido com raspinha de limão e endro fresco, como manda esta receita.

24 aspargos frescos, aproximadamente, sem as pontas
227 g de tofu extra firme, escorrido ou prensado (para um melhor resultado, ver Nota), cortado em cubos pequenos
suco e raspas da casca de 1 limão-siciliano pequeno
2 colheres (chá) de azeite extra virgem
1 colher (chá) de mostarda de Dijon
1 dente de alho médio picado fino
¼ de colher (chá) de pimenta-do-reino branca
uma pitada de sal marinho (opcional)
¼ de xícara de endro fresco picado ou ½ colher (chá) de endro seco

1. Preaqueça o forno a 190 °C.
2. Distribua os aspargos em uma assadeira (22 × 33 cm, aproximadamente), e cubra-os com o tofu.
3. Em uma tigelinha, misture o suco de limão, o azeite, a mostarda, o alho, a pimenta-branca, e, se desejar, o sal marinho, e regue os aspargos.
4. Coloque a assadeira na parte superior do forno e asse por 30 a 35 minutos, até os aspargos ficarem macios, mas ainda firmes, e ligeiramente dourados. Na metade do tempo, vire-os.
5. Retire a assadeira do forno, salpique o endro e a raspa de limão e sirva imediatamente.

Nota: Para melhores resultados, talvez você queira prensar o tofu, o que diminui a umidade, melhora sua consistência e dá mais sabor aos pratos. Para prensar um bloco de tofu firme ou extra firme, embrulhe-o em 4 camadas de papel-toalha e coloque-o em um prato. Cubra com outro prato e ponha em cima um objeto pesado, como um livro grande, de modo que o tofu fique prensado. Deixe escorrendo assim por 30 minutos. Desembrulhe o tofu e descarte o papel. Talvez você queira repetir mais uma vez o procedimento, a fim de obter uma consistência mais seca. Você também pode congelar o tofu para eliminar a umidade, mas, fazendo dessa forma, sua textura vai mudar um pouco (descongele o tofu antes de usar). Outra opção é investir em uma prensa de tofu, que acelera esse processo. Esse prático utensílio pode ser encontrado em lojas especializadas em utensílios de cozinha e *on-line*.

Variação: Sem utilizar o tofu, você obtém uma guarnição mais leve.

CADA PORÇÃO: 97 calorias, 8 g de proteína, 8 g de carboidrato, 6 g de gordura, 0,5 g de gordura saturada, 3 g de fibra, 3 g de açúcar, 37 mg de sódio
NUTRIENTES ESTRELADOS: ácido fólico (14% VD), vitamina A (14% VD), vitamina C (44% VD), vitamina K (13% VD), cálcio (14% VD), ferro (17% VD), magnésio (11% VD)

Sorbet de melancia e
manjericão

Planeje três a quatro porções de frutas por dia

15

Crumble de pêssego e cranberries
Sorbet de melancia e manjericão

A natureza deve ficar muito orgulhosa de uma de suas mais sofisticadas realizações: as frutas. Naturalmente adocicadas, elas se apresentam em todos os formatos, tamanhos e cores, com um amplo leque de texturas, sabores e aromas. Basta fechar os olhos, pensar em morangos e a língua vai salivar diante da lembrança do gosto e do perfume único, doce e floral que é característico dessa fruta. O mesmo vai ocorrer em relação a outras frutas de que gostamos.

Ainda que tenhamos uma variedade surpreendente de frutas ao nosso dispor, do tropical abacaxi até as frutas vermelhas, consumimos poucas. Isso é uma pena, pois elas têm alto teor de nutrientes que nos protegem de doenças, como a fibra, a vitamina C, a vitamina A, o potássio, entre outros. Elas também oferecem as cores vibrantes de suas cascas, polpas e sementes graças aos fitoquímicos, que, como já sabemos, são de uma importância gigantesca na proteção do nosso organismo. Por exemplo, o pêssego – rico em betacaroteno – oferece proteção ao coração, e as frutas cítricas – plenas de limonoides – podem ajudar no combate ao câncer.

Quase todas as culturas ao longo da história da humanidade festejaram as frutas locais e conservaram esses vegetais preciosos para poder apreciá-los o ano inteiro, desde as mangas secas da Índia até o purê de pera ou de maçã do Leste Europeu (ver página 357). A fim de obter o máximo de benefícios para a saúde relacionados ao consumo de frutas, estabeleça uma meta de três a quatro porções diárias – seja de frutas frescas, em conserva, congeladas ou secas (sem adição de açúcar). Prefira pedaços inteiros de fruta, não suco de fruta, que foi transformado em uma bebida pobre em fibras, rica em índices glicêmicos (ver página 141) e com alta densidade de açúcar natural, que pode provocar um aumento rápido da glicose sanguínea. Inclua uma porção de frutas em todas as refeições e lanches, obtendo toda a energia desses alimentos vitais e deliciosos.

Crumble de pêssego e cranberries

- 12 minutos
- 52 minutos
- 6 porções (2 metades de pêssego cada)

Esta é a sobremesa à base de fruta que sempre me salva, pois leva apenas alguns minutos para ser preparada, mas a cozinha fica perfumada pela canela no forno à medida que esse aroma esquenta e adoça o ambiente. Além disso, ganha-se no dia mais um prato de frutas que combatem doenças. No inverno, os pêssegos em calda substituem os frescos muito bem.

6 pêssegos frescos maduros sem caroço cortados ao meio ou 432 g de pêssego em calda sem açúcar, calda reservada (ver Nota)
½ xícara de cranberries secos
½ xícara de calda reservada do pêssego em calda, ou suco de pêssego ou de maçã
½ xícara de farinha de trigo integral
¾ de xícara de aveia em flocos
½ colher (chá) de canela em pó
¼ de colher (chá) de pimenta-da-jamaica em pó
¼ de colher (chá) de noz-moscada em pó
1½ colher (sopa) de açúcar mascavo ou de açúcar de coco
¼ de xícara de nozes picadas
3 colheres (sopa) de margarina vegetal (ver Nota na página 235)

1. Preaqueça o forno a 190 °C.
2. Distribua as metades de pêssego, com o buraco para baixo, em uma assadeira (22 × 33 cm, aproximadamente).
3. Espalhe os cranberries secos.
4. Despeje a calda ou o suco por cima das frutas.
5. Em uma tigela média, misture a farinha, a aveia, a canela, a pimenta-da-jamaica, a noz-moscada, o açúcar mascavo e as nozes. Junte a margarina para obter uma mistura farelenta.
6. Espalhe essa mistura por cima da fruta, por igual.
7. Leve a assadeira ao forno por 40 minutos, aproximadamente, até a fruta ficar macia e a sobremesa dourar. Sirva quente.

Nota: Se usar pêssego em calda, diminua o tempo de forno em 10 minutos. Esta sobremesa fica ótima acompanhada de sorvete vegano de baunilha.

Variações: Substitua o pêssego por maçã ou pera fresca. Para uma receita sem glúten, substitua a farinha de trigo integral por uma farinha sem glúten e certifique-se de que todos os demais ingredientes, sobretudo a aveia, não contenham glúten.

....

CADA PORÇÃO: 266 calorias, 4 g de proteína, 42 g de carboidrato, 10 g de gordura, 2 g de gordura saturada, 5 g de fibra, 24 g de açúcar, 68 mg de sódio
NUTRIENTES ESTRELADOS: niacina (10% VD), vitamina A (14% VD), vitamina C (16% VD), vitamina E (10% VD), manganês (36% VD), potássio (10% VD), selênio (10% VD)

Ver foto na página 116

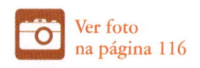

Mude sua dieta em 52 passos simples

Sorbet de melancia e manjericão

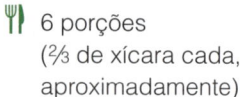

- 6 minutos
- 3 a 4 horas
- 6 porções
  (⅔ de xícara cada, aproximadamente)

Não é difícil encaixar mais frutas nas refeições quando elas têm uma aparência, um aroma e um sabor assim! Esta sobremesa é nada mais que melancia madura, manjericão fresco e um toque de limão. Mesmo assim, este saudável sorbet de fruta acaba sendo um refrescante prazer em um dia de verão ou ótimo para descansar o paladar depois de uma refeição pesada.

6 xícaras de melancia fresca madura picada
½ xícara de folhas de manjericão fresco
1 colher (sopa) de suco de limão-siciliano

1. Em um liquidificador ou processador, bata a melancia, o manjericão e o suco de limão até a mistura ficar homogênea.
2. Despeje a mistura em um recipiente raso hermeticamente fechado próprio para o congelador. Para melhor resultado, congele por 3 a 4 horas até a textura ficar como a de algo congelado mas que ainda dê para tirar de colher. Use uma colher de sorvete para servir as porções.
3. Congele as sobras. Para servir de novo, descongele em temperatura ambiente por cerca de 10 minutos antes de tirar a porção com a colher de sorvete.

Variação: Substitua a melancia por melão-cantalupo, pêssego ou morangos.

CADA PORÇÃO: 46 calorias, 1 g de proteína, 12 g de carboidrato, 0 g de gordura, 0 g de gordura saturada, 1 g de fibra, 9 g de açúcar, 2 mg de sódio
NUTRIENTES ESTRELADOS: vitamina A (20% VD), vitamina C (23% VD)

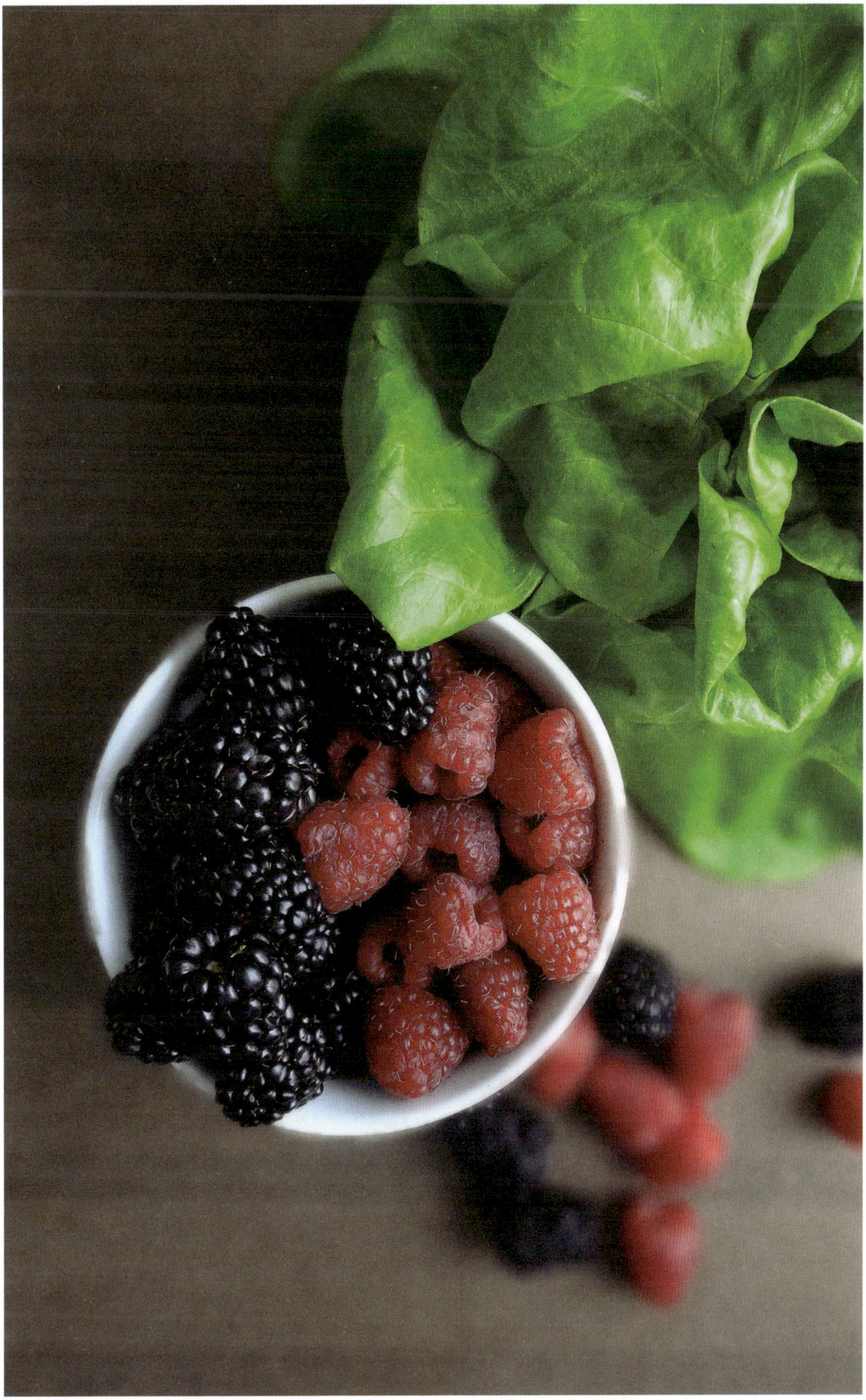

Sopa de tortilha

Lembre-se: fresco nem sempre é melhor

Sopa de tortilha
Barrinhas de aveia e figo

Em geral, quando lemos sobre os benefícios das frutas e hortaliças para a saúde, em revistas ou *on-line*, também encontramos a palavra "fresco". Na verdade, as pesquisas mostram que as pessoas têm tanta predileção por produtos frescos que muitas delas nem consideram frutas e legumes em conserva como porções! Mas é um equívoco pensar dessa maneira. A humanidade veio preservando plantas alimentícias preciosas desde os tempos mais remotos – secando frutas, hortaliças e grãos ao sol; fermentando hortaliças em salmoura ou vinagre e, mais adiante, fazendo conservas ou congelando os produtos quando estão em seu melhor momento.

Por favor, desfrute dos produtos frescos quando estão disponíveis. No verão, coma melancia, melão, abacaxi, batata-doce, ervilhas. Mas quando a estação mudar, prefira os produtos em conserva, congelados e secos, pois são opções muito mais sustentáveis do que os produtos frescos fora da safra. Eles ainda oferecem porções de frutas e hortaliças, bem como nutrientes importantes, para o seu dia a dia. Embora o teor de alguns nutrientes, como as fibras e vitaminas C e B, talvez sejam mais baixos nos produtos preservados (em conserva ou secos), o teor de outros nutrientes é mais alto. Por exemplo, o antioxidante licopeno é maior em tomates enlatados. Ao passarem por esse processo, as frutas e as hortaliças são aquecidas, o que pode aumentar a disponibilidade de certos nutrientes em alguns vegetais, como tomates, pois as paredes celulares são quebradas, liberando os nutrientes para serem mais prontamente absorvidos.

Não é difícil perceber por que se deve contar com esses produtos em uma dieta à base de vegetais integrais se considerarmos o valor nutricional, o sabor maduro, a facilidade de uso e a economia. Encha a despensa de enlatados de feijão, tomate, pêssego, abacaxi e milho a fim de adicioná-los a sopas, saladas, acompanhamentos, pratos principais e sobremesas. Tenha uma seleção sortida de frutas secas sem açúcar, como frutas vermelhas, pera, figo, uva-passa e tâmaras para beliscar, assar e complementar os cereais. Experimente realçar sabores com tomates secos e cogumelos. Encha o congelador de frutas congeladas sem açúcar para preparar vitaminas e misturar em granolas e iogurtes, além de vegetais como vagem, espinafre e ervilhas, para saladas, sopas e guarnições. E o melhor de tudo é que essas frutas e hortaliças preservadas são uma mão na roda: não precisam ser lavadas nem picadas.

Ver foto na página 122

Mude sua dieta em 52 passos simples

Sopa de tortilha

🕒 24 minutos
🕓 48 minutos
🍴 10 porções
(1 xícara generosa cada)

A sopa de tortilha, um tradicional prato mexicano, é uma mistura picante de tomate, hortaliças e tirinhas crocantes de tortilha. Esta versão simples – ela pode ser preparada em instantes – porém incrementada pelo poder dos vegetais põe na mistura o feijão-preto, rico em proteínas. Melhor ainda, este prato conta com alimentos conservados, como o tomate enlatado e o milho congelado, de modo que pode ser preparado o ano todo se você tiver esses ingredientes na despensa. Trata-se também de um complemento excelente para um sanduíche simples, um burrito ou uma salada de verduras no almoço ou jantar.

Tirinhas de tortilha
3 tortilhas de milho de 15 cm de diâmetro
2 colheres (chá) de azeite extra virgem
½ colher (chá) de pimenta vermelha chili em pó

Sopa
4 colheres (chá) de azeite extra virgem
1 cebola média picada
1 dente de alho médio picado fino
1 pimentão verde médio picado
1 pimenta jalapeña pequena picada fino
1 abobrinha italiana pequena picada
1 xícara de milho congelado
¼ de colher (chá) de pimenta calabresa
2 colheres (chá) de cominho em pó
4 xícaras de água
1 colher (sopa) de caldo de legumes com baixo teor de sódio (ver página 359)
411 g de tomate pelado em cubos, com o líquido
425 g ou 1¾ xícara de feijão-preto cozido mais ½ xícara de água do cozimento
⅔ de xícara de queijo vegetal (opcional)
⅔ de xícara de cebolinha picada

Lembre-se: fresco nem sempre é melhor

1. Preaqueça o forno a 205 °C.
2. Fatie a tortilha em tirinhas finas. Disponha as tirinhas em uma assadeira, regue-as com 2 colheres (chá) do azeite e, depois, salpique a pimenta vermelha. Leve ao forno por 5 a 8 minutos até dourarem e ficarem crocantes. Retire do forno e reserve. Desligue o forno.
3. À parte, prepare a sopa aquecendo as 2 colheres (chá) de azeite restantes em uma panela em fogo médio. Acrescente a cebola e refogue por 5 minutos.
4. Junte o alho, o pimentão, a pimenta jalapeña, a abobrinha, o milho, a pimenta calabresa e o cominho, refogando por mais 5 minutos.
5. Adicione a água, o caldo, o tomate e o feijão-preto. Mexa bem e tampe a panela. Deixe cozinhando em fogo médio por 25 a 30 minutos, até as hortaliças ficarem macias.
6. Em tigelas de sopa, despeje aproximadamente 1 xícara da sopa, decore com algumas tirinhas de tortilha, 1 colher (sopa) de queijo vegetal e 1 colher (sopa) de cebolinha. Sirva imediatamente.

Nota: Guarde a sobra de sopa na geladeira (sem os complementos) por até 3 dias. Reaqueça a sopa e complete com as tirinhas de tortilha, o queijo e a cebolinha.

Variação: Substitua o feijão-preto por feijão-branco, feijão-carioca ou grão-de-bico, ou use uma combinação deles.

CADA PORÇÃO: 148 calorias, 5 g de proteína, 21 g de carboidrato, 5 g de gordura, 1 g de gordura saturada, 5 g de fibra, 5 g de açúcar, 263 mg de sódio
NUTRIENTES ESTRELADOS: ácido fólico (12% VD), vitamina A (13% VD), vitamina C (40% VD), cálcio (14% VD), manganês (11% VD), molibdênio (44% VD), fósforo (10% VD), potássio (10% VD)

Barrinhas de aveia e figo

- 15 minutos
- 40 minutos
- 16 porções (1 barrinha de aproximadamente 5 × 5 cm cada)

Perfeita para o lanchinho das crianças (e de adultos!), esta barrinha de figo substanciosa e viscosa é cheia de benefícios proporcionados pelos cereais integrais, oleaginosas e frutas. E, como depende de alimentos conservados, como as frutas secas, é possível montar uma sobremesa em instantes com esses ingredientes à mão. Em dias frios, fica ótima quentinha, acompanhando uma xícara de café fumegante. Além disso, apresenta fibras protetoras da saúde e fitoquímicos, como a antocianina, um composto vegetal bioativo que é responsável pelo tom arroxeado dos figos e está relacionado a benefícios para a saúde cerebral.

120 g de figo seco (de preferência, figo preto inteiro)
⅔ de xícara de água
óleo para pincelar
1 xícara de farinha de trigo integral
½ xícara de farinha de amêndoa
½ xícara de aveia em flocos
¼ de xícara de amêndoas picadas
½ colher (chá) de bicarbonato de sódio
1 colher (chá) de canela em pó
¼ de xícara de óleo de canola prensado a frio
¼ de xícara de leite vegetal sem açúcar
2 colheres (sopa) de xarope de bordo (maple syrup)
raspas da casca de 1 limão-siciliano pequeno

1. Em uma panela pequena, coloque o figo na água e tampe. Leve a ferver em fogo médio, cozinhando por 1 minuto. Depois desligue o fogo e deixe o figo descansar na panela, ainda tampada, por 10 minutos.
2. Preaqueça o forno a 180 °C. Pincele com o óleo uma fôrma (20 × 20 cm, aproximadamente).
3. À parte, misture a farinha de trigo, a farinha de amêndoa, a aveia, as amêndoas, o bicarbonato de sódio e a canela. Adicione o óleo de canola, o leite vegetal e o xarope de bordo para dar liga.

4. Em um liquidificador, coloque o figo com o líquido do cozimento e as raspas de limão e bata até virar uma pasta espessa. Não deixe de aproveitar o que fica nas laterais do copo do aparelho.
5. Amasse cerca de ⅔ da massa no fundo da fôrma. Espalhe por cima a pasta de figo e, depois, o farelo da sobra de massa. Asse por 25 a 30 minutos, até dourar.
6. Deixe esfriar por 10 minutos, depois corte em 16 quadradinhos. Sirva imediatamente.

Nota: Conserve na geladeira as barrinhas que sobrarem, em recipiente hermeticamente fechado, por até 1 semana.

Variação: Substitua o figo por uvas-passas, ameixas ou damascos secos, ou faça uma combinação deles. Para uma receita sem glúten, substitua a farinha de trigo integral por uma farinha sem glúten, e certifique-se de que os demais ingredientes não contenham glúten.

CADA PORÇÃO: 135 calorias, 3 g de proteína, 20 g de carboidrato, 6 g de gordura, 0,5 g de gordura saturada, 3 g de fibra, 10 g de açúcar, 6 mg de sódio
NUTRIENTE ESTRELADO: riboflavina (11% VD)

Sopa sueca de ervilha

Inspire-se pelo mundo afora

Sopa sueca de ervilha
Penne integral com pesto à moda de Trápani

17

Temos muita sorte de viver neste mundo moderno, onde o volume de alimentos disponíveis é desconcertante – só os Estados Unidos produzem cerca de 160 bilhões de quilos de comida todos os anos (quase o dobro do necessário!). Com o intercâmbio de plantas ao longo de muitos séculos, as pessoas do mundo inteiro podem se beneficiar do cultivo variado de plantas alimentícias, desde as ansiosas pelo sol (como a uva, a azeitona e os cítricos) até as amantes do frio (como o trigo e a maçã), e todas as demais entre elas.

Acrescentemos a isso a imensa diversidade étnica nas grandes cidades internacionais, o que gera uma variedade ampla de culinárias do mundo todo. Em muitas cidades, é possível experimentar a cozinha tailandesa, do Oriente Médio, mexicana, italiana, francesa, indiana e chinesa em qualquer dia da semana. As comidinhas que nos confortam na modernidade incluem tacos, espaguete ou frituras chinesas. Sabores vindos de culturas gastronômicas diferentes até se mesclam, redefinindo pratos tradicionais – essa tendência a fusões ainda segue forte. E, agora, o mundo das comidas está ficando ainda menor, à medida que as pessoas têm incorporado ao seu léxico culinário localizações ainda mais distantes, da Etiópia ao Vietnã e à Malásia.

Atualmente, essa simpatia por sabores globais cria um caminho estimulante para explorar mais plantas alimentícias gostosas. A maior parte da culinária étnica ao redor do mundo tem uma base firme em alimentos de origem vegetal, de um arroz com feijão caribenho até as picantes sopas coreanas com tofu. É possível aprender muito sobre o preparo de pratos deliciosos e aromáticos à base de vegetais ao misturar a nossa comida com os sabores globais. Pegue emprestado um toque da cozinha de Porto Rico e comece os seus pratos de feijão com o *sofrito* – uma base forte feita de coentro, colorau, pimentas verdes e alho (ver página 210). Encha os seus cereais integrais de sabor em abundância experimentando o tabule, uma tradição na culinária libanesa, e misture hortelã, salsinha, tomate e alho aos seus grãos (ver página 176). Para me inspirar nestas poderosas receitas verdes, tomei emprestados sabores de todo o mundo. *Bon appétit* (ou *buon appetito* ou *buen provecho*)!

Ver foto na página 128

Mude sua dieta em 52 passos simples

Sopa sueca de ervilha

🕐 7 minutos

⏲ 1 hora e 30 minutos a 2 horas
(tempo de molho não incluído)

🍴 8 porções
(1 xícara cada, aproximadamente)

Todos os países têm pratos típicos feitos à base de vegetais, inclusive os escandinavos, como a Suécia, de onde vem o meu marido. A sopa de ervilha remonta à Roma Antiga, quando era uma nutritiva receita de camponeses, e, na Suécia, acabou se tornando um desses pratos consagrados pelo tempo. Há centenas de anos, a ärtsoppa (sopa de ervilha) tem sido tradicionalmente servida em casas, escolas e restaurantes todas as quintas-feiras, acompanhada de panquecas fininhas. Feita de ervilhas amarelas, esta sopa simples leva o picante adocicado da mostarda. Essa gloriosa história da sopa de ervilha se justifica pelos nutrientes que transbordam de cada tigela: 14 g de proteína e uma boa fonte de vários nutrientes fundamentais.

454 g de ervilhas amarelas inteiras secas (ver Nota)
6 xícaras de água e mais um pouco para deixar as ervilhas de molho
1 cebola média picada
1 colher (sopa) de caldo de legumes com baixo teor de sódio (ver página 359)
1 colher (sopa) de mostarda pronta (sueca, em grão ou Dijon; ver Nota)
½ colher (chá) de pimenta-do-reino moída na hora
1 colher (chá) de mistura de ervas com baixo teor de sódio (ver página 359)
1 folha de louro
1 colher (chá) de manjerona
1 colher (chá) de tomilho

1. De véspera, cubra as ervilhas de água e deixe de molho.
2. Escorra as ervilhas e coloque-as em um caldeirão.
3. Acrescente os ingredientes restantes, misturando bem, tampe a panela e leve à fervura em fogo alto. Abaixe o fogo para médio e cozinhe por 1 hora e 30 minutos a 2 horas, mexendo de vez em quando, até as ervilhas amolecerem. Coloque mais água se necessário, para repor a perda pela evaporação. Retire a folha de louro antes de servir.

Nota: A sopa de ervilha sueca tradicional faz uso de ervilhas amarelas secas inteiras (não partidas). Se não for possível encontrá-las, use as ervilhas amarelas partidas, mas diminua o tempo de cozimento em cerca de 30 minutos, pois elas cozinham mais rapidamente. A mostarda sueca (senap), que pode ser encontrada em lojas especializadas, embora picante, tem um característico sabor adocicado. Para fazer esta sopa em uma panela elétrica (slow cooker), deixe as ervilhas de molho e escorra, depois misture os outros ingredientes e deixe cozinhando por 4 a 6 horas na potência alta ou por 8 a 10 horas na potência baixa.

CADA PORÇÃO: 203 calorias, 14 g de proteína, 36 g de carboidrato, 1 g de gordura, 0 g de gordura saturada, 15 g de fibra, 5 g de açúcar, 59 mg de sódio
NUTRIENTES ESTRELADOS: ácido fólico (39% VD), tiamina (28% VD), cálcio (10% VD), ferro (16% VD), magnésio (17% VD), potássio (16% VD), zinco (12% VD)

Penne integral com pesto à moda de Trápani

- 11 minutos
- 18 minutos
- 6 porções (¾ de xícara cada)

No Mediterrâneo, podemos aprender muitas lições a respeito de bons alimentos de origem vegetal. Em uma viagem à ilha da Pantelária, na Sicília, tive sorte de aprender com um chef da região a preparar este prato tradicional. Ele me explicou que o pesto de Trápani é um clássico da comida camponesa siciliana, uma comida que "cria algo de coisa nenhuma". Essa "coisa nenhuma" inclui amêndoas, alho, manjericão, tomate, azeite e massa. É surpreendente como este prato é simples e delicioso – a solução perfeita para uma refeição em 30 minutos, feita de ingredientes que podemos ter à mão. Esse chef da Pantelária triturou o pesto bruto com o pilão de um enorme almofariz de terracota, que pode ser encontrado em lojas de utensílios de cozinha mais refinadas. Se não quiser investir em um, use um equipamento moderno, como um processador, que facilita muito o trabalho.

⅓ de xícara de amêndoas picadas fino
227 g de penne integral
4 dentes de alho médios
1½ colher (sopa) de azeite extra virgem
2 xícaras cheias de folhas de manjericão frescas
2 xícaras de tomates-cerejas frescos, cortados em quartos, em temperatura ambiente (ver Nota)
¼ de colher (chá) de pimenta-do-reino moída na hora
uma pitada de sal marinho (opcional)

1. Preaqueça o forno a 180 °C.
2. Espalhe as amêndoas em uma travessa refratária pequena e torre-as por cerca de 5 minutos, até dourarem (ver Nota). Retire-as do forno e reserve.
3. À parte, encha uma panela média de água, tampe-a e leve à fervura em fogo alto. Acrescente a massa, abaixe o fogo para médio e cozinhe por 8 minutos, aproximadamente, até ficar al dente. Escorra e deixe na panela tampada para conservar o calor.
4. Enquanto a massa cozinha, bata o alho e o azeite em um processador ou liquidificador por alguns segundos, até obter uma consistência cremosa.

5. Acrescente as folhas de manjericão, os tomates-cerejas e a pimenta-do-reino. Processe até formar um pesto (5 a 10 segundos). Não processe demais; a mistura deve ter textura, e não virar purê. Prove e acrescente sal marinho, a gosto.
6. Misture o pesto na massa, revirando-a. Despeje a massa em uma travessa de servir e espalhe as amêndoas tostadas. Sirva imediatamente.

Nota: Você também pode tostar as amêndoas – mexendo sempre – em uma frigideira em fogo médio a alto por 3 a 5 minutos. Este pesto é fresco e não vai ao fogo. Portanto, é importante que os ingredientes estejam à temperatura ambiente e não gelados e que seu preparo fique pronto assim que a massa estiver cozida, de modo que o prato não esfrie.

CADA PORÇÃO: 222 calorias, 10 g de proteína, 34 g de carboidrato, 7 g de gordura, 1 g de gordura saturada, 6 g de fibra, 2 g de açúcar, 9 mg de sódio
NUTRIENTES ESTRELADOS: ácido fólico (21% VD), niacina (16% VD), riboflavina (11% VD), tiamina (10% VD), vitamina A (88% VD), vitamina C (35% VD), vitamina E (13% VD), vitamina K (398% VD), cálcio (17% VD), cobre (28% VD), ferro (23% VD), magnésio (31% VD), manganês (112% VD), fósforo (18% VD), potássio (13% VD), zinco (12% VD)

Salada de batata à moda da Pantelária

Mude para azeite extra virgem

Salada de batata à moda da Pantelária
Couve-flor assada com condimentos moídos na hora

18

O azeite simplesmente prensado, que era obtido em tempos remotos espremendo-se a azeitona nas pedras para extrair dela esse óleo precioso, tem sido considerado um tônico para a saúde ao longo dos séculos. Agora, a ciência confirma que o azeite extra virgem, um dos óleos vegetais menos refinados, é rico em gorduras monoinsaturadas, saudáveis para o coração, e em compostos anti-inflamatórios e antioxidantes. Talvez por isso o azeite extra virgem (elemento fundamental na elogiadíssima dieta mediterrânea) tenha sido vinculado por um conjunto de pesquisas à proteção contra doenças cardíacas, além de estudos que o apontam como uma proteção em potencial contra o câncer de mama.

O azeite extra virgem não apenas nos faz bem, como também dá um sabor bom a tudo. Basta um fiozinho dele na salada, nas hortaliças, no cereal integral e nas leguminosas para que o sabor, bem como seu valor nutritivo, aumente – a gordura auxilia o organismo a absorver os antioxidantes dos vegetais. Faça do azeite extra virgem o ingrediente número 1 de sua cozinha para temperos e marinadas, para cozinhar e mesmo assar.

Lembre-se de que o azeite – como todas as gorduras – é uma fonte concentrada de energia. Contendo 120 calorias por colher de sopa, é fácil acumular calorias quando não o dispensamos. Se estiver cuidando do peso, 1 colher (chá) de azeite (40 calorias, aproximadamente) é o suficiente para a saúde e o paladar. Tente usar um spray ou um dosador para regular a quantidade. A minha maneira preferida de cozinhar legumes é à moda mediterrânea: salteando as hortaliças com um toque de azeite, um pouquinho de água, alho picado e algumas ervas e condimentos, como o orégano, o manjericão ou a páprica, até que fiquem crocantes e macias. Tome emprestado ainda um outro truque do Mediterrâneo para as saladas: livre-se dos molhos industrializados e regue a salada com um pouco de azeite e vinagre. O sabor é simples, e sua mesa vai ficar linda com um galheteiro (fácil de encontrar em lojas de utensílios de cozinha) como peça principal.

O azeite extra virgem é também um dos óleos vegetais menos processados do mercado. Existe uma exigência padrão de que ele seja obtido de azeitonas sem nenhum tratamento que afete o azeite, como solventes ou lavagens. Por isso, seus compostos bioativos permanecem intactos. No entanto, talvez você não goste do sabor forte da azeitona em alguns pratos, como em alimentos assados. Nesse caso, sugiro o óleo de canola, devido aos seus benefícios para o coração. Os melhores tipos de óleos vegetais são os prensados a frio, pois isso significa que nenhum derivado de petróleo é usado na extração do óleo.

Ver foto na página 134

Mude sua dieta em 52 passos simples

Salada de batata à moda da Pantelária

- 12 minutos
- 35 minutos
- 8 porções (1 xícara cada)

Em minha viagem a Pantelária, me apaixonei pela comida rústica e autenticamente mediterrânea, que apresenta vegetais cultivados ali mesmo na ilha. Esta salada de batata, muito simples, cheia do sabor das azeitonas e alcaparras, foi servida em quase todas as refeições. As gorduras encontradas no azeite extra virgem, boas para a saúde do coração, são elementos-chave na dieta do Mediterrâneo e propiciam inúmeros benefícios à saúde.

3 batatas médias sem casca, se preferir
4 xícaras de água
4 tomates grandes cortados em gomos
½ cebola roxa ou branca cortada ao meio e fatiada
½ xícara de azeitonas sicilianas sem caroço escorridas (ver Nota)
1½ colher (sopa) de alcaparras escorridas e lavadas
1½ colher (sopa) de azeite extra virgem
1½ colher (chá) de vinagre de vinho
1½ colher (chá) de orégano seco

1. Em uma panela, coloque as batatas e a água, tampe e leve à fervura em fogo médio a alto. Diminua o fogo para médio e cozinhe por 25 minutos, aproximadamente, até ficarem macias mas ainda firmes. Escorra e deixe esfriar.
2. Corte as batatas em pedaços grandes e coloque-as em uma tigela com o tomate, a cebola, as azeitonas e as alcaparras. Misture.
3. Regue com o azeite e o vinagre e acrescente o orégano. Misture bem. Sirva imediatamente. (Esta salada fica ótima à temperatura ambiente ou gelada.)

Nota: As azeitonas sicilianas podem ser encontradas em lojas especializadas. Se não for possível, use azeitonas kalamata.

....

CADA PORÇÃO: 148 calorias, 3 g de proteína, 26 g de carboidrato, 4,5 g de gordura, 0,5 g de gordura saturada, 4 g de fibra, 4 g de açúcar, 162 mg de sódio
NUTRIENTES ESTRELADOS: niacina (10% VD), vitamina A (17% VD), vitamina B6 (18% VD), vitamina C (35% VD), manganês (12% VD), potássio (16% VD)

Couve-flor assada com condimentos moídos na hora

- 8 minutos
- 48 minutos
- 8 porções (⅔ de xícara cada, aproximadamente)

Assar hortaliças é uma maneira saudável e deliciosa de incrementar o seu sabor, bem como seus fatores nutricionais. Estudos demonstram que, quando os vegetais são preparados dessa forma saborosa, com um toque de azeite, as pessoas acabam os ingerindo mais. A couve-flor faz parte da família *Brassica*, que transborda de estimulantes compostos de enxofre relacionados à prevenção ao câncer. Ao combiná-la com condimentos indianos moídos na hora, esta guarnição simples recende aromas e sabores quentes e valiosos. Sirva este prato com o Pilaf de centeio e pimentão vermelho (página 72) e um pouco de lentilhas cozidas e você vai ter uma refeição agradável, que vai satisfazer uma tropa a um preço baixo.

1 couve-flor média separada em buquês médios (5 xícaras, aproximadamente; ver Nota)
1½ colher (sopa) de azeite extra virgem
1 colher (sopa) de suco de limão-siciliano
3 bagas de cardamomo
¼ de colher (chá) de pimenta calabresa
¼ de colher (chá) de pimenta-do-reino em grãos
½ colher (chá) de coentro em grãos
½ colher (chá) de cominho em grãos

1. Preaqueça o forno a 205 °C.
2. Espalhe os buquês de couve-flor em uma assadeira (20 × 30 cm).
3. Em uma tigela pequena, misture o azeite e o suco de limão.
4. Em um processador ou moedor, coloque o cardamomo, a pimenta calabresa, a pimenta-do-reino, o coentro e o cominho. Moa até obter um pó fino. Junte esse pó à mistura de azeite, misturando bem.
5. Despeje o tempero por cima da couve-flor, revirando com as mãos para que os buquês fiquem temperados por igual.
6. Leve a assadeira ao forno, sem cobrir, e asse por 40 minutos, mexendo a cada 15 minutos, até a couve-flor dourar e ficar macia.

Variações: Experimente trocar a couve-flor por brócolis ninja ou couve-de-bruxelas. No passo 2, acrescente 227 g de tofu extra firme (ou, para um resultado melhor, prensado; ver página 115).

....

CADA PORÇÃO: 51 calorias, 2 g de proteína, 6 g de carboidrato, 3 g de gordura, 0 g de gordura saturada, 2 g de fibra, 1 g de açúcar, 32 mg de sódio
NUTRIENTES ESTRELADOS: ácido fólico (15% VD), ácido pantotênico (19% VD), vitamina B6 (10% VD), vitamina C (86% VD), vitamina K (14% VD), manganês (13% VD)

Bolinho de abóbora temperadinho com semente de abóbora

Seja exigente com os carboidratos

Bolinho de abóbora temperadinho com semente de abóbora
Cevada com algas marinhas e amendoim

19

Há algumas décadas, os especialistas em nutrição nos aconselhavam a nos entupir de carboidratos, sem prestar muita atenção aos tipos. Depois, o pêndulo das dietas mudou de direção, e os carboidratos passaram a ser o inimigo número 1. Hoje em dia, sabemos que o problema não é propriamente a quantidade de carboidratos, mas o tipo. Acontece que se esbaldar com carboidratos de rápida digestão e refinados – como salgadinhos, docinhos, bebidas e pão branco feito de farinha refinada – não é algo muito saudável. Esses alimentos de alto teor glicêmico, sem muitos de seus nutrientes e fibras, são facilmente absorvidos e digeridos pelo organismo, elevando em um instante os níveis de glicose do sangue. Uma alimentação cheia dessas fontes de carboidratos tem sido associada a riscos à saúde, como doenças do coração, diabetes tipo 2 e obesidade.

No entanto, quando nos voltamos para as fontes de carboidratos não refinados, como os vegetais integrais, em sua forma natural – cereais integrais, leguminosas, lentilhas, oleaginosas, sementes, hortaliças, frutas –, o nosso organismo reage de outra maneira. Esses alimentos de baixo teor glicêmico e ricos em fibras são de digestão e absorção mais demorada pela corrente sanguínea. Logo, produzem um aumento dos níveis glicêmicos mais lento e menos intenso, o que faz com que o organismo seja menos exigido para produzir insulina (o hormônio que conduz a glicose da corrente sanguínea para os tecidos do organismo, onde se transforma em energia). Tais alimentos também retribuem com um rico suprimento de nutrientes, inclusive antioxidantes poderosos, que auxiliam a combater o estresse oxidativo do organismo, que pode prejudicar as células e tecidos.

Uma das coisas mais importantes que podemos fazer pela nossa saúde é ser exigentes na hora de escolher carboidratos. Prefira pão integral em vez de pão branco, arroz integral em vez de arroz branco, massa integral em vez de massa comum e trigo em grãos ou trigo-sarraceno em vez de misturas prontas para risoto. Troque cereais matinais ultraprocessados por um mingau de cereal integral. Deixe de lado os biscoitos e salgadinhos e prefira pão sírio integral. Substitua as barrinhas açucaradas por granolas caseiras (ver página 295). Restrinja o doce a pequenas porções, de vez em quando (ver página 233) e preencha com frutas aquela vontade de doce.

Ver foto na página 140

Mude sua dieta em 52 passos simples

Bolinho de abóbora temperadinho com semente de abóbora

- 11 minutos
- 55 minutos
- 12 porções (1 bolinho cada)

Não é preciso sentir culpa em relação ao consumo de carboidrato quando você opta por grãos integrais. Com as sementes, as tâmaras e a riqueza em betacaroteno da abóbora, este bolinho fica cheio de nutrientes, antioxidantes e carboidratos de digestão lenta. Faça uma fornada e conserve-os no congelador para levar ao micro-ondas quando quiser servi-los em um lanche, café da manhã ou como acompanhamento de uma salada ou sopa no jantar.

óleo para pincelar
½ xícara de abóbora cozida e amassada
1¼ xícara de leite vegetal sem açúcar
¼ de xícara de óleo de canola prensado a frio
1 colher (chá) de baunilha
1½ colher (sopa) de xarope de bordo (maple syrup)
2 colheres (sopa) de chia (ver Nota na página 151)
1½ xícara de farinha de trigo integral
1 colher (sopa) de fermento químico em pó
2 colheres (chá) de canela em pó
½ colher (chá) de noz-moscada em pó
½ colher (chá) de gengibre em pó
¼ de colher (chá) de cravo-da-índia em pó
½ xícara de tâmaras picadas
¼ de xícara mais 2 colheres (sopa) de sementes de abóbora sem casca picadas

1. Preaqueça o forno a 190 °C.
2. Pincele uma fôrma para bolinhos com 12 cavidades com o óleo.
3. Misture vigorosamente por 2 minutos, em uma batedeira ou manualmente, a abóbora, o leite vegetal, o óleo de canola, a baunilha, o xarope de bordo e a chia.
4. Adicione a farinha, o fermento, os temperos, as tâmaras e ¼ de xícara de sementes de abóbora, misturando bem com um batedor ou uma colher, mas cuidando para não misturar demais.
5. Distribua a massa por igual entre as cavidades da fôrma e espalhe as 2 colheres (sopa) de sementes de abóbora restantes por cima.
6. Asse os bolinhos por 40 minutos, aproximadamente, até que estejam dourados por cima e que, ao enfiar um palito na massa, ele saia sequinho.

Nota: Para guardar os bolinhos no congelador, deixe que esfriem completamente e, depois, coloque-os em um recipiente hermeticamente fechado ou em um saco plástico. Para servir, retire os bolinhos do congelador com antecedência, deixe descongelar ou aqueça-os no micro-ondas por 30 segundos.

Variação: Para uma receita sem glúten, substitua a farinha de trigo integral por uma farinha sem glúten e certifique-se de que os demais ingredientes não contenham glúten.

CADA PORÇÃO: 196 calorias, 6 g de proteína, 24 g de carboidrato, 9 g de gordura, 0,5 g de gordura saturada, 4 g de fibra, 9 g de açúcar, 15 mg de sódio
NUTRIENTES ESTRELADOS: riboflavina (13% VD), vitamina A (33% VD), cálcio (14% VD), magnésio (12% VD), manganês (11% VD)

Cevada com algas marinhas e amendoim

🕐 11 minutos
🕐 45 minutos
🍴 6 porções
(⅔ de xícara cada, aproximadamente)

Batatas, massa e arroz não devem ser o único recurso de ninguém nos jantares diários. Todo um universo de grãos integrais nos espera! A cevada, mais conhecida por causa da cerveja e pela sopa de cevada, é um ingrediente versátil em uma variedade de pratos, inclusive pilafs e simples refogados. Este grão de baixo teor glicêmico é rico em uma fibra singular chamada betaglucano, que diminui o colesterol. Amendoim, cebolinha e algas marinhas dão à cevada um toque asiático e, assim, este prato se torna uma guarnição perfeita para os Wraps de alface à moda tailandesa (página 252) ou ao Suculento feijão-branco assado com shitake (página 302).

1 xícara de cevada
3 xícaras de água
1 colher (chá) de óleo de amendoim
1 dente de alho médio picado fino
½ colher (sopa) de shoyu com baixo teor de sódio
uma pitada de pimenta calabresa
½ colher (sopa) de gergelim
3 colheres (sopa) de amendoim picado grosseiramente
¼ de xícara de cebolinha picada
1 colher (sopa) de algas marinhas picadas (ver Nota)

1. Em uma panela média, junte a cevada e a água, tampe a panela e cozinhe em fogo médio por 35 a 40 minutos, até a cevada ficar macia. Escorra a água que sobrar. (Ou cozinhe em uma panela elétrica, de acordo com as orientações do fabricante.)
2. Em uma frigideira grande, esquente o óleo de amendoim e acrescente a cevada cozida, o alho, o shoyu, a pimenta calabresa, o gergelim, o amendoim, a cebolinha e a alga.
3. Refogue por 5 minutos, aproximadamente. Sirva imediatamente.

Nota: A cada dia está mais fácil encontrar algas marinhas secas em lojas de produtos asiáticos ou naturais ou em alguns supermercados. Procure embalagens com algas marinhas secas fatiadas, como wakame ou kelp, e experimente usá-las como tempero. O seu toque salgado, sem o sódio, pode realçar o sabor de saladas, patês, pratos de cereais, refogados e massas asiáticas e sopas.

Variações: Você pode substituir a cevada por 1 xícara de arroz integral, quinoa, sorgo ou farro, cozinhando de acordo com as instruções da embalagem. (Com todas essas opções, exceto o farro, é prato sem glúten, desde que também seja usado shoyu sem glúten.) No passo 2, se preferir, acrescente 227 g de tofu firme cortado em cubos pequenos (para um resultado melhor, prensado; ver página 115).

CADA PORÇÃO: 147 calorias, 5 g de proteína, 24 g de carboidrato, 4 g de gordura, 0,5 g de gordura saturada, 6 g de fibra, 1 g de açúcar, 91 mg de sódio
NUTRIENTES ESTRELADOS: niacina (11% VD), tiamina (14% VD), vitamina B6 (11% VD), vitamina K (12% VD), ferro (11% VD), magnésio (15% VD), manganês (36% VD), molibdênio (20% VD), fósforo (11% VD), selênio (17% VD)

Feijão-carioca e tofu à moda mexicana

Arrume tempo para um café da manhã bem equilibrado

20

Feijão-carioca e tofu à moda mexicana
Tigela de quinoa e banana com pasta de amendoim
Panquecas de trigo-sarraceno e pera

Pular refeições significa perder oportunidades de abastecer o organismo – sangue, músculos, órgãos – com nutrientes poderosos. As pesquisas sempre mostram que podemos ter um desempenho melhor, tanto físico como mental, e conservar um peso mais saudável quando fazemos refeições regulares – e isso diz respeito, sobretudo, ao café da manhã, pois tomá-lo elimina as escolhas ruins que fazemos quando a fome nos ataca no meio da manhã, além de trazer alguns benefícios ao metabolismo. Para o corpo, "quebrar o jejum" significa que ele não está mais faminto, portanto, é hora de acelerar a máquina. De acordo com novas pesquisas, mesmo consumindo a mesma quantidade de calorias durante um dia inteiro, consumir uma porcentagem maior delas pela manhã ajuda a perder peso, se comparamos isso com nos enchermos de comida à noite.

Dá para perceber, portanto, que o café da manhã é realmente a refeição mais importante do dia. Isso não significa, porém, que qualquer café da manhã seja bom. Um café da manhã cheio de carboidratos refinados, como cereais adocicados, pãezinhos salgados e doces, não vai ajudar ninguém a enfrentar o dia. Em vez disso, faça um café da manhã com o poder dos vegetais integrais – mesmo que seja uma simples aveia com frutas, oleaginosas e leite de soja (ver página 222). A imagem de um café da manhã perfeito combina todos os grupos de vegetais mais importantes – cereais integrais, proteínas vegetais (como as oleaginosas, leguminosas ou soja) e frutas ou hortaliças inteiras (sim, isso mesmo) – em uma substanciosa e satisfatória refeição.

Mesmo na correria, é possível começar bem o dia com soluções simples, como um mingau de cereais integrais pré-cozido, que pode ir ao micro-ondas, ou um pão integral torrado com alguma pasta de oleaginosa e rodelas de banana. Sejamos ainda mais criativos, com um sanduíche vegetariano com hortaliças fatiadas, verduras e tahine; vegetais refogados, temperos e tofu em um mexido verde; ou um banquete de tortilha de milho recheada de feijão e vegetais. Ou, ainda, batendo em um liquidificador algum leite vegetal, frutas e oleaginosas ou sementes em um café da manhã que pode ser sorvido durante o seu percurso matinal (ver página 297). Esses cafés da manhã verdes, ricos em fibras e proteínas, vão deixar você satisfeito até o horário do almoço e abastecer o seu corpo com vitaminas e minerais essenciais, aminoácidos e gorduras necessárias para que você se mantenha na sua melhor forma.

Ver foto na página 146

Mude sua dieta em 52 passos simples

Feijão-carioca e tofu à moda mexicana

- 9 minutos
- 12 minutos
- 2 porções (1 tortilha cada)

No tempo que levaria para tomar um café da manhã na padaria, você pode se esbaldar com esse prato substancioso, inspirado nos *huevos rancheros* do México, que inclui ovos, feijão, tortilhas de milho frescas e molho picante. A minha versão substitui os ovos por tofu. E quem disse que este prato deve ser apenas para o café da manhã? Trata-se de uma refeição atraente a qualquer hora.

1 colher (chá) de azeite extra virgem
77 g ou ⅓ de xícara de feijão-carioca cozido, escorrido e levemente amassado
4 tortilhas de milho de 15 cm de diâmetro
⅓ de xícara de tofu firme picado fino (para um resultado melhor, prensado; ver página 115)
2 colheres (sopa) de azeitonas pretas sem caroço picadas
2 colheres (sopa) de Guacamole fresco com tomate e pimenta (página 215)
2 colheres (sopa) de molho de tomate tipo mexicano
2 colheres (sopa) de cebolinha picada (apenas a parte verde)
Creme azedo vegetal (opcional; ver Nota na página 358)

1. Em uma frigideira pequena, aqueça ½ colher (chá) de azeite em fogo médio.
2. Espalhe 2 colheres (sopa) do feijão em uma tortilha.
3. Coloque a tortilha na frigideira com o lado do feijão para cima. Espalhe 3 colheres (sopa) do tofu e 1 colher (sopa) das azeitonas pretas. Coloque outra tortilha por cima, apertando com uma espátula. Cozinhe por 2 a 3 minutos, até dourar.
4. Vire a tortilha e frite do outro lado, por 2 a 3 minutos, até dourar.
5. Retire do fogo e disponha em uma travessa. Repita o procedimento no preparo da segunda tortilha.
6. Decore cada sanduíche de tortilha com o guacamole, o molho de tomate, a cebolinha e o creme azedo vegetal, se desejar.

Variação: Substitua o feijão-carioca por feijão-preto ou por lentilhas amassadas. Substitua as tortilhas de milho por tortilhas pequenas integrais.

CADA PORÇÃO: 249 calorias, 9 g de proteína, 32 g de carboidrato, 10 g de gordura, 1 g de gordura saturada, 6 g de fibra, 2 g de açúcar, 309 mg de sódio
NUTRIENTES ESTRELADOS: cálcio (10% VD), ferro (10% VD), magnésio (14% VD)

Arrume tempo para um café da manhã bem equilibrado

Tigela de quinoa e banana com pasta de amendoim

9 minutos
22 minutos
4 porções
(½ xícara generosa de quinoa cada, mais a cobertura)

Quem disse que não podemos comer quinoa no café da manhã? Vários cereais integrais dão um ótimo mingau matinal. A combinação clássica norte-americana de banana com amendoim eleva esse cereal à categoria de preferido da família toda – do mais jovem ao mais velho. Prepare uma tigela grande e, depois, leve as sobras ao micro-ondas na manhã seguinte.

1 xícara de quinoa
2 xícaras de água
1 colher (chá) de essência de baunilha
2 colheres (sopa) de pasta de amendoim cremosa ou crocante sem sal
2 bananas médias maduras fatiadas
¼ de xícara de coco ralado sem açúcar
2 colheres (sopa) de amendoim picado
leite vegetal a gosto (opcional)

1. Em uma tigela média, coloque a quinoa e a água e leve à fervura em fogo médio a alto. Abaixe o fogo para médio e cozinhe por 10 a 12 minutos, até ficar macia.
2. Misture a essência de baunilha e a pasta de amendoim e divida a quinoa em quatro tigelas.
3. Em cima, coloque a banana, o coco ralado e o amendoim. Sirva com leite vegetal, se preferir.

Nota: Se for servir este mingau mais tarde, não acrescente a banana, o coco ralado nem o amendoim antes de reaquecê-lo, para que conservem a cor e não murchem.

Variação: O amendoim e a pasta de amendoim podem ser substituídos por sementes de girassol e pasta de girassol ou amêndoas e pasta de amêndoa.

CADA PORÇÃO: 289 calorias, 10 g de proteína, 42 g de carboidrato, 10,5 g de gordura, 3 g de gordura saturada, 6 g de fibra, 7 g de açúcar, 9 mg de sódio
NUTRIENTES ESTRELADOS: ácido fólico (25% VD), niacina (14% VD), riboflavina (11% VD), tiamina (13% VD), vitamina B6 (23% VD), vitamina E (10% VD), cobre (22% VD), ferro (13% VD), magnésio (30% VD), manganês (69% VD), fósforo (27% VD), potássio (15% VD), zinco (13% VD)

Panquecas de trigo-sarraceno e pera

- 15 minutos
- 30 minutos
- 8 porções (1 panqueca cada)

Comece bem o dia equilibrando cereais integrais, frutas e proteínas. O trigo-sarraceno, um falso cereal (na verdade, é uma semente da família da azeda e do ruibarbo), tem um sabor de noz selvagem que casa com perfeição com as massas de confeitaria, como essas panquecas substanciosas. Nesta receita de panqueca integral, o purê de pera oferece um adocicado natural à mistura, e as amêndoas, o crocante. Trata-se de um ótimo começo para um sábado tranquilo ou para o café da manhã das crianças em dia de aula.

½ xícara de purê de pera (ver Nota)
1 colher (sopa) de chia (ver Nota)
1 xícara de leite vegetal sem açúcar
2 colheres (sopa) de óleo de canola prensado a frio
2 colheres (sopa) de xarope de bordo (maple syrup)
1 colher (chá) de canela em pó
1 colher (sopa) de fermento químico em pó
1 xícara de farinha de trigo integral
½ xícara de trigo-sarraceno
⅓ de xícara de amêndoas picadas fino
óleo para pincelar

1. Misture o purê de pera, a chia, o leite vegetal, o óleo de canola e o xarope de bordo e bata vigorosamente com um batedor manual ou elétrico, por 2 minutos.
2. Adicione a canela, o fermento, a farinha de trigo integral, o trigo-sarraceno e as amêndoas. Misture bem, sem exagerar.
3. Aqueça uma frigideira para panquecas ou uma frigideira grande em fogo médio. Pincele-a com o óleo. Despeje ¼ de xícara da massa, espalhando-a com uma espátula para formar uma panqueca fina. Frite por 3 minutos de cada lado, aproximadamente, até dourar e cozinhar bem.
4. Repita o procedimento com o total de 8 panquecas. Sirva imediatamente.

Nota: Para preparar o seu purê de pera, ver página 357. A chia, quando misturada a líquidos, cria um gel que oferece aos pratos um pouco da liga que os ovos propiciam.

Variações: O purê de pera pode ser substituído por purê de maçã, e as amêndoas por nozes, nozes-pecãs ou avelãs. Para uma versão sem glúten, no passo 2, substitua a farinha de trigo integral por uma farinha sem glúten, e certifique-se de que os demais ingredientes não contenham glúten.

....

CADA PORÇÃO: 214 calorias, 6 g de proteína, 33 g de carboidrato, 8 g de gordura, 1 g de gordura saturada, 5 g de fibra, 7 g de açúcar, 199 mg de sódio
NUTRIENTES ESTRELADOS: riboflavina (11% VD), tiamina (12% VD), vitamina C (13% VD), vitamina E (11% VD), cálcio (28% VD), ferro (10% VD), magnésio (12% VD), manganês (22% VD), fósforo (12% VD)

Wraps de tofu ao curry
com papaia

Alimente-se bem mesmo na correria

Salada de cenoura, beterraba e trigo-sarraceno à moda de Mumbai
Wraps de tofu ao curry com papaia

21

Quando cozinhamos refeições à base de vegetais do princípio – com o auxílio de combinações saudáveis de ingredientes integrais, como grãos, lentilha e hortaliças da estação – não é difícil ir ao encontro de nossas metas de saúde. Muito mais difícil é quando estamos na correria, sobretudo se precisamos depender de redes de *fast-food*, restaurantes e lanchonetes. Um estudo recente mostrou que as refeições de adultos em cadeias de *fast-food* continham uma média de 836 calorias, 41% do total das necessidades médias de calorias diárias. Pior ainda nas redes de restaurante: um estudo da Universidade Tufts demonstrou que o conteúdo calórico médio das refeições consumidas nesses lugares totalizava 1.327 calorias – 66% do total necessário diariamente.

Felizmente, alguns restaurantes estão agora aprimorando as opções verdes de seus cardápios. Há alguns que servem pratos veganos, como salada de quinoa e couve ou tofu ao curry com arroz integral. Mesmo alguns restaurantes de serviço mais rápido oferecem pratos criativos, como salada de arroz integral e grão-de-bico ou hambúrguer vegetariano em pão integral. No entanto, essas opções são tímidas se comparadas com as refeições feitas com vegetais integrais que você pode preparar, muitas vezes sem gastar muito dinheiro nem tempo.

No inverno, prepare um cozido e guarde a sobra em embalagens para micro-ondas que possam ser levadas para o almoço no trabalho do dia seguinte. No verão, você pode mudar para saladas de hortaliças e grãos, acompanhadas de um punhado de oleaginosas para uma carga de proteína. Em qualquer época do ano, seja criativo com um wrap de tofu e vegetais, um sanduíche de vegetais grelhados ou um burrito de feijão e abacate.

Não se restrinja ao almoço no trabalho: embale alimentos para piqueniques no parque, caminhadas e dias na praia. Em viagens – seja na estrada ou de avião – prepare-se com inteligência! Não deixe que a pouca disponibilidade de alimentos verdes desande as suas boas intenções com a saúde. A fim de obter uma refeição não perecível e satisfatória, passe em um pão integral pasta de oleaginosas ou de sementes e geleias de frutas e acrescente a isso uma maçã. Se tiver oportunidade, pare em lojas de produtos naturais, que, muitas vezes, oferecem maravilhosas opções para viagem, como entradas criativas feitas de saladas transbordantes de cereais, verduras e leguminosas. E, se você ficar preso mesmo – em um aeroporto ou na estrada –, prefira homus com vegetais cortados em palitos, saladas verdes, frutas inteiras ou pacotinhos de oleaginosas, sementes e frutas secas.

Salada de cenoura, beterraba e trigo-sarraceno à moda de Mumbai

- 17 minutos
- 40 minutos
- 8 porções (¾ de xícara cada, aproximadamente)

É possível evitar armadilhas de *fast-food* levando o próprio almoço para o trabalho. De véspera, experimente montar esta salada crocante e colorida, levando-a em um recipiente no dia seguinte. Combine a salada com um alimento rico em proteína (fatias de tofu assado, iogurte vegetal, pão sírio com pasta de sementes de girassol) e um pouco de fruta e pronto! No refeitório, todo mundo vai ter inveja de você!

1½ xícara de trigo-sarraceno cozido e frio
232 g de beterraba cozida cortada em cubos pequenos (ver Nota)
1½ xícara de cenoura ralada
2 colheres (sopa) de cebola branca cortada fino
⅓ de xícara de uvas-passas
¼ de xícara de coentro ou salsinha picada
2 colheres (sopa) de suco de laranja
1 colher (sopa) de azeite extra virgem
¼ de colher (chá) de pimenta calabresa
½ colher (chá) de garam masala (ver página 358)
¼ de colher (chá) de cúrcuma em pó
uma pitada de sal marinho (opcional)
¼ de xícara de amendoim picado grosseiramente

1. Misture o trigo-sarraceno, a beterraba, a cenoura, a cebola, as uvas-passas e o coentro.
2. Em uma tigela pequena, faça o molho misturando o suco de laranja, o azeite, a pimenta calabresa, o garam masala e a cúrcuma.
3. Despeje o tempero na salada, revirando para cobrir bem. Experimente e adicione sal marinho, a gosto.
4. Decore com o amendoim pouco antes de servir.

Nota: Se estiver com pressa, use beterrabas pré-cozidas (congeladas ou em conserva) e cenoura já ralada, facilmente encontrada na maioria dos supermercados. Caso pretenda guardar a sobra ou servir a salada no dia seguinte, deixe para colocar o amendoim por último.

Variações: Para uma alternativa sem glúten, substitua o trigo-sarraceno por arroz integral cozido, no passo 1.

....

CADA PORÇÃO: 113 calorias, 3 g de proteína, 18 g de carboidrato, 4 g de gordura, 0,5 g de gordura saturada, 3 g de fibra, 7 g de açúcar, 41 mg de sódio
NUTRIENTES ESTRELADOS: ácido fólico (11% VD), vitamina A (70% VD), vitamina C (16% VD), manganês (19% VD)

Ver foto na página 152

Mude sua dieta em 52 passos simples

Wraps de tofu ao curry com papaia

🕐 18 minutos
🕐 48 minutos
(tempo de geladeira incluído)
🍴 6 porções
(1 wrap recheado cada)

Isto é o que eu chamo de um prato delicioso e saudável em plena correria! Recheado com o colorido do papaia e do coco e com o sabor do tofu, este wrap fica maravilhoso como aperitivo ou no almoço. Faça um estoque de nutrientes poderosos, como betacaroteno, vitamina C, fibras e proteína com esta refeição de um prato só.

½ xícara de leite de coco light (bem misturado antes de medir)
1½ colher (chá) de pasta de curry vermelho (tempero picante tailandês)
½ colher (chá) de gengibre fresco picado
1 dente de alho médio picado fino
½ colher (chá) de cúrcuma em pó
½ colher (chá) de shoyu com baixo teor de sódio
uma pitada de pimenta-de-caiena em pó (ver Nota)
340 g de tofu extra firme, escorrido e cortado em cubos pequenos (para um resultado melhor, prensado; ver página 115)
1 papaia médio sem casca e sem sementes picado
½ xícara de cebolinha picada
¼ de xícara de coentro fresco picado
uma pitada de sal marinho (opcional)
6 tortilhas ou wraps integrais de 23 cm de diâmetro, aproximadamente
3 xícaras de agrião ou de verduras novas

1. Em uma tigela, misture o leite de coco, a pasta de curry vermelho, o gengibre, o alho, a cúrcuma, o shoyu e a pimenta-de-caiena até ficar homogêneo.
2. Junte o tofu, o papaia, a cebolinha e o coentro. Experimente e tempere com sal marinho, a gosto. Leve à geladeira por 30 minutos (ou até o dia seguinte, se preferir).
3. Coloque uma tortilha em uma tábua de corte. Distribua ½ xícara da mistura de tofu no meio da tortilha, de comprido. Em cima, ½ xícara de agrião.
4. Dobre o lado direito da tortilha sobre o centro e comece a enrolar o wrap, apertado, fazendo pressão. Coloque o wrap em uma travessa de servir com a emenda virada para baixo.
5. Sirva o wrap inteiro como refeição individual (cortado ao meio para facilitar), ou fatie em rodelas grossas, para servir de entrada.

Nota: Ajuste o tempero do wrap aumentando a pimenta-de-caiena. Para um almoço perfeito para levar, conserve esses wraps de tofu em sacos plásticos ou em recipientes hermeticamente fechados. Se todos os wraps não forem consumidos de uma vez, guarde o recheio na geladeira, em um recipiente hermeticamente fechado, e monte os wraps 4 horas antes da hora de servir, no máximo, de modo que a verdura não fique murcha, e o wrap, molhado.

Variação: Substitua o papaia por 1 manga grande ou 2 pêssegos grandes.

....

CADA PORÇÃO: 213 calorias, 10 g de proteína, 32 g de carboidrato, 5 g de gordura, 1,5 g de gordura saturada, 5 g de fibra, 6 g de açúcar, 256 mg de sódio
NUTRIENTES ESTRELADOS: ácido fólico (10% VD), niacina (11% VD), tiamina (17% VD), vitamina A (30% VD), vitamina C (80% VD), cálcio (19% VD), ferro (14% VD), magnésio (10% VD), fósforo (21% VD), zinco (10% VD)

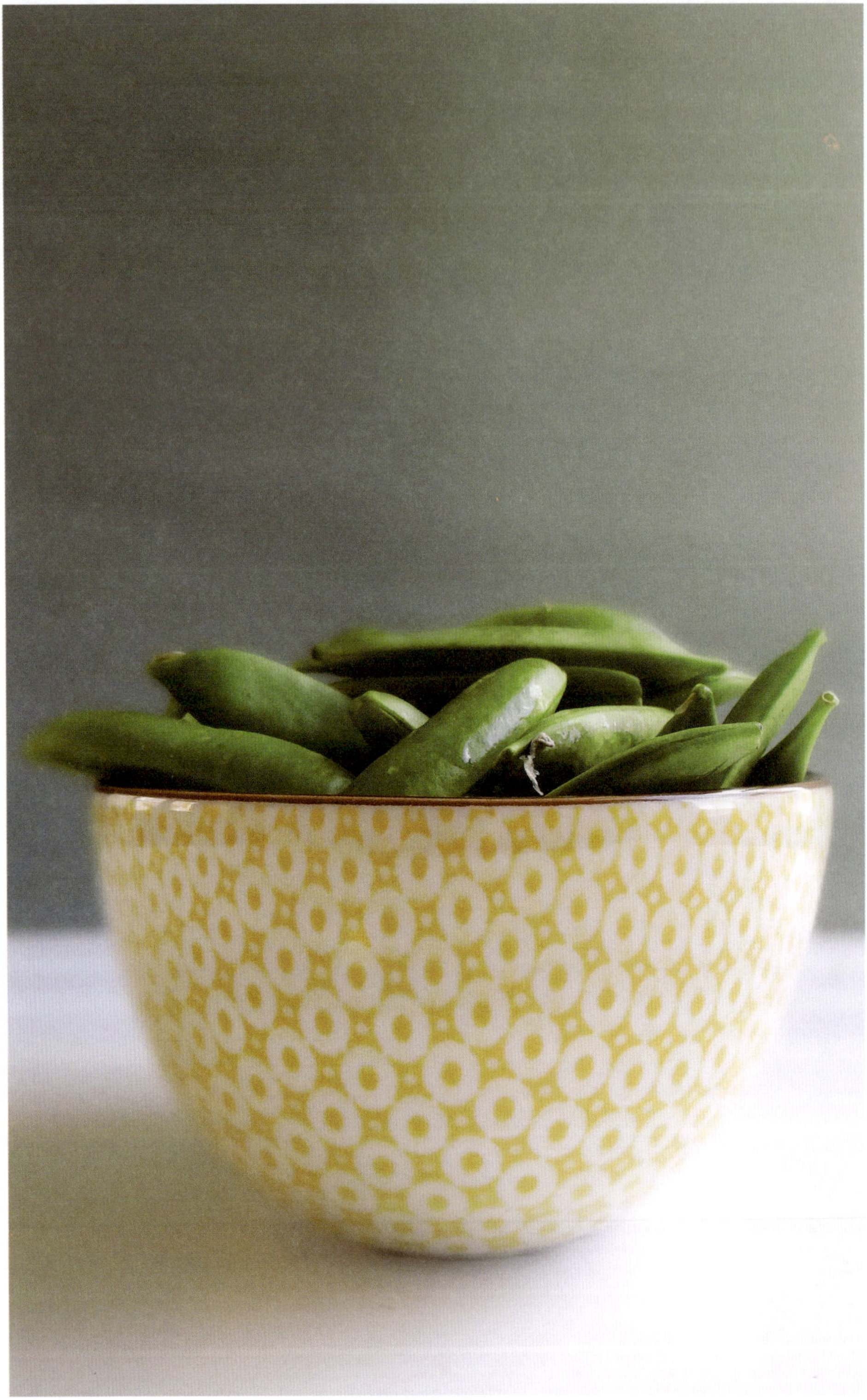

Belisque direito!

Homus de edamame
Biscoitos crocantes de gengibre e amaranto

22

Talvez, quando criança, sua mãe lhe tenha dito para ficar longe da cozinha, para não "beliscar e estragar o apetite". Porém, o estilo de vida moderno e exigente – com lares em que ambos os pais trabalham fora, com compromissos depois do expediente, como atividades esportivas ou cursos noturnos, e os trajetos mais longos entre a casa e o trabalho – tornou o ato de beliscar mais popular que nunca. Nos dias de hoje, muita gente belisca de propósito, para abastecer exigências mentais ou atléticas, para se recuperar de exercícios e para combater o estômago vazio. Como isso acabou mudando a atitude em relação ao ato de beliscar, o número de vezes que beliscamos dobrou nas últimas três décadas. Estudos demonstram que, conforme nos debruçamos cada vez mais em notebooks, enfiamos mais atividades no cronograma e gastamos mais tempo no trânsito, gastamos menos tempo na mesa de jantar e mais tempo consumindo pequenas refeições em algum outro canto.

Embora ninguém precise beliscar para ter uma saúde melhor, isso pode ajudar a nos sentirmos mais satisfeitos, menos famintos e menos propensos a escolher mal a comida depois. Se você luta com a fome ou com a concentração entre as refeições, é um candidato perfeito a beliscar entre elas. No entanto, se você só belisca coisas pobres em nutrientes para satisfazer aquela vontade de doce ou de salgado, está perdendo a chance de inserir nutrientes importantes em seu cotidiano.

Os norte-americanos e os ocidentais em geral estão carentes de fibra, potássio, cálcio e vitamina D e não satisfazem as necessidades de frutas e vegetais, que fortalecem o organismo com potentes antioxidantes e compostos anti-inflamatórios. Se beliscar faz parte da sua dieta cotidiana, então os alimentos que serão beliscados diariamente devem ser constituídos de nutrientes que favoreçam uma boa saúde. E, para que propicie alguma saciedade, esse ato deve oferecer um pouco de proteína, carboidrato e gordura saudáveis. Isso, porém, não significa que você possa chegar a 500 calorias em um lanchinho! A menos que seja um atleta, basta um lanchinho de 100 a 150 calorias. Um punhado de oleaginosas e uvas-passas, uma barrinha nutritiva feita em casa (ver página 216) ou um pote de iogurte de soja são exemplos perfeitos.

Não faça escolhas alimentares vazias, como barrinhas de granola açucaradas, biscoitos, batatinhas fritas e bolachas. Deixe que os lanchinhos e o ato de beliscar sejam uma oportunidade de ter porções interessantes de leguminosas, oleaginosas, sementes, frutas e vegetais todos os dias.

Homus de edamame

🕐 8 minutos
🕐 8 minutos
🍴 10 porções
(¼ de xícara cada, aproximadamente)

Na minha opinião, toda cozinha onde são preparados pratos à base de vegetais deve ter um recipiente de homus caseiro na geladeira. Ele dá um lanchinho excelente com um pão sírio integral e vegetais frescos, além de ser um patê rico em nutrientes para complementar sanduíches, wraps e hambúrgueres vegetarianos. A lista simples de ingredientes do homus caseiro – que pode ser feito em um minutinho – é muito mais substanciosa do que muitas versões prontas. Uma porção deste homus de edamame significa 5 g de proteína!

425 g de grão-de-bico cozido ou em conserva escorrido, líquido reservado
2 dentes de alho médios sem o germe picados fino
suco de 1 limão-siciliano médio
2 colheres (sopa) de tahine
2 colheres (chá) de azeite extra virgem
½ colher (chá) de páprica defumada
1 xícara de edamame cozido (degelado, se for o congelado)
¼ de xícara de salsinha picada
uma pitada de sal (opcional)

1. Em um liquidificador, coloque o grão-de-bico, o alho, o suco de limão, o tahine, o azeite, a páprica, o edamame e a salsinha.
2. Adicione ⅓ de xícara do líquido do grão-de-bico. Processe a mistura até ela ficar homogênea, raspando as laterais do copo do aparelho para que todo o conteúdo seja processado. Se necessário, acrescente mais do líquido, a fim de obter um homus macio e espesso. Prove e tempere com uma pitada de sal, a gosto.
3. Deixe na geladeira até a hora de servir. Sirva frio ou em temperatura ambiente com pão sírio integral e vegetais frescos, ou em sanduíches.

Nota: Esta receita pode ser bem conservada na geladeira, em um recipiente hermeticamente fechado, por até 3 dias.

Variações: O grão-de-bico pode ser substituído por feijão-branco.

....

CADA PORÇÃO: 86 calorias, 5 g de proteína, 9 g de carboidrato, 4 g de gordura, 0,5 g de gordura saturada, 3 g de fibra, 3 g de açúcar, 122 mg de sódio
NUTRIENTES ESTRELADOS: ácido fólico (16% VD), vitamina B6 (12% VD), vitamina C (19% VD), vitamina K (31% VD), manganês (19% VD)

Biscoitos crocantes de gengibre e amaranto

- 13 minutos
- 30 minutos
- 20 porções (1 biscoito cada)

Um dos prazeres simples da vida é a confeitaria – a arte de mesclar ingredientes para criar doces, pães e biscoitos saborosos e aromáticos. E você pode se deleitar sem culpa com estes crocantes biscoitos de gengibre! Eles fazem uso de um ingrediente integral básico para os antigos astecas: o amaranto, um grão versátil, tradicionalmente usado em mingaus. Depois de estourado – com acontece nesta receita –, o amaranto fica bem crocante.

óleo para pincelar
¼ de xícara de amaranto
1½ xícara de farinha de amaranto
1 colher (chá) de gengibre em pó
1½ colher (chá) de fermento químico em pó
½ xícara de macadâmias picadas
¼ de xícara de margarina vegetal (ver Nota na página 235)
½ xícara de tâmaras picadas fino
¼ de xícara de melado
¼ de xícara de xarope de agave

1. Preaqueça o forno a 180 °C. Pincele uma assadeira com o óleo.
2. Esquente uma panela pequena em fogo médio por 1 minuto. Coloque o amaranto, esquentando e mexendo por 6 minutos, para que o grão torre e estoure.
3. Em uma tigela média, misture o amaranto estourado, a farinha de amaranto, o gengibre, o fermento em pó e as macadâmias.
4. Junte a margarina, a tâmara, o melado e o xarope de agave, mexendo até ficar macio.
5. Distribua colheradas da massa pela assadeira, para formar os biscoitos.
6. Leve ao forno por 18 a 20 minutos até assar bem e dourar.

Nota: Estes biscoitos podem ser congelados por até 1 mês. Esta receita não contém glúten desde que você se certifique de que todos os ingredientes, sobretudo o amaranto, a farinha de amaranto e o fermento em pó, não contenham glúten.

Variação: As macadâmias podem ser substituídas por nozes, nozes-pecãs, avelãs ou sementes de girassol.

....

CADA PORÇÃO: 134 calorias, 3 g de proteína, 21 g de carboidrato, 5 g de gordura, 1 g de gordura saturada, 2 g de fibra, 9 g de açúcar, 18 mg de sódio
NUTRIENTES ESTRELADOS: magnésio (15% VD), manganês (16% VD)

Abobrinha recheada
com centeio e açafrão

Gaste um tempo cozinhando todo dia – e valorize isso!

23

Focaccia de grão-de-bico com tomate seco e azeitonas
Abobrinha recheada com centeio e açafrão
Salada de hortaliças em fita com molho de limão

"O que eu vou fazer para o jantar?" Costumamos nos perguntar isso no final do dia, talvez até resmungando. Muitas pessoas detestam essa obrigação diária, sobretudo se estão cansadas, famintas e sem inspiração.

No entanto, em muitas culturas, cozinhar significa sorte – o dom da fartura. Ao longo da história da humanidade, essa tradição consagrada pelo tempo de fazer ingredientes crus se transformarem em refeições deliciosas que podem sustentar uma família tem sido considerada uma das tarefas mais importantes da vida.

De fato, ter alimentos para cozinhar é digno de comemoração. Ao longo de nossa frágil história humana, um dos maiores desafios sempre foi simplesmente ter alimentos nutritivos o suficiente para sobreviver. Nessa sociedade atual cheia de excedentes de calorias, bandejinhas de isopor, sacos de lanches imensos, não sabemos mais o que é sentir-se agradecido por uma boa oferta de alimentos.

Antigamente, as crianças aprendiam a cozinhar com os pais. Agora, como não há aulas de culinária no currículo escolar e poucos pais têm tempo para ensinar (ou mesmo cozinhar), entramos na segunda geração de gente que não cozinha. Entre os norte-americanos, 7% não cozinham de jeito nenhum, e um em cada cinco afirma que não gosta de cozinhar.

Peço que você pense em culinária com a mente aberta. Deixe que essa hora do dia seja de meditação, de gratidão, enquanto pica o salsão da sopa, corta a cebola do refogado e lava as tenras folhinhas de alface da salada. Deixe que o estresse do dia escorregue do seu ombro como chuva. Respire fundo enquanto frita o cominho no azeite ou pica alho para uma marinada, e deixe que os aromas elevem o seu espírito, levando-o para longe. Em seguida, sente-se para comer a refeição que preparou. Seja partilhando a refeição com amigos, com a família ou apreciando-a sozinho, deixe que o alimento seja uma expressão de amor.

Focaccia de grão-de-bico com tomate seco e azeitonas

- 17 minutos
- 1 hora e 30 minutos
- 12 porções (1 fatia cada)

Quando tiver um tempinho, digamos, em um fim de semana tranquilo, ponha o seu lado criativo em funcionamento e tente fazer um pão caseiro. Deixe que os surpreendentes sabores e aromas sejam a sua recompensa! Esta focaccia simples – um tradicional pão chato italiano amaciado pelo azeite e coberto de ervas – leva as nutritivas farinhas de grão-de-bico ou de feijão. Faça a massa, deixe-a crescer, ponha muito alho, ervas, tomate seco e azeitona, e você vai ter um acompanhamento delicioso para uma sopa, como a Sopa de tomate e cevada (página 274), ou para uma salada, como a Salada de maçã, erva-doce e rúcula (página 204). Ou, então, ofereça uma travessa com estas focaccias em uma festa e veja-as desaparecer!

Massa da focaccia
1 xícara de farinha de grão-de-bico ou farinha de feijão (ver Nota)
1½ xícara de farinha de trigo integral (de preferência, própria para confeitaria)
2½ colheres (chá) de fermento biológico seco instantâneo
1 colher (chá) de xarope de agave
1¼ xícara de água morna
1 colher (chá) do azeite retirado do tomate seco (ver abaixo)
uma pitada de sal kosher (opcional)
óleo para pincelar

Cobertura
227 g de tomate seco no azeite, escorrido (reservar o azeite)
16 azeitonas italianas (ver Nota)
2 dentes de alho médios picados fino
⅓ de xícara de folhas de manjericão frescas
pimenta-do-reino moída na hora

1. Para a massa da focaccia, misture a farinha de grão-de-bico ou a farinha de feijão, a farinha de trigo, o fermento, o xarope de agave e a água em uma tigela média. Acrescente 1 colher (chá) do azeite do tomate seco e uma pitada de sal, a gosto. Bata bem em uma batedeira elétrica por 5 minutos, a fim de obter uma massa grudenta e macia. Cubra a tigela com uma toalha e deixe-a em um lugar quente por 1 hora, para que a massa cresça.
2. Preaqueça o forno a 205 °C. Pincele uma assadeira grande (20 × 30 cm, aproximadamente) com o óleo e espalhe a massa em uma camada fina.
3. Enfie o tomate seco e as azeitonas na massa. Espalhe o manjericão e a pimenta-do-reino sobre a massa, por igual, a gosto.
4. Leve ao forno por 18 a 20 minutos, até assar bem e dourar.
5. Fatie em 12 pedaços regulares. Sirva quente.

Nota: É possível encontrar farinha de grão-de-bico e de feijão em lojas de produtos naturais, na seção de produtos sem glúten de alguns supermercados e em lojas *on-line*. Você também pode experimentar alguma mistura de farinha de grão-de-bico e feijão. Se não encontrar azeitonas italianas, use azeitonas kalamata ou espanholas. Guarde a sobra na geladeira, em recipiente hermeticamente fechado, por até 3 dias, e esquente antes de servir.

Variação: Para um aperitivo ou entrada substanciosa, acrescente outras coberturas, como queijo vegetal, feijão-branco ou pignoli. Para um pão sem glúten, substitua a farinha de trigo integral por uma mistura de farinhas sem glúten, e aumente o tempo de forno para 25 a 30 minutos.

CADA PORÇÃO: 131 calorias, 5 g de proteína, 21 g de carboidrato, 3 g de gordura, 0 g de gordura saturada, 4 g de fibra, 2 g de açúcar, 69 mg de sódio
NUTRIENTES ESTRELADOS: ácido fólico (12% VD), tiamina (10% VD), vitamina C (24% VD), ferro (10% VD), manganês (12% VD)

Ver foto na página 164

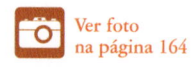

Mude sua dieta em 52 passos simples

Abobrinha recheada com centeio e açafrão

- 20 minutos
- 1 hora e 15 minutos
- 4 porções (½ abobrinha cada)

As estratégias criativas da culinária com alimentos de origem vegetal fazem o tempo gasto na cozinha ser renovador e divertido. Uma das minhas técnicas preferidas é rechear vegetais. Os vegetais de casca tenra e comestível, como a abobrinha e o pimentão, imploram para ser recheados com ingredientes cheios de sabor! O esforço extra com a apresentação deste prato faz dele uma festa para os olhos, o corpo e a alma. O suculento centeio em grãos e o aroma sutil do açafrão compõem um recheio crocante e nutritivo para essas ensolaradas metades de abobrinha. A abobrinha recheada tem elegância suficiente para ser servida em um jantar especial e simplicidade suficiente para entrar no cardápio de qualquer dia da semana. Combine-a com um prato de leguminosas, como a Lentilha com cogumelos silvestres e brócolis (página 242).

¼ de xícara de centeio
2 xícaras de água
1 colher (chá) de caldo de legumes com baixo teor de sódio (ver página 359)
10 pistilos de açafrão picados
2 abobrinhas amarelas médias (de 17 cm de comprimento, aproximadamente; ver Nota)
1 colher (chá) de azeite extra virgem
½ cebola amarela pequena picada fino
½ pimentão verde médio picado fino
½ xícara de cogumelos picados fino
1 dente de alho médio picado fino
uma pitada de pimenta-do-reino moída na hora
2 colheres (sopa) de salsinha fresca picada, e mais para decorar (opcional)
¼ de xícara de avelãs picadas fino, e mais para decorar (opcional)

1. Em uma panela pequena, coloque o centeio, a água e o caldo. Tampe a panela e cozinhe em fogo médio por 30 minutos, mexendo de vez em quando. Acrescente o açafrão, tampe, e cozinhe por mais 10 minutos, mexendo de vez em quando. Reponha a água perdida na evaporação, se necessário, para não queimar o centeio. Quando terminar, escorra todo o líquido e reserve.
2. À parte, corte as abobrinhas ao meio no sentido do comprimento e retire o miolo (ver Nota), deixando cerca de 2 cm de polpa junto à casca. Arrume em uma assadeira pequena, com a parte oca para cima.

3. Preaqueça o forno a 180 °C.
4. Em uma frigideira pequena, aqueça o azeite em fogo médio. Acrescente a cebola e cozinhe por 2 minutos. Junte o pimentão, os cogumelos e o alho, refogando por mais 4 minutos.
5. Acrescente a pimenta-do-reino, a salsinha, as avelãs e o centeio cozido à mistura de hortaliças, mexendo bem.
6. Distribua o recheio de hortaliças e centeio pela cavidade das abobrinhas (¼ de xícara para cada abobrinha, aproximadamente). Coloque água no fundo da assadeira até o nível de 1 cm.
7. Cubra a assadeira com papel-alumínio e leve ao forno por 30 minutos.
8. Tire o papel e asse por mais 10 minutos, até o recheio dourar e a abobrinha ficar macia. Se preferir, decore com mais salsinha e com as avelãs picadas antes de servir.

Nota: Tente escolher abobrinhas macias e finas para esta receita, para que seja fácil arrumá-las na assadeira. Não descarte a polpa retirada; use em outro prato, como o Refogado à moda de Xangai com arroz negro (página 20).

Variações: Substitua o centeio por ¼ de xícara de quinoa (uma alternativa sem glúten) e cozinhe com 1 xícara de água por 20 minutos, de acordo com as orientações do passo 1. Substitua a abobrinha por pimentão.

CADA PORÇÃO: 185 calorias, 7 g de proteína, 20 g de carboidrato, 11 g de gordura, 1 g de gordura saturada, 6 g de fibra, 6 g de açúcar, 303 mg de sódio
NUTRIENTES ESTRELADOS: ácido fólico (16% VD), niacina (10% VD), riboflavina (16% VD), tiamina (12% VD), vitamina A (11% VD), vitamina B6 (23% VD), vitamina C (83% VD), vitamina E (14% VD), vitamina K (46% VD), cobre (13% VD), ferro (11% VD), magnésio (15% VD), manganês (34% VD), molibdênio (17% VD), potássio (19% VD)

Salada de hortaliças em fita com molho de limão

🌿 18 minutos
🕐 18 minutos
🍴 4 porções
(1 xícara cada, aproximadamente)

Aprenda algumas novas técnicas de culinária enquanto faz a sua meditação diária na cozinha. Por exemplo, nesta salada, lindas fitas finas de produtos fresquinhos da horta, como o aspargo, a abóbora e as cenouras, formam um prato simples mas maravilhoso. Temperada com um molho delicado, esta salada de fitas de vegetais é uma linda contribuição a qualquer refeição. Se você tiver bastante habilidade, compre um fatiador manual (mandoline), que tira fitas fininhas perfeitas. Se não, o seu cortador de legumes habitual pode dar conta do recado. As cascas não são eliminadas, pois elas dão uma cor adorável às fitas – e nutrientes.

1 pepino japonês pequeno (ver Nota)
2 abobrinhas italianas pequenas
1 cenoura média
4 aspargos grandes
2 rabanetes médios
½ colher (sopa) de azeite extra virgem
1 colher (chá) de suco de limão-taiti
½ colher (chá) de raspas da casca de limão-taiti
½ colher (chá) de xarope de agave
¼ de colher (chá) de mostarda em pó
uma pitada de pimenta-do-reino branca
2 colheres (sopa) de cebolinha picada
1½ colher (chá) de gergelim

1. Lave o pepino, as abobrinhas, a cenoura, os aspargos e os rabanetes (ver Nota) e apare as pontas desses alimentos, mantendo as cascas. Depois, com um cortador de legumes ou com o mandoline, corte tudo em fitas compridas e finas.
2. Disponha as fitas de legumes em um prato coberto com papel-toalha, para eliminar o excesso de líquido. Depois de alguns minutos, transfira as fitas para uma saladeira.
3. Em uma tigela pequena, prepare o molho, misturando o azeite, o suco de limão, a raspa de limão, o xarope de agave, a mostarda e a pimenta.
4. Misture gentilmente o molho nas fitas com um garfo, só para distribuir bem o tempero.
5. Espalhe a cebolinha e o gergelim por cima e sirva imediatamente.

Nota: Pepinos japoneses adocicados e macios são perfeitos para uma salada de fitas. Se não conseguir encontrá-los, use um pepino comum pequeno. A polpa cheia de sementes das abobrinhas, bem como de qualquer outra hortaliça que você tenha dificuldade de cortar em fitas, pode ser reservada e depois adicionada a uma sopa ou um refogado. Prepare esta receita pouco antes de servir e corte as quantidades pela metade se planeja uma refeição para dois. Esta salada delicada não deve ser guardada.

....

CADA PORÇÃO: 70 calorias, 2 g de proteína, 7 g de carboidrato, 4 g de gordura, 0,5 g de gordura saturada, 2 g de fibra, 4 g de açúcar, 30 mg de sódio
NUTRIENTES ESTRELADOS: ácido fólico (11% VD), vitamina A (56% VD), vitamina C (29% VD), manganês (11% VD), potássio (10% VD)

Salada picante de feijão-fradinho

Priorize alimentos de verdade

Salada picante de feijão-fradinho
Tabule de trigo-sarraceno
Mingau de teff com tâmara, figo e pistache

24

Hoje em dia, parece que todo mundo anda engolindo cápsulas de suplementos. De fato, gastamos 32 bilhões de dólares por ano em suplementos alimentícios, como vitaminas, minerais e antioxidantes. No entanto, a coisa mais importante que alguém pode fazer para a própria saúde é abastecer o organismo com uma boa nutrição. Os pesquisadores já listam a má alimentação como a causa número 1 de uma saúde pobre e morte precoce. Se nos enchemos de alimentos carregados de calorias e pobres em nutrientes, como salgadinhos, biscoitos e bebidas adocicadas, vamos ter carência de todos os nutrientes que o organismo necessita para continuar em plena atividade de suas funções. Se planejarmos bem, porém, fazendo com que cada mordida conte e enchendo a nossa dieta de vegetais integrais – cereais, leguminosas, frutas, hortaliças, sementes e oleaginosas –, não vamos precisar de suplementos.

Na verdade, estudos mais recentes indicam que não obtemos os mesmos benefícios para a saúde consumindo os nutrientes isolados – os suplementos alimentares – do que se os consumirmos nos alimentos. Parece que nutrientes como ômega-3, cálcio, betacaroteno, antioxidantes e mesmo esses presentes em multivitamínicos funcionam melhor no alimento integral, onde coexistem com centenas de outros nutrientes e compostos. Além disso, é muito difícil obter nutrientes em excesso de um alimento, porém, é fácil exagerar e desequilibrar os nutrientes quando se engole cápsulas.

No entanto, mesmo que uma dieta inteiramente verde seja muito saudável, é um desafio obter alguns nutrientes. O mais difícil é a vitamina B12, encontrada em alimentos de origem animal. Embora seja possível obter a vitamina B12 em algumas leveduras e alimentos enriquecidos, este nutriente é tão vital à nossa saúde que eu recomendo que você tome um suplemento dele todos os dias, caso evite alimentos de origem animal, inclusive laticínios e ovos. A dose diária recomendada de vitamina B12 para adultos acima dos 14 anos é 2,4 μg por dia. Para informações sobre cálcio, vitamina D e ômega-3, verifique a página 291.

Ver foto na página 172

Mude sua dieta em 52 passos simples

Salada picante de feijão-fradinho

- 16 minutos
- 1 hora (tempo de molho não incluído)
- 8 porções (¾ de xícara cada, aproximadamente)

Quando nos voltamos para os vegetais integrais, como as leguminosas – repletas de vitaminas e minerais essenciais –, não precisamos nos preocupar em engolir cápsulas de suplementos. Ao contrário dos comprimidos, os vegetais oferecem dúzias de nutrientes em equilíbrio e sinergia, que funcionam juntos para propiciar uma boa saúde. O feijão-fradinho é a estrela desta salada saborosa inspirada no sul dos Estados Unidos. Rica em proteína, é uma excelente entrada que pode se transformar no prato principal e ainda entrar na marmita do dia seguinte. Sirva com Polenta com folhas de mostarda (página 258) e tenha uma refeição gostosa, nutritiva e divina.

2 xícaras de feijão-fradinho (ver Nota)
4 xícaras de água e um pouco mais para deixar o feijão de molho
1 colher (chá) de caldo de legumes com baixo teor de sódio (ver página 359)
2 dentes de alho médios picados
1½ xícara de tomates-cerejas (amarelos e vermelhos) cortados ao meio
½ xícara de salsão picado
½ pimentão médio (vermelho, amarelo ou verde) picado
1 pimenta jalapeña pequena picada fino
4 cebolinhas picadas
¼ de xícara de salsinha ou coentro picado
1 colher (sopa) de azeite extra virgem
suco de ½ limão-siciliano
½ colher (chá) de pimenta vermelha chili em pó
½ colher (chá) de tempero cajun (ver página 358) ou a gosto
½ colher (chá) de xarope de agave
uma pitada de sal marinho (opcional)

1. Coloque o feijão-fradinho em uma tigela, cubra de água e deixe de molho da noite para o dia.
2. Escorra a água e coloque o feijão-fradinho em uma panela com 4 xícaras de água, o caldo de legumes e metade do alho. Tampe a panela, deixe ferver em fogo médio a alto, abaixe o fogo para médio e cozinhe por 40 a 45 minutos, até o feijão ficar macio mas ainda firme. Escorra o líquido que sobrar e deixe o feijão esfriar. (Se estiver usando feijão-fradinho pré-cozido, pule esta etapa, mas acrescente o alho à salada no passo 3.)
3. Misture bem o feijão-fradinho cozido, os tomates-cerejas, o salsão, o pimentão, a pimenta jalapeña, a cebolinha e a salsinha em uma tigela grande.
4. Em uma tigela pequena, bata o azeite, o suco de limão, o alho restante, a pimenta vermelha, o tempero cajun, o agave e, se desejar, o sal marinho. Despeje esse tempero no feijão-fradinho e misture bem.
5. Leve à geladeira por cerca de 30 minutos antes de servir.

Nota: Em vez de feijão seco, você pode usar 4½ xícaras (425 g) de feijão--fradinho pré-cozido. Neste caso, pule os passos 1 e 2, e acrescente metade do alho à salada no passo 3.

Variação: O feijão-fradinho pode ser substituído por feijão-preto, feijão--branco ou grão-de-bico.

....

CADA PORÇÃO: 135 calorias, 7 g de proteína, 22 g de carboidrato, 3 g de gordura, 0 g de gordura saturada, 6 g de fibra, 3 g de açúcar, 80 mg de sódio
NUTRIENTES ESTRELADOS: ácido fólico (10% VD), riboflavina (10% VD), tiamina (67% VD), vitamina A (14% VD), vitamina C (38% VD), vitamina K (45% VD), ferro (13% VD), magnésio (18% VD), fósforo (13% VD), potássio (11% VD), zinco (13% VD)

Tabule de trigo-sarraceno

🕐 21 minutos
🕐 30 minutos
🍴 10 porções
(quase 1 xícara cada, aproximadamente)

Quem precisa de pílulas quando pode se banquetear com alimentos ricos em nutrientes e plenos de poderes em prol da saúde? Saladas de grãos e de hortaliças oferecem uma oportunidade única de reforçar a alimentação com vitaminas, minerais e fitoquímicos, entre outros nutrientes. Troquei o trigo para quibe tradicionalmente usado em tabules pelo trigo-sarraceno, que oferece um toque de ervas frutado a esta salada. Rica em aromas da salsinha e da hortelã, esta salada é um acompanhamento perfeito para pratos do Oriente Médio, como legumes grelhados, pão sírio, homus e a Lasanha de alcachofra e berinjela à moda mediterrânea (página 106).

1 xícara de trigo-sarraceno
2 xícaras de água
2 dentes de alho médios
4 xícaras (sem apertar) de salsinha picada
½ xícara (sem apertar) de hortelã
5 cebolinhas picadas
3 pepinos japoneses pequenos com casca fatiados fino
2 tomates médios picados fino
2 colheres (sopa) de azeite extra virgem
suco de 2 limões-sicilianos médios
¼ de colher (chá) de pimenta-do-reino moída na hora
uma pitada de sal marinho, opcional

1. Coloque o trigo-sarraceno na água em uma panela pequena. Tampe a panela e leve à fervura em fogo alto. Abaixe o fogo para médio e cozinhe por 15 minutos, mexendo de vez em quando.
2. Escorra o líquido que sobrar e transfira o trigo cozido para uma tigela maior, levando à geladeira para esfriar.
3. Em um processador, coloque o alho, a salsinha e a hortelã. Processe até ficar bem triturado (mas não líquido), ou pique bem fino manualmente. Despeje na tigela do trigo-sarraceno.
4. Acrescente a cebolinha, o pepino e o tomate, misturando bem.
5. Em uma tigela pequena, junte o azeite, o suco de limão, a pimenta-do-reino e o sal marinho, a gosto. Tempere a mistura de trigo.

Variação: Substitua o trigo-sarraceno por outro grão integral (ou combinação de grãos), como trigo em grãos, quinoa, centeio ou farro. Observe que o trigo-sarraceno não contém glúten, ao passo que todas essas opções contêm, exceto a quinoa.

CADA PORÇÃO: 108 calorias, 3 g de proteína, 18 g de carboidrato, 4 g de gordura, 0,5 g de gordura saturada, 4 g de fibra, 2 g de açúcar, 22 mg de sódio
NUTRIENTES ESTRELADOS: ácido fólico (16% VD), vitamina A (49% VD), vitamina C (72% VD), vitamina K (536% VD), cobre (11% VD), ferro (13% VD), magnésio (15% VD), manganês (21% VD), potássio (10% VD)

Mingau de teff com tâmara, figo e pistache

- 10 minutos
- 22 minutos
- 4 porções (¾ de xícara cada)

Os cereais mais comumente consumidos no café da manhã podem até ser enriquecidos com vitaminas, mas, em geral, são muito processados. Se inserimos grãos integrais no cardápio matinal, obtemos seus benefícios – fibras, vitaminas, minerais, fotoquímicos e tudo o mais. O teff é um cereal integral, considerado vital em sua terra de origem, a Etiópia, onde foi sendo cultivado em solos secos ao longo de séculos – acredita-se que seu cultivo remonte a 4000 a.C. Essas sementinhas escuras não só são ricas em fibra, como em ferro, proteína e cálcio. Toda vez que vou comer este mingau integral, rústico, aromatizado com figo e tâmara secos e pistache, ele me leva a uma viagem por essa região do mundo.

1 xícara de teff
¼ de colher (chá) de cravo-da-índia em pó
¼ de colher (chá) de pimenta-da-jamaica em pó
3 xícaras de água fervente
⅓ de xícara de tâmaras picadas
⅓ de xícara de figos secos picados
⅓ de xícara de pistaches sem casca
leite vegetal (opcional)

1. Aqueça uma panela pesada em fogo médio. Acrescente o teff, o cravo-da-índia e a pimenta-da-jamaica e torre, mexendo sempre, por 5 minutos, até o teff estourar e começar a soltar o seu aroma.
2. Retire a panela do fogo com cuidado e acrescente a água fervente devagar para que não espirre. Mexa e leve a panela de novo ao fogo. Cozinhe em fogo médio por 15 minutos, aproximadamente, mexendo de vez em quando para que não empelote nem grude.
3. Retire a panela do fogo e misture as tâmaras, os figos e os pistaches. Sirva com o leite vegetal, se preferir.

Nota: Você pode preparar uma boa quantidade desse mingau e reaquecê-lo no café da manhã do dia seguinte. Se quiser fazer isso, misture as tâmaras, os figos e os pistaches pouco antes de servir o cereal, para não encharcá-los.

Variações: Substitua os figos secos por figos frescos picados, ou os pistaches por nozes e amêndoas.

....

CADA PORÇÃO: 310 calorias, 9 g de proteína, 58 g de carboidrato, 6 g de gordura, 1 g de gordura saturada, 6 g de fibra, 10 g de açúcar, 77 mg de sódio
NUTRIENTES ESTRELADOS: tiamina (13% VD), vitamina B6 (12% VD), cálcio (14% VD), cobre (21% VD), ferro (26% VD), magnésio (24% VD), manganês (250% VD), fósforo (22% VD), potássio (10% VD), zinco (12% VD)

Salada de arroz selvagem
com caqui e espinafre baby

Coma folhas verde-escuras todos os dias

Salada de arroz selvagem com caqui e espinafre baby
Fusilli à toscana com acelga e favas

Muito antes de haver verduras lavadas e cortadas em práticas embalagens nas seções dos supermercados, as pessoas procuravam essas folhas em bosques, florestas e pastos, a fim de propiciar às suas dietas uma quantia saborosa de nutrientes potentes – prática que continua até hoje. Quase todas as culturas têm tradições culinárias relacionadas aos verdes selvagens, como a urtiga da Turquia e as folhas do amaranto em regiões da Índia. Recentemente, nos Estados Unidos, a Costa Oeste protagonizou, nas áreas naturais da região, o reaparecimento de uma busca às verduras silvestres, como dente-de-leão, mostarda, agrião, vinagreira, onze-horas e uva-de-rato.

Mas ninguém precisa ficar fuçando por aí atrás de verduras silvestres se não quiser. Já está disponível nos supermercados, quitandas e feiras uma variedade imensa de verduras, como mostarda, couve, couve-manteiga, couve-chinesa, espinafre, folhas de nabo, folhas de beterraba, agrião, alface-romana, rúcula. O perfil nutricional das folhas verde-escuras é muito melhor que o das demais, por isso recomendo que você inclua uma porção dessas verduras na sua alimentação diária. Esses vegetais são ricos em vitaminas e minerais essenciais, inclusive cálcio – cuja obtenção costuma ser um desafio para quem tem uma alimentação à base de vegetais –, e fitoquímicos, como betacaroteno, luteína, zeaxantina e clorofila. Não é de admirar que os vegetais de folhas verdes estejam relacionados à diminuição de inflamações e oxidações, propiciando, assim, boa saúde cardíaca e óssea, além de auxiliar no combate a doenças oculares e ao declínio cognitivo relacionados à idade.

Certifique-se de consumir todos os dias uma dose saudável (½ xícara cozida ou 1 xícara crua) de vegetais de folhas escuras, seja em uma guarnição de folhas refogadas ou em cima de tortilhas, angus ou cereais; folhas baby misturadas em saladas ou em sopas, ensopados e cozidos.

Ver foto na página 180

Mude sua dieta em 52 passos simples

Salada de arroz selvagem com caqui e espinafre baby

🕐 20 minutos
🕒 45 minutos
🍴 8 porções
(1⅛ de xícara cada, aproximadamente)

Aproveite o poder das verduras todos os dias – mesmo quando o tempo esfria. Esta salada fresca conta com o verde-escuro do espinafre, com os maravilhosos caquis e com um tempero de tahine e gengibre para um sabor forte (e nutritivo). Sendo cheia de carboidratos de digestão lenta, de gorduras benéficas para o coração, antioxidantes e poderosas proteínas vegetais, você pode armazenar esta salada em uma marmita para um satisfatório almoço ou servi-la no jantar, com um cozido ou um prato simples à base de feijão, como o Cassoulet de alecrim e azeitonas (página 100). Esta salada é a prova de que não é preciso economizar em sabor e em vitalidade quando a fartura do verão estiver no fim!

½ xícara de arroz basmati integral
½ xícara de arroz selvagem
2¼ xícaras de água
3 caquis japoneses (fuyu) médios picados grosseiramente
1 xícara de salsão picado
½ xícara de salsinha fresca picada
2 cebolinhas picadas
½ xícara de nozes picadas grosseiramente
¼ de xícara de cranberries secos
2 colheres (sopa) de tahine (ver Nota)
4 colheres (sopa) de suco de limão-siciliano
1 colher (chá) de xarope de agave
½ colher (chá) de mostarda em pó
1 colher (chá) de kümmel
½ colher (chá) de gengibre fresco picado fino
¼ de colher (chá) de pimenta-do-reino
uma pitada de sal (opcional)
1½ xícara de folhas de espinafre baby

1. Em uma panela pequena, misture o arroz basmati integral e o arroz selvagem. Acrescente a água, tampe a panela e leve à fervura. Abaixe o fogo para médio e cozinhe por 40 minutos até ficar macio. Deixe esfriar um pouco.
2. Enquanto o arroz cozinha, misture o caqui, o salsão, a salsinha, a cebolinha, as nozes e os cranberries em uma tigela média.
3. Em uma tigela pequena, misture o tahine, o suco de limão, o xarope de agave, a mostarda, o kümmel, o gengibre e a pimenta-do-reino. Experimente e adicione uma pitada de sal marinho, a gosto.
4. Junte o arroz frio à mistura de caqui. Acrescente o tempero à salada e mexa.
5. Forre uma saladeira ou uma travessa com o espinafre. Distribua a salada de arroz por cima e sirva imediatamente.

Nota: O tahine, às vezes chamado de pasta de gergelim, pode ser encontrado na maior parte das lojas de produtos naturais, bem como em muitos supermercados e em lojas de produtos árabes.

Variações: O arroz integral pode ser substituído por outro grão integral, como quinoa, cevada, trigo-sarraceno ou farro, seguindo as orientações de cozimento da embalagem. Se não conseguir encontrar caqui, use pêssegos frescos fatiados. Tirando o espinafre, fique com uma salada à base de grãos que pode ser conservada na geladeira por até 3 dias.

CADA PORÇÃO: 172 calorias, 5 g de proteína, 24 g de carboidrato, 7 g de gordura, 1 g de gordura saturada, 3 g de fibra, 2 g de açúcar, 30 mg de sódio
NUTRIENTES ESTRELADOS: ácido fólico (12% VD), tiamina (10% VD), vitamina A (23% VD), vitamina C (27% VD), vitamina K (129% VD), cobre (18% VD), ferro (11% VD), magnésio (14% VD), fósforo (14% VD), selênio (10% VD)

Fusilli à toscana com acelga e favas

- 13 minutos
- 20 minutos
- 8 porções
  (1⅛ de xícara cada, aproximadamente)

Os vegetais folhosos transbordam de benefícios à saúde e de sabor e são também um ingrediente clássico em muitos pratos tradicionais, como esta simples massa toscana. Já que a maior parte dos ingredientes – fusilli integral, tomate seco, feijão em conserva, cebola, alho e condimentos – pode estar sempre à mão, você pode preparar em um instante esta refeição rústica de um prato. Basta pegar um pouco de acelga e cogumelos na feira ou no supermercado, e pronto! Por isso, esta refeição econômica deve figurar entre as preferidas em noites muito atribuladas – com ela, é possível obter a cota diária de verduras muito mais rápido que pedir uma pizza!

4 xícaras de água
227 g de fusilli integral
1 colher (sopa) de azeite extra virgem
½ cebola média picada
3 dentes de alho médios picados fino
1½ colher (chá) de orégano seco
¼ de colher (chá) de páprica defumada (ver Nota)
1½ xícara de cogumelos fatiados
¼ de xícara de tomate seco picado
425 g de fava cozida (ver Nota)
284 g de acelga fatiada (cerca de 9 xícaras não muito apertadas; ver Nota)
uma pitada de sal kosher (opcional)

1. Encha uma panela média de água, tampe e leve à fervura em fogo alto. Abaixe o fogo para médio, coloque a massa e cozinhe por 7 minutos até ficar al dente. Escorra e reserve-a na panela tampada, para não esfriar.
2. Enquanto a massa cozinha, aqueça o azeite em uma frigideira ou panela grande em fogo médio. Acrescente a cebola, o alho, o orégano e a páprica, refogando por 4 minutos.
3. Adicione os cogumelos, o tomate e a fava, refogando por mais 3 minutos.
4. Coloque a acelga e tampe a panela. Cozinhe por 2 minutos, depois retire a tampa e continue cozinhando e mexendo por mais 2 minutos – o suficiente para que a acelga amoleça mas continue crocante.
5. Misture a massa nas hortaliças da panela, até esquentar tudo. Prove e adicione uma pitada de sal kosher, a gosto.
6. Sirva imediatamente.

Nota: Diminua ou aumente a quantidade de páprica para ajustar o sabor do prato. Se preferir usar o feijão-fava cozido desde o início, acrescente 1¾ xícara no passo 3. Se não encontrar acelga, experimente outra verdura, como dente-de-leão ou mostarda. Se quiser usar verduras congeladas, acrescente, no passo 4, aproximadamente 285 g destas, descongeladas e escorridas, e cozinhe apenas o suficiente para esquentar.

Variações: Você pode usar qualquer outro formato de massa, como fettuccine, rotine (parafuso) ou farfalle (gravatinha), cozinhando-a de acordo com as orientações da embalagem. Também pode substituir a fava por feijão-carioca, feijão-branco ou outra variedade regional.

....

CADA PORÇÃO: 178 calorias, 9 g de proteína, 33 g de carboidrato, 3 g de gordura, 0,5 g de gordura saturada, 6 g de fibra, 4 g de açúcar, 105 mg de sódio
NUTRIENTES ESTRELADOS: ácido fólico (15% VD), niacina (15% VD), riboflavina (15% VD), tiamina (17% VD), vitamina A (47% VD), vitamina C (39% VD), vitamina K (144% VD), cobre (17% VD), ferro (16% VD), magnésio (24% VD), manganês (27% VD), potássio (12% VD)

Tagine marroquino vegetariano com cuscuz

Tempere!

Muhammara
Sopa de lentilha vermelha com batata e sálvia
Tagine marroquino vegetariano com cuscuz

26

Na Índia, uma cozinheira doméstica pode salpicar mais de uma dúzia de ervas e condimentos diferentes, como cúrcuma, feno-grego e cominho, em suas panelas do jantar. E, na Tailândia, um prato pode exigir uma extensa lista de ervas aromáticas e condimentos, como capim-santo, manjericão e pimentas. Ao longo da história humana, as especiarias sempre foram consideradas preciosas; eram colhidas, comercializadas e até usadas como moeda. Elas lançaram milhares de navios ao mar no comércio de especiarias entre a Ásia, a África e a Europa, que remonta à Antiguidade. Elas ainda são queridas em todo o mundo nos dias de hoje.

Pitadas de especiarias (brotos, cascas, raízes, frutos, sementes ou pistilos das plantas) e fragmentos de ervas (folhas das plantas) propiciam um sabor muito vibrante e arrojado aos alimentos. Imagine como nossos primeiros ancestrais devem ter se alegrado quando descobriram o gosto que um punhado de alho selvagem ou de coentro poderia dar a um cozido insosso borbulhando no fogo. Felizmente, as ervas e os condimentos oferecem mais do que um ótimo sabor: são fontes concentradas de antioxidantes e compostos anti-inflamatórios. Essas plantas alimentícias vêm sendo usadas, há milênios, como medicina natural, e a ciência moderna concorda: entre seus benefícios estão a ação antimicrobiana, as propriedades anticancerígenas e até a proteção ao cérebro.

Não tenha medo das ervas e dos condimentos. Fazer uso deles é uma das escolhas culinárias mais significativas e econômicas que você pode fazer! Por pouco dinheiro, vidros de tomilho, páprica e canela conseguem oferecer a centenas de refeições sabores intensos e nutrientes. Comece salpicando sopas, cozidos, saladas, entradas, guarnições e mesmo sobremesas com uma variedade de condimentos e punhados de ervas frescas. Misturas de temperos, misturas de ervas e misturas especiais, como as ervas de Provença e o tempero cajun, podem ser adquiridas já prontas, ou você pode preparar as suas (ver página 358). Tais misturas já foram planejadas de acordo com os pratos tradicionais das culinárias de onde vieram.

Não existem regras estabelecidas para combinar temperos e alimentos de origem vegetal, embora talvez seja melhor não misturar muitos temperos e ervas fortes em um único prato. Deixe que as páginas deste livro lhe sirvam de inspiração para aprender a realçar os aromas e sabores dos vegetais com ervas aromáticas e condimentos, já que quase todas as receitas fazem uso desses temperos. Se tiver tempo e quiser experimentar, cultive algumas ervas em vasos na entrada da sua casa ou no peitoril das janelas. Talvez esses vegetais poderosos não sejam ingredientes milagrosos, como imaginaram nossos antepassados, mas certamente vão encantar você.

Muhammara

- 9 minutos
- 9 minutos
- 10 porções
  (¼ de xícara cada, aproximadamente)

Encha a sua comida com a essência dos temperos. É simples. Observe este patê clássico, que tem origem na Síria e é tradicionalmente servido na culinária da Palestina e do Líbano. A cor vibrante e o aroma vêm do pimentão vermelho tostado, das nozes, dos condimentos e do xarope de romã – um suco concentrado de romã presente em muitos pratos do Oriente Médio. Sirva este prato como molho, com pão sírio integral e hortaliças, ou como um patê para sanduíches e wraps.

340 g de pimentão vermelho em conserva, escorrido (reserve 2 colheres (sopa) do líquido)
2 colheres (sopa) de massa de tomate
1 colher (sopa) de suco de limão-siciliano
1½ colher (sopa) de azeite extra virgem
2 colheres (sopa) de xarope de romã (ver Nota)
1 xícara de nozes torradas picadas
½ xícara de farelo de pão integral (ver Nota na página 107)
1 colher (chá) de pimenta calabresa, ou mais, a gosto
1 colher (chá) de cominho em pó
½ colher (chá) de pimenta-da-jamaica em pó
2 colheres (sopa) de salsinha fresca picada

1. Em um liquidificador, coloque o pimentão vermelho em conserva, o líquido reservado, a massa de tomate, o suco de limão, o azeite, o xarope de romã, as nozes, o farelo de pão, a pimenta calabresa, o cominho e a pimenta-da-jamaica. Processe até ficar homogêneo, raspando as laterais do copo do aparelho.
2. Despeje o conteúdo do liquidificador em um prato de servir e espalhe a salsinha.
3. Sirva com chips de pão sírio torrado, legumes frescos ou com pão comum, como patê ou molho.

Nota: Procure o xarope de romã em lojas ou mercados especializados, lojas de produtos árabes ou sírios ou *on-line*. Se não conseguir encontrar, substitua por 1 colher (sopa) de mel e 1 colher (sopa) de vinagre balsâmico (o sabor, porém, será outro). Guarde o que sobrar desta receita na geladeira, em recipiente hermeticamente fechado, por até 1 semana.

....

CADA PORÇÃO: 129 calorias, 3 g de proteína, 9 g de carboidrato, 10 g de gordura, 1 g de gordura saturada, 2 g de fibra, 3 g de açúcar, 83 mg de sódio
NUTRIENTES ESTRELADOS: vitamina A (23% VD), vitamina C (30% VD), vitamina K (17% VD), cobre (10% VD), manganês (26% VD)

Sopa de lentilha vermelha com batata e sálvia

- 15 minutos
- 1 hora
- 8 porções (1 xícara cada, aproximadamente)

Esta sopa saborosa, rica em carotenoides antioxidantes, é de um tom laranja vivo que lembra o sol – o melhor jeito de animar dias cinzentos. O aroma herbal – vindo dos sabores quentes e mediterrâneos da sálvia e da páprica defumada – e a textura substanciosa fazem dela o par perfeito de uma salada, como a Salada de vagem, tomate e amêndoas (página 50) ou de um sanduíche. Quando se trata da criação de uma sopa deliciosa, basta deixar que o sabor e o aroma sedutor dos temperos e das ervas encham cada tigela e que suas muitas propriedades antioxidantes e anti-inflamatórias estimulem as defesas do organismo contra diversas doenças.

6 xícaras de água
411 g de tomate pelado em cubos sem sal, com o suco
1 colher (chá) de caldo de legumes com baixo teor de sódio (ver página 359)
1 cebola pequena picada
½ pimentão médio (vermelho, amarelo ou laranja) picado
1 xícara de salsão picado
2 cenouras médias picadas
2 batatas-inglesas pequenas picadas
2 dentes de alho médios picados fino
1 xícara de lentilhas vermelhas
1½ colher (chá) de sálvia desidratada
½ colher (chá) de mistura de ervas com baixo teor de sódio (ver página 359)
½ colher (chá) de páprica defumada

1. Em uma panela grande, junte a água e o tomate. Misture o caldo e aumente o fogo para alto.
2. Acrescente a cebola, o pimentão, o salsão, a cenoura, a batata, o alho, as lentilhas, a sálvia, a mistura de temperos e a páprica.
3. Mexa bem, tampe a panela e leve à fervura. Abaixe o fogo para médio e deixe cozinhando por 40 a 45 minutos até as hortaliças ficarem macias. Adicione água, se necessário, para repor a perda pela evaporação, embora a consistência deva ser espessa.

Tempere!

Nota: Para cozinhar na panela elétrica (slow cooker), junte todos os ingredientes e cozinhe por 4 a 5 horas na potência alta ou por 8 a 10 horas na potência baixa.

Variações: As lentilhas vermelhas podem ser substituídas por outra variedade, como a verde ou a beluga.

....

CADA PORÇÃO: 141 calorias, 8 g de proteína, 27 g de carboidrato, 0 g de gordura, 0 g de gordura saturada, 10 g de fibra, 4 g de açúcar, 25 mg de sódio
NUTRIENTES ESTRELADOS: ácido fólico (34% VD), tiamina (17% VD), vitamina A (49% VD), vitamina B6 (14% VD), vitamina C (53% VD), vitamina K (17% VD), ferro (13% VD), magnésio (11% VD), potássio (15% VD)

Ver foto na página 186

Mude sua dieta em 52 passos simples

Tagine marroquino vegetariano com cuscuz

- 22 minutos
- 1 hora e 47 minutos
- 8 porções (1⅓ xícara cada, aproximadamente)

Deleite-se com os sabores e aromas exóticos das especiarias, que podem incrementar a sua alimentação com poderes anti-inflamatórios. Original do Norte da África, o tagine é um cozido aromático de vegetais, cujo nome se deve à panela de barro em que é tradicionalmente preparado e servido. Esta versão realça a batata-doce, o tomate, a berinjela e a couve-flor – temperados livremente com especiarias marroquinas, como cominho, cúrcuma e cardamomo. Sirva este prato com o Homus de edamame (página 160) e com pão sírio integral.

Tagine
1 colher (sopa) de azeite extra virgem
1 cebola média picada
2 dentes de alho médios picados fino
1 colher (chá) de gengibre fresco picado
3 colheres (sopa) de harissa (ver Nota)
2 colheres (chá) de cominho em pó
½ colher (chá) de cardamomo em pó
1 colher (chá) de coentro em pó
½ colher (chá) de cúrcuma em pó
¼ de colher (chá) de pimenta-do-reino em pó
2 colheres (sopa) de massa de tomate
1½ xícara de caldo de legumes com baixo teor de sódio (ver página 359)
411 g de tomate pelado em cubos sem sal, com o suco
425 g ou 1¾ xícara de grão-de-bico cozido sem sal, lavado e escorrido
2 batatas-doces médias picadas
2 cenouras médias fatiadas
½ couve-flor pequena cortada em buquês pequenos (1⅓ xícara, aproximadamente)
½ berinjela média cortada em cubos pequenos

Cuscuz e complementos
2 xícaras de água
2 xícaras de cuscuz marroquino
¼ de xícara (não muito cheia) de uvas-passas
¼ de xícara (não muito cheia) de damascos secos

Tempere!

1. Coloque a grade do forno na parte de baixo para acomodar a tagine (ver Nota) e preaqueça o forno a 180 °C.
2. Na tagine (27 cm de diâmetro), junte o azeite, a cebola, o alho, o gengibre, a harissa, o cominho, o cardamomo, o coentro, a cúrcuma, a pimenta-do-reino, a massa de tomate, o caldo, o tomate, o grão-de-bico, a batata-doce, a cenoura, a couve-flor e a berinjela. Misture bem. Tampe a panela e leve ao forno por 1 hora e 30 minutos, mexendo a cada 30 minutos, até as hortaliças ficarem macias.
3. A 10 minutos de servir, aproximadamente, ferva a água em uma panela média. Quando ferver, retire do fogo e acrescente o cuscuz. Tampe a panela e deixe descansar por 5 minutos, depois tire a tampa, remexa o cuscuz com um garfo e transfira-o para uma travessa de servir.
4. Retire a tampa da tagine e espalhe as uvas-passas e os damascos. Sirva o preparado em cima do cuscuz.

Nota: A harissa é um tempero tradicional do Norte da África feito de pimentas, essencial para o sabor deste prato. Em geral, pode ser encontrada em lojas especializadas, em alguns mercados e *on-line*. É possível encontrar a tagine, panela marroquina, em muitas lojas de utensílios de culinária. Mas, se você não tiver uma, use uma panela de barro funda (como aquelas usadas para preparar moquecas), uma caçarola funda ou um caldeirão, desde que possuam uma tampa bem firme e possam ir ao forno.

Variações: Substitua o grão-de-bico por 1⅓ xícara de lentilhas cozidas ou feijão ou acrescente 227 g de tofu firme fatiado (para um resultado melhor, prensado; ver página 115), se preferir. Para um prato sem glúten, use o cuscuz de arroz integral.

CADA PORÇÃO: 340 calorias, 13 g de proteína, 67 g de carboidrato, 5 g de gordura, 0,5 g de gordura saturada, 13 g de fibra, 15 g de açúcar, 230 mg de sódio
NUTRIENTES ESTRELADOS: ácido fólico (14% VD), vitamina A (142% DV), vitamina B6 (10% VD), vitamina C (68% VD), ferro (18% VD), magnésio (11% VD), manganês (16% VD), potássio (18% VD)

Quesadillas de feijão-preto, abacate e coentro

Jogue fora o sal e invista em sabores de verdade

Quesadillas de feijão-preto, abacate e coentro
Torradas rústicas de feijão-branco e tomate seco

Gorduras trans, pesticidas, adição de açúcar – são essas coisas que chamam a atenção na hora de comprar alimentos. Mas e o sal? Em geral, ele fica escondidinho quando verificamos as tabelas nutricionais. No entanto, trata-se de uma das questões de saúde mais importantes para a maioria de nós.

Estamos consumindo sódio (o principal elemento do sal) em demasia: em média, 3.400 mg por dia, embora o limite desejado seja menos de 2.300 mg, ou 1 colher de chá de sal por dia. Qual é o problema em consumir tanto sal? Ficamos mais sujeitos a desenvolver hipertensão, o que, por sua vez, aumenta o risco de doenças cardíacas e ataques cardíacos.

A maior parte do sódio em nossa dieta não vem dos alimentos de verdade, como cenoura, salsão, aveia e feijão. Nosso alto consumo de sal nem se deve ao saleiro. São os alimentos processados e industrializados que geram um salto de 77% em nosso consumo diário de sódio. Uma das coisas mais benéficas que podemos fazer para a nossa saúde é começar a cozinhar alimentos integrais de origem vegetal – que têm baixo teor de sódio por natureza – e temperá-los com uma série de ervas e especiarias para dar um toque especial sem o sódio (ver página 359). Deixe de lado os alimentos industrializados e embalados e prepare você os alimentos – a indústria alimentícia quase sempre adiciona mais sódio do que nós faríamos.

Em geral, não listo o sal entre os ingredientes das minhas receitas, pois quero que você descubra o sabor verdadeiro dos alimentos, sem a adição de sal para mascará-los. Ao longo do meu aprendizado culinário, fui aprendendo um truque com os chefs: eles raramente medem o sal para uma receita. Em vez disso, costumam ter no balcão da cozinha um potinho com sal marinho ou sal kosher de boa qualidade, e, depois de experimentar um prato já em andamento, adicionam uma pitada (ou duas ou três).

Comece a aplicar esse aprendizado em sua comida, usando como guia as minhas receitas. Muitas têm sabores tão fortes que o sal não vai fazer falta. Outras receitas se beneficiam de apenas uma pitada de sal – ⅛ de colher (chá), aproximadamente (288 mg de sódio), para a receita inteira. Portanto, leve a expressão "a gosto" dos livros de receita ao pé da letra e experimente todos os pratos antes de adicionar sal. Deixe que os verdadeiros sabores dos alimentos de origem vegetal brilhem por si mesmos.

Ver foto na página 194

Mude sua dieta em 52 passos simples

Quesadillas de feijão-preto, abacate e coentro

- 17 minutos
- 30 minutos
- 4 porções (1 quesadilla cada)

Na minha opinião, os alimentos frescos do México proporcionam algumas das mais deliciosas refeições à base de vegetais integrais do mundo. Como exemplo, temos estas quesadillas – uma solução simples para colocar na mesa em 30 minutos uma refeição saudável que a família inteira pode aproveitar. E quem precisa de mais sal quando os sabores do coentro, do alho, da pimenta e do suco de limão realçam tudo?

425 g ou 1¾ xícara de feijão-preto cozido sem sal, lavado e escorrido, líquido do cozimento reservado
1 tomate médio fatiado
½ pimenta pequena (jalapeña, dedo-de-moça, pimenta-de-cheiro) picada fino
1 colher (sopa) de suco de limão-siciliano
1 dente de alho médio picado fino
¼ de xícara de coentro fresco picado fino
2 colheres (chá) de azeite extra virgem
8 tortilhas de milho (de 15 cm de diâmetro, aproximadamente)
¼ de xícara de queijo vegetal ralado (opcional)
1 abacate pequeno sem casca cortado em pedaços finos
creme azedo vegetal (opcional; ver página 358)

1. Em uma tigela pequena, amasse o feijão com um garfo, acrescentando 1 a 2 colheres (sopa) do líquido reservado, para obter uma mistura espessa e granulosa.
2. Junte o tomate, a pimenta, o suco de limão, o alho e o coentro ao feijão, misturando bem.
3. Aqueça 1 colher (chá) de azeite em uma frigideira grande.
4. Espalhe delicadamente ½ xícara da mistura de feijão em 2 tortilhas. Coloque-as na frigideira, com o feijão para cima. Salpique em cada uma 1 colher (sopa) de queijo vegetal ralado, se preferir. Complete com outra tortilha. Cozinhe as quesadillas em fogo médio por 4 minutos, aproximadamente, até dourar embaixo. Vire-as com cuidado e cozinhe por mais 4 minutos, até dourar.
5. Retire as quesadillas da frigideira e decore-as com as fatias de abacate e o creme azedo vegetal, conforme sua preferência. Repita o procedimento para fazer 4 quesadillas.

Variação: O feijão-preto pode ser substituído por 1¾ xícara de feijão-carioca ou feijão-branco cozido ou lentilhas (qualquer variedade). Se não gostar de coentro, substitua-o pela salsinha.

....

CADA PORÇÃO: 302 calorias, 9 g de proteína, 47 g de carboidrato, 12 g de gordura, 2 g de gordura saturada, 12 g de fibra, 4 g de açúcar, 282 mg de sódio
NUTRIENTES ESTRELADOS: ácido fólico (26% VD), vitamina B6 (15% VD), vitamina C (36% VD), cálcio (18% VD), ferro (16% VD), magnésio (13% VD), fósforo (23% VD), potássio (22% VD)

Torradas rústicas de feijão-branco e tomate seco

- 15 minutos
- 20 minutos
- 8 porções (1 torrada cada)

Estas torradas picantes, com pasta de feijão e tomate seco, são uma entrada simples para uma reunião de amigos ou um acompanhamento para um caldeirão de sopa de legumes, como o Borscht de beterraba e folhas de beterraba (página 244). Você nem vai sentir falta de sal quando sua língua sentir os intensos sabores do alho, da pimenta-do-reino, do limão e do manjericão.

425 g ou 1¾ xícara de feijão-branco cozido sem sal, sem o líquido
½ colher (sopa) de azeite extra virgem
2 dentes de alho médios picados fino
¼ de colher (chá) de pimenta-do-reino moída na hora
1½ colher (sopa) de suco de limão-siciliano
8 fatias (de 28 g, aproximadamente) de pão integral caseiro
8 folhas de manjericão fresco
½ xícara de tomate seco picado

1. Preaqueça o forno a 205 °C.
2. Em uma tigela média, misture o feijão, o azeite, o alho, a pimenta-do-reino e o suco de limão. Amasse essa mistura de feijão com um garfo até ficar espessa e granulosa.
3. Arrume as fatias de pão em uma assadeira. Leve ao forno por 5 minutos, aproximadamente, até torrarem e ficarem ligeiramente douradas. Retire do forno.
4. Prepare as torradas, espalhando 2½ colheres (sopa) da massa de feijão em cada fatia e completando com a folha de manjericão e 1 colher (sopa) de tomate seco.

Nota: Prepare esta pasta de feijão, descrita no passo 2, sem o acréscimo de outros ingredientes e sem executar as demais etapas, para servir como um acompanhamento saboroso para um pão sírio integral ou para legumes frescos.

Variações: Substitua o feijão-branco por 1¾ xícara de grão-de-bico, lentilhas ou outro feijão cozido.

....

CADA PORÇÃO: 149 calorias, 7 g de proteína, 27 g de carboidrato, 1,5 g de gordura, 0 g de gordura saturada, 4 g de fibra, 3 g de açúcar, 161 mg de sódio
NUTRIENTES ESTRELADOS: ácido fólico (14% VD), niacina (20% VD), tiamina (11% VD), vitamina C (12% VD), vitamina K (11% VD), cobre (21% VD), ferro (11% VD), magnésio (16% VD), manganês (66% VD), potássio (10% VD), selênio (15% VD)

Cozido de chana dal

Faça das refeições um passeio pelo arco-íris

28

Waffles de aveia e mirtilos
Salada de maçã, erva-doce e rúcula
Cozido de chana dal

É surpreendente o leque de cores vibrantes que os vegetais apresentam, desde os amarelos como o sol e os verdes primaveris até os vivos escarlates e os arroxeados profundos. Muitas vezes, essas cores ajudaram a garantir a sobrevivência das plantas. Nossos antepassados conseguiam distingui-las em meio às folhas, o que tornava fácil arrancar as frutas, comê-las e cuspir as sementes ao longo de sua jornada, garantindo, assim, a reprodução do vegetal.

Pigmentos naturais, do tom azul-arroxeado da antocianina aos matizes escarlates do licopeno, dão cor à polpa e à casca dos vegetais. E esses corantes naturais são classificados como fitoquímicos ou fitonutrientes, compostos vegetais bioativos que apresentam benefícios à saúde. Nas últimas décadas, os cientistas isolaram milhares de fitoquímicos e vêm acrescentando dados à descoberta desses compostos com frequência.

As plantas não conseguem se levantar e sair correndo de predadores ou de ameaças ambientais, tais como insetos ou raios UV. Em vez disso, desenvolveram um sistema de defesa poderoso – uma rede complexa de fitoquímicos – na casca e na polpa, que as protegem de insetos, vírus e prejuízos causados pelos raios do sol. Hoje, sabemos que esses fitoquímicos, que apresentam ação anti-inflamatória e antioxidante, também nos protegem quando os consumimos. O licopeno encontrado no tomate pode prevenir o câncer de próstata, e a luteína do milho pode ajudar na prevenção de doenças oculares. Existem histórias semelhantes relacionadas a muitos fitoquímicos.

Ou seja: mastigue todos os dias esses alimentos de origem vegetal coloridos: brancos (como batata, cogumelos e nabo), amarelos (como milho, mandioquinha e limão-siciliano), laranja (como abóbora, cenoura e laranja), vermelhos (como tomate, melancia e pimentão), azul-arroxeados (como amora, mirtilo, berinjela e feijão-preto) e verdes (como espinafre, abobrinha e brócolis).

Waffles de aveia e mirtilos

- 14 minutos
- 40 minutos
- 6 porções (1 waffle grande cada)

O forte azul-arroxeado do mirtilo é o cartão de visita de seu valioso estoque de fitoquímicos. O mirtilo é rico em vários compostos vegetais que auxiliam a saúde, sobretudo antocianinas, que já foram relacionadas a uma porção de benefícios, inclusive à manutenção da saúde cerebral. Na falta de mirtilos frescos, pode-se usar os secos ou congelados, como nesta magnífica receita de waffles.

1½ xícara de leite vegetal sem açúcar
2 colheres (sopa) de chia (ver Nota na página 151)
3 colheres (sopa) de óleo de canola prensado a frio
1 colher (sopa) de xarope de bordo (maple syrup)
½ xícara de mirtilos secos sem açúcar
1¼ xícara de farinha de trigo integral
½ xícara de aveia em flocos
1 colher (sopa) de fermento químico em pó
1 colher (chá) de canela em pó
⅓ de xícara de nozes picadas
óleo para pincelar

1. Em uma tigela média, usando um batedor manual ou um mixer, misture o leite vegetal, a chia, o óleo de canola e o xarope de bordo, batendo por 2 minutos. Acrescente os mirtilos secos.
2. Em outra tigela, misture bem a farinha, a aveia, o fermento, a canela e as nozes. Junte essa mistura de farinha com a de leite, mexendo para homogeneizar, mas sem misturar demais.
3. Aqueça uma fôrma de waffle (de aproximadamente 17 cm de largura) na temperatura média a baixa.
4. Pincele a fôrma de waffle com o óleo. Espalhe ½ xícara da massa pela fôrma. Cozinhe o waffle por aproximadamente 7 minutos, até dourar. Repita, pincelando a fôrma com o óleo antes de cada waffle, até todos ficarem prontos.

Variações: Substitua os mirtilos por cranberries, amoras, cerejas ou morangos. Para uma receita sem glúten, substitua a farinha de trigo integral por 1 xícara de uma farinha sem glúten, e certifique-se de que todos os demais ingredientes não contenham glúten.

....

CADA PORÇÃO: 295 calorias, 8 g de proteína, 38 g de carboidrato, 14 g de gordura, 1 g de gordura saturada, 6 g de fibra, 11 g de açúcar, 27 mg de sódio
NUTRIENTES ESTRELADOS: riboflavina (13% VD), tiamina (17% VD), cálcio (23% VD), cobre (14% VD), ferro (12% VD), magnésio (17% VD), manganês (77% VD), fósforo (34% VD), potássio (13% VD), selênio (46% VD)

Salada de maçã, erva-doce e rúcula

🕐 10 minutos
🕐 10 minutos
🍴 6 porções
(1¼ xícara cada, aproximadamente)

O gostinho de alcaçuz da erva-doce dá um tom de frescor a esta salada invernal de maçã, nozes e rúcula com molho de mostarda e maçã. Cheia de cores – folhas verde-escuras, frutas rosadas e talos claros e esverdeados –, esta salada é também rica em muitos fitonutrientes, propiciando um bem-vindo reforço à nossa saúde, e à nossa alma, mesmo no mais árido dos dias. Combine-a com um prato reconfortante, como Cozido defumado com batata-doce (página 208). Fica também deliciosa para o almoço do dia seguinte.

4 xícaras de folhas de rúcula lavadas e escorridas
1 maçã média firme, vermelha ou rosada, com casca, sem sementes e fatiada fino
1 bulbo de erva-doce médio sem a ponta, cortado ao meio e fatiado fino
1 colher (sopa) de azeite extra virgem
2 colheres (sopa) de suco de maçã
½ colher (sopa) de vinagre de maçã
¼ de colher (chá) de pimenta-do-reino moída na hora
½ colher (chá) de mistura de ervas com baixo teor de sódio (ver página 359)
1 colher (chá) de mostarda de Dijon
⅓ de xícara de nozes sem casca picadas

1. Coloque a rúcula em uma tigela grande. Acrescente a maçã e a erva-doce.
2. Em uma tigela pequena, combine o azeite, o suco de maçã, o vinagre, a pimenta-do-reino, a mistura de ervas e a mostarda. Regue a salada, revirando para temperar bem.
3. Espalhe as nozes picadas. Sirva imediatamente.

Variações: Você pode substituir a rúcula por espinafre, a maçã por pera, e as nozes por nozes-pecãs, avelãs ou amêndoas.

CADA PORÇÃO: 96 calorias, 2 g de proteína, 9 g de carboidrato, 7 g de gordura, 1 g de gordura saturada, 3 g de fibra, 4 g de açúcar, 45 mg de sódio
NUTRIENTES ESTRELADOS: vitamina C (13% VD), vitamina K (35% VD)

Faça das refeições um passeio pelo arco-íris

Ver foto na página 200

12 minutos
1 hora
6 porções
(1 xícara cada, aproximadamente)

Cozido de chana dal

Este cozido picante e saboroso tem como base o chana dal, um grão-de-bico indiano, novo e sem casca. "Dal", que significa "sem casca, dividido" é um prato clássico da culinária indiana, com leguminosas cozidas, como a lentilha. As especiarias douradas e as raízes de tom laranja, cheias de carotenoides vegetais, bons para o coração, acentuam ainda mais essa leguminosa cor de âmbar. Sirva este prato com uma salada de grãos fria, como a Salada de cenoura, beterraba e trigo-sarraceno à moda de Mumbai (página 154).

1¼ xícara de chana dal (grão-de-bico sem casca partido)
5 xícaras de água
2 cenouras médias fatiadas
1 pimentão vermelho médio picado
1 cebola média picada
2 batatas vermelhas pequenas com casca picadas
2 tomates pequenos picados
1 colher (chá) de garam masala (ver página 358)
½ colher (chá) de cúrcuma em pó
½ colher (chá) de gengibre fresco ralado
2 dentes de alho médios picados fino
¼ de colher (chá) de pimenta calabresa
1 colher (sopa) de pasta de amendoim sem sal

1. Em uma panela grande, coloque todos os ingredientes e mexa bem. Cozinhe por 50 minutos, até os legumes e o grão-de-bico ficarem macios.

Nota: Este prato também pode ser cozido em uma panela elétrica (slow cooker) por 4 a 5 horas na potência alta ou por 8 a 10 horas na potência baixa.

Variação: Substitua o chana dal por lentilhas vermelhas ou amarelas, reduzindo o tempo de cozimento em 15 minutos.

....

CADA PORÇÃO: 215 calorias, 12 g de proteína, 40 g de carboidrato, 1 g de gordura, 0 g de gordura saturada, 14 g de fibra, 4 g de açúcar, 34 mg de sódio
NUTRIENTES ESTRELADOS: ácido fólico (53% VD), niacina (13% VD), tiamina (28% VD), vitamina A (94% VD), vitamina B6 (22% VD), vitamina C (51% VD), ferro (24% VD), magnésio (20% VD), potássio (26% VD), zinco (15% VD)

Cozido defumado
com batata-doce

Invista em utensílios de cozinha que economizem tempo e dinheiro

29

Cozido defumado com batata-doce
Guandu com abóbora e sofrito

Um dos medos de quem pensa em adotar um estilo de alimentação baseado em vegetais integrais é o tempo extra na cozinha. Afinal, é preciso picar as hortaliças, demolhar o feijão e cozinhar os grãos. Não é simples preparar feijão ou cereal integral para um jantar rápido em um impulso, e picar hortaliças frescas para um refogado sempre leva mais tempo do que se imagina.

Atualmente, os supermercados oferecem muitos produtos que poupam tempo no preparo, como hortaliças e frutas já picadas e grãos e leguminosas pré-cozidos. Mas esses produtos têm um custo. Mesmo assim, considerando que a proteína animal é um dos itens mais caros dos supermercados, uma alimentação baseada em vegetais acaba sendo bem econômica, sobretudo se você encher o carrinho com ingredientes básicos como feijão, aveia, produtos da safra e oleaginosas.

Para tirar o máximo proveito desses ingredientes, você pode se valer de alguns utensílios poderosos como aliados. Lembre-se: não é preciso adquirir aparelhos de última geração. Versões modestas podem ser encontradas a preços razoáveis. Além do básico – facas afiadas de alguns tamanhos, batedores de metal, colheres, espátulas, medidores e tábuas de corte –, eis aqui alguns dos meus utensílios de cozinha preferidos:

- **Panela elétrica (slow cooker).** Embora muito relacionado ao preparo de carnes, é ideal para uma cozinha vegetariana: basta jogar ali o feijão demolhado, os grãos integrais, as hortaliças, o caldo, as ervas, as especiarias, apertar o botão e, quando você chega em casa, a sua refeição está pronta. Uma panela de 3 litros é o tamanho ideal para acomodar as receitas deste livro. Como regra mais ou menos geral, se uma receita leva de 1 a 2 horas para ser preparada no fogão ou no forno, quando feita na panela elétrica ela vai levar de 4 a 6 horas na potência alta ou de 8 a 10 horas na potência baixa.
- **Panela de pressão.** As panelas de pressão atuais são leves, seguras, de fácil manuseio e – melhor de tudo – rápidas! Você pode cozinhar feijão já demolhado em 10 minutos em vez de 1 hora ou mais em uma panela comum, feijão cru em 25 minutos em vez de deixar de molho antes de cozinhar, e grãos integrais em cerca de 20 minutos, em vez de 1 hora. Ver página 41 e página 81 para mais informações sobre leguminosas e grãos.
- **Processador, liquidificador, mixer.** Embora você consiga se virar sem eles, sugiro que adquira pelo menos um. Mesmo as versões mais baratinhas podem ajudar a cortar grandes quantidades de hortaliças para sopas ou refogados, moer oleaginosas para pastas, processar ervas para um pesto, deixar as sopas mais cremosas e bater uma vitamina de frutas em segundos. A sua primeira compra poderia ser um liquidificador (ou um mixer) para bater e misturar ingredientes e, depois, um processador pequeno para ajudar a picar hortaliças.

Ver foto na página 206

Mude sua dieta em 52 passos simples

Cozido defumado com batata-doce

🕐 16 minutos
🕑 1 hora e 5 minutos
(tempo de molho não incluído)
🍴 10 porções
(1 xícara cada, aproximadamente)

Você está querendo um jeito simples de colocar na mesa refeições econômicas à base de vegetais? Não esquente! Invista em uma panela elétrica (slow cooker) e cozinhe um monte de pratos com ela – basta colocar os ingredientes, ajustar os botões e ir embora. O toque defumado e vibrante deste prato apimentado – rico em betacarotenos e seus benefícios para a saúde do coração – o torna perfeito para uma reunião de amigos. Para uma refeição simples, combine-o com os Biscoitos integrais com sementes (página 220) e com uma salada. A sobra fica ótima no dia seguinte também!

2 xícaras de feijão-carioca
4½ xícaras de água e mais um pouco para deixar o feijão de molho
1 colher (chá) de caldo de legumes com baixo teor de sódio (ver página 359)
411 g de tomate assado em cubos enlatado, sem sal, com o líquido
2 colheres (sopa) de massa de tomate
1 cebola amarela média picada
2 batatas-doces médias picadas
3 talos de salsão picados
2 dentes de alho médios picados fino
1 colher (chá) de páprica defumada
1 colher (chá) de pimenta vermelha chili em pó
1 colher (chá) de cominho em pó
1 colher (chá) de fumaça líquida (ver Nota)

1. Cubra o feijão de água e deixe de molho até o dia seguinte.
2. Escorra o feijão e coloque-o em uma panela grande com 4½ xícaras de água e o caldo. Leve à fervura, com a panela tampada, em fogo alto, depois abaixe o fogo para médio e cozinhe por 20 minutos.
3. Acrescente o tomate, a massa de tomate, a cebola, a batata-doce, o salsão, o alho, a páprica, a pimenta vermelha, o cominho e a fumaça líquida, misturando bem. Tampe a panela e cozinhe por mais 40 a 45 minutos, mexendo de vez em quando, até a batata ficar macia mas ainda firme e o feijão amolecer. Acrescente água, se necessário, para repor a perda pela evaporação, mas a consistência final deve ser espessa.

Nota: A fumaça líquida pode ser encontrada em muitos supermercados na seção dos condimentos ou *on-line*. Ela é feita por meio da coleta das gotas condensadas da queima de madeira e, portanto, dá um maravilhoso sabor defumado aos pratos. Para preparar este prato na panela elétrica (slow cooker), coloque no recipiente o feijão demolhado e os demais ingredientes e cozinhe por 4 a 5 horas na potência alta ou por 8 a 10 horas na potência baixa.

Variação: Substitua o feijão-carioca por feijão-branco, grão-de-bico ou outra variedade de feijão.

....

CADA PORÇÃO: 167 calorias, 10 g de proteína, 32 g de carboidrato, 0,5 g de gordura, 0 g de gordura saturada, 11 g de fibra, 5 g de açúcar, 134 mg de sódio
NUTRIENTES ESTRELADOS: ácido fólico (39% VD), tiamina (15% VD), vitamina A (104% VD), vitamina B6 (13% VD), vitamina C (26% VD), ferro (20% VD), magnésio (16% VD), potássio (21% VD)

Guandu com abóbora e sofrito

- 20 minutos
- 2 horas (tempo de molho não incluído)
- 8 porções (1 xícara generosa cada)

A culinária de Porto Rico exibe sabores latinos e caribenhos vibrantes, e faz reverência aos alimentos regionais disponíveis na ilha, como o guandu e a abóbora-cheirosa – uma variedade de moranga usada com frequência em muitos pratos locais. E um prato porto-riquenho não estaria completo sem o sofrito – uma saborosa base tradicional que inclui ervas, especiarias, pimentas, cebola e coentro. Com a ajuda da panela de pressão, um dos meus utensílios preferidos, você pode prepará-lo em questão de minutos (ver Nota).

454 g de guandu
5 xícaras de água e mais um pouco para deixar o guandu de molho
680 g de abóbora-cheirosa (ver Nota)

Sofrito
2 colheres (sopa) de azeite extra virgem
1 colher (sopa) de sementes de urucum (ver Nota)
1 pimentão verde médio sem sementes e cortado em quartos
2 pimentas-de-cheiro pequenas sem sementes e cortadas em quartos
1 cebola amarela média sem casca e cortada em quartos
2 dentes de alho médios
½ maço pequeno de coentro fresco
½ colher (chá) de orégano seco
½ xícara de massa de tomate
pimenta-do-reino moída na hora, a gosto
uma pitada de sal marinho (opcional)

1. Cubra o guandu de água e deixe de molho até o dia seguinte.
2. Descarte essa água e coloque o guandu em uma panela grande com 5 xícaras de água em fogo médio a alto.
3. Descasque a abóbora e corte-a em pedaços grandes. Coloque esses pedaços na panela, tampe, abaixe o fogo para médio e cozinhe por 55 minutos, aproximadamente.

4. Para o preparo do sofrito: em uma frigideira, aqueça o azeite em fogo médio. Acrescente o urucum e frite por 3 a 5 minutos, até o azeite ficar de um vermelho dourado escuro. Retire o urucum com uma escumadeira e descarte-o. Deixe o azeite na frigideira.
5. Coloque o pimentão, a pimenta, a cebola, o alho e o coentro em um processador até ficarem bem triturados. Despeje na frigideira, refogando por 10 minutos.
6. Acrescente o orégano e a massa de tomate. Misture bem.
7. Quando o guandu e a abóbora já tiverem cozinhado por 1 hora, acrescente o sofrito. Mexa bem.
8. Tampe a panela e cozinhe por mais 50 a 60 minutos, até obter uma consistência espessa e o guandu ficar macio. Prove e tempere com pimenta-do-reino e sal marinho, a gosto.

Nota: Se não encontrar a abóbora-cheirosa, ela pode ser substituída por abóbora-moranga ou abóbora cabochan. O urucum pode ser encontrado em alguns supermercados ou lojas de especiarias. Para fazer este prato na panela de pressão, coloque o guandu que ficou de molho, a água e a abóbora na panela e cozinhe por 5 minutos. Desligue, espere a pressão sair naturalmente e abra a panela. Acrescente o sofrito e cozinhe por mais 5 minutos.

CADA PORÇÃO: 242 calorias, 13 g de proteína, 40 g de carboidrato, 5 g de gordura, 1 g de gordura saturada, 10 g de fibra, 2 g de açúcar, 96 mg de sódio
NUTRIENTES ESTRELADOS: ácido fólico (17% VD), niacina (10% VD), tiamina (27% VD), vitamina B6 (10% VD), vitamina C (29% VD), ferro (19% VD), magnésio (28% VD), manganês (17% VD), potássio (26% VD), zinco (11% VD)

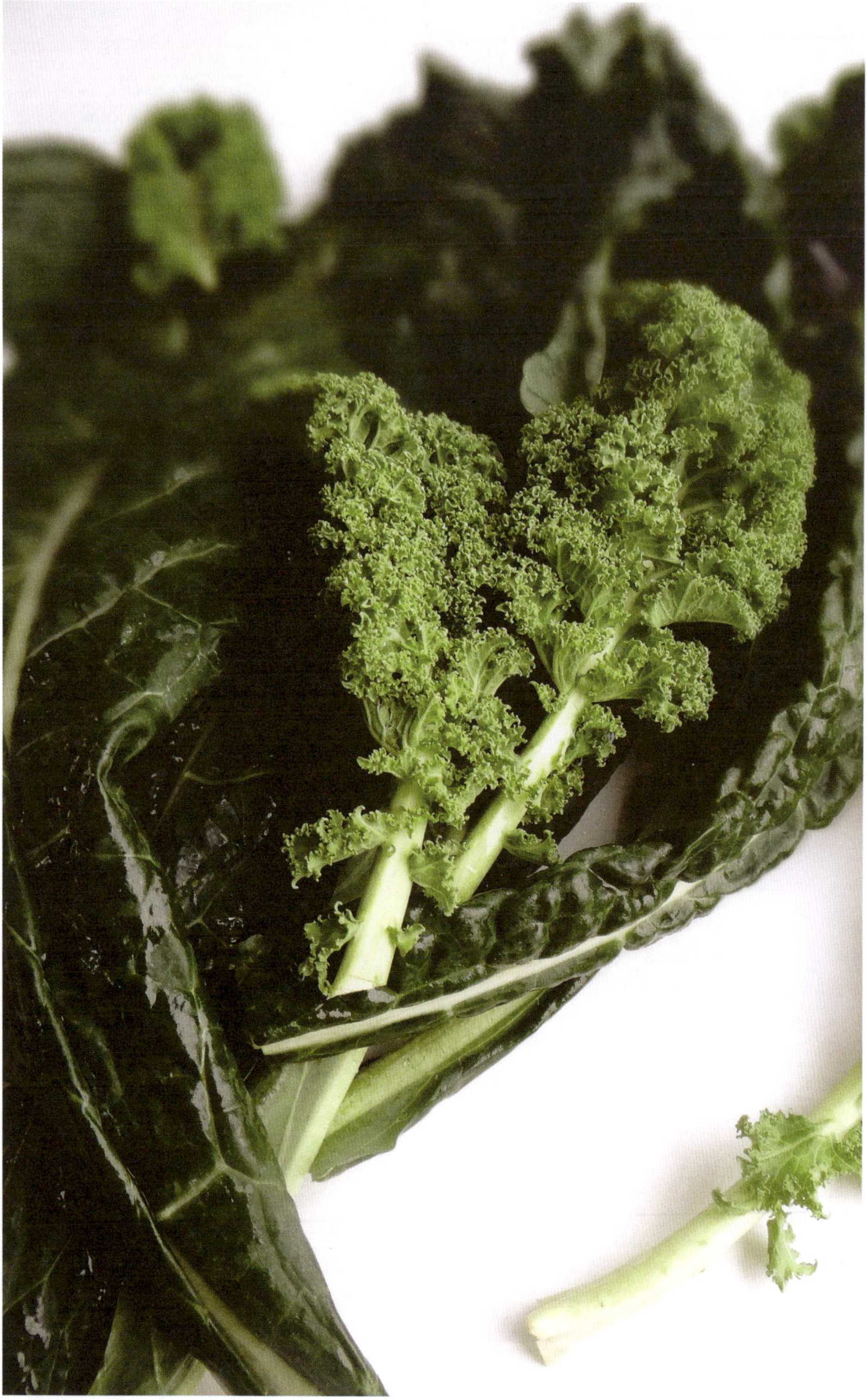

Não tenha medo de gorduras

Guacamole fresco com tomate e pimenta
Barrinhas nutritivas de noz-pecã, cereja e chia

Há algumas décadas, estávamos bem no meio da era da fobia à gordura, que começou quando cientistas descobriram que as gorduras saturadas da alimentação aumentavam o nível de colesterol, relacionado às doenças cardíacas. No entanto, em vez de defenderem uma mensagem em prol de "menos gordura saturada", os especialistas da saúde simplificaram a questão em "menos gordura". A reação da indústria alimentícia foi eliminar a gordura dos alimentos e colar adesivos indicativos de "sem gordura" e "light" nas embalagens dos produtos. Para que o alimento continuasse palatável, ela trocou as gorduras por carboidratos refinados, como açúcar e farinha de trigo refinada, infelizmente.

Agora sabemos que trocamos seis por meia dúzia. Com certeza, ainda devemos manter o consumo de gorduras saturadas no nível mais baixo possível – menos de 10% das calorias diárias (aproximadamente 20 g por indivíduo, em média). Além disso, as gorduras trans artificiais – encontradas em óleos vegetais parcialmente hidrogenados usados em alimentos industrializados, como a margarina, a pipoca para micro-ondas e os alimentos fritos – são ainda piores para o coração e devem ser evitadas completamente. (Recentemente, a Food and Drug Administration, instituição norte-americana que regulamenta questões relacionadas à alimentação e à saúde, determinou que a indústria alimentícia deve deixar de usar gorduras trans até junho de 2018.) Algumas gorduras, porém, são, na verdade, boas para o coração: as gorduras monoinsaturadas e as poli-insaturadas.

Trata-se de apenas mais um sinal dos benefícios de uma dieta à base de alimentos de origem vegetal: as gorduras vegetais, como as de oleaginosas, sementes, azeitonas, abacates e óleos vegetais, tendem a apresentar baixo teor de gordura saturada e alto teor de gorduras monoinsaturadas e poli-insaturadas, benéficas para o coração. Tente incluir uma pequena quantidade desses alimentos em seu cardápio diário. Existe uma exceção: óleos tropicais, como o azeite de dendê, o óleo de palmeira e o óleo de coco, que são ricos em gordura saturada. O azeite de dendê tem sido cada vez mais usado por fabricantes de alimentos, e muito vem sendo dito sobre o potencial do óleo de coco para a saúde. No entanto, não existem pesquisas suficientes para comprovar os benefícios pretendidos com o consumo desse tipo de gordura, como perda de peso ou manutenção da saúde cerebral, e eles não são tão saudáveis para o coração quanto os óleos vegetais insaturados, como o azeite extra virgem. A minha sugestão para preencher nossa cota de gordura saturada é apreciar pequenas quantidades de oleaginosas tropicais, como o leite de coco em um curry (ver página 156), mas não adotar os óleos delas em busca de uma saúde melhor.

Seja qual for o óleo escolhido, lembre-se de que a gordura é uma fonte concentrada de caloria – um pouquinho vale muito. Limite as porções a um punhado de oleaginosas, umas 2 colheres (sopa) de sementes e ⅛ de um abacate. E, quando usar óleos vegetais, como o azeite extra virgem, em molhos de salada, acompanhamentos e entradas, use apenas um fio, adicionando assim uma gordura saborosa e saudável ao seu prato.

Não tenha medo de gorduras

10 minutos
10 minutos
3 colheres (sopa) aproximadamente

Guacamole fresco com tomate e pimenta

Tenho muita sorte de ter em frente de casa um abacateiro centenário, que, todo ano, produz frutos substanciosos e cremosos às centenas. Mas, mesmo sem uma árvore dessas para chamar de sua, vale a pena investir no abacate – cheio das saudáveis gorduras monoinsaturadas, bem como de fitonutrientes antioxidantes, ele é ótimo para ajudar o seu coração a continuar batendo tranquilamente. Este saboroso guacamole vai bem com uma tortilha ou com hortaliças, ou ainda como acompanhamento de pratos latinos, como Feijão-carioca e tofu à moda mexicana (página 148).

1 abacate grande maduro sem caroço e sem casca, cortado ao meio
3 dentes de alho médios picados fino
suco de 1 limão-siciliano médio
½ pimenta dedo-de-moça média sem sementes e picada fino (ver Nota)
1 colher (sopa) de folhas de coentro fresco picadas
¼ de xícara de tomates-cerejas pequenos cortados em quartos
uma pitada de sal (opcional)

1. Em uma tigela pequena, amasse o abacate com um garfo, até ficar macio mas ainda com pedacinhos.
2. Acrescente o alho, o suco de limão-siciliano, a pimenta, o coentro, o tomate-cereja e misture bem.
3. Experimente e tempere com sal, a gosto. Sirva imediatamente.

Nota: Para ajustar o sabor picante, use mais ou menos pimenta. Você pode conservar o guacamole na geladeira em um recipiente hermeticamente fechado, por até 2 dias, embora ele vá ficar um pouco mais escuro.

Variações: Substitua a pimenta dedo-de-moça pela malagueta (mais ardente); substitua o suco de limão-siciliano pelo de limão-taiti.

CADA PORÇÃO: 51 calorias, 1 g de proteína, 4 g de carboidrato, 4 g de gordura, 0,5 g de gordura saturada, 2 g de fibra, 1 g de açúcar, 3 mg de sódio
NUTRIENTE ESTRELADO: vitamina C (25% VD)

Barrinhas nutritivas de noz-pecã, cereja e chia

- 14 minutos
- 14 minutos (tempo de resfriamento não incluído)
- 16 porções (1 barrinha cada)

Não se afaste das oleaginosas e sementes só porque elas têm altos teores de gorduras. Lembre-se: são gorduras vegetais saudáveis para o coração, portanto, deixe que se destaquem nestas barrinhas nutritivas caseiras. Por que comprar barrinhas de granola industrializadas se é possível preparar em um instante várias unidades destas delícias naturalmente adocicadas? Adoçadas com cereja seca e uva-passa, estas barrinhas são cheias de benefícios naturais, graças ao estrelado grupo de noz-pecã, aveia, cereais integrais, coco, chia, semente de girassol e canela. Leve para a academia, para uma viagem e ponha na lancheira das crianças. Você pode também alterar os ingredientes, usando as suas frutas, sementes e oleaginosas preferidas. Entre para o time da barrinha caseira!

½ xícara de cereja seca picada fino (ver Nota)
¼ de xícara de uva-passa picada fino (ver Nota)
½ xícara de noz-pecã picada
¾ de xícara de aveia em flocos
¾ de xícara de cereal em flocos sem açúcar (como trigo ou trigo-sarraceno)
1½ colher (sopa) de coco ralado sem açúcar
1½ colher (sopa) de chia
½ xícara de pasta de semente de girassol
¼ de xícara de xarope de agave
3 colheres (sopa) de água
½ colher (chá) de essência de baunilha
½ colher (chá) de canela em pó

1. Forre uma travessa quadrada (22 cm de largura, aproximadamente) com filme de PVC, deixando uma sobra do filme suficiente para, depois, cobrir a parte de cima.
2. Em uma tigela média, misture a cereja, a uva-passa, a noz-pecã, a aveia, o cereal, o coco ralado e a chia.
3. Em uma panela média em fogo médio, misture a pasta de girassol, o xarope de agave e a água e cozinhe por 2 minutos, mexendo até obter uma consistência rala e lisa. Retire do fogo e adicione a baunilha e a canela, misturando bem.

4. Despeje essa calda sobre a mistura de frutas. Use as mãos para mesclar bem os ingredientes.
5. Transfira a mistura para a travessa forrada, apertando-a com firmeza. Cubra com o restante do plástico e leve à geladeira por 3 horas, pelo menos, até ficar firme.
6. Corte em 16 barrinhas. Conserve na geladeira, em um recipiente hermeticamente fechado.

Nota: Não deixe de picar as uvas-passas. Isso é necessário para dar liga. Não é preciso comprimir a uva-passa ou a cereja na xícara na hora de medir. Estas barrinhas podem ser congeladas. Embrulhe-as individualmente em filme de PVC para usar em lanches quando desejar.

Variações: As cerejas podem ser substituídas por damascos picados; a pasta de semente de girassol, por pasta de amêndoa ou de amendoim; as nozes-pecãs, por nozes, avelãs, amendoim ou macadâmias. Para uma receita sem glúten, use aveia e cereal em flocos sem glúten e certifique-se de que as nozes e sementes não contenham glúten.

....

CADA PORÇÃO: 136 calorias, 3 g de proteína, 17 g de carboidrato, 8 g de gordura, 1 g de gordura saturada, 2 g de fibra, 10 g de açúcar, 13 mg de sódio
NUTRIENTES ESTRELADOS: ácido fólico (16% VD), niacina (10% VD), vitamina B6 (10% VD), vitamina C (10% VD), vitamina E (14% VD), ferro (11% VD), manganês (17% VD), zinco (10% VD)

Mingau de aveia, maçã
e cardamomo à moda escandinava

Ganhe energia com oleaginosas e sementes

31

Biscoitos integrais com sementes
Mingau de aveia, maçã e cardamomo à moda escandinava
Pasta caseira de amêndoa, amendoim e sementes

Sementes e oleaginosas não servem apenas para os passarinhos. São ideais para nós também. Essas sementinhas são cheias de nutrientes potentes, como proteínas (até 9 g por 28 g de porção!), fibras, gorduras saudáveis, vitaminas, minerais e fitoquímicos. Um corpo de pesquisas demonstra que consumir diariamente de 28 g a 56 g de oleaginosas (noz, noz-pecã, amêndoa, pistache, macadâmia, castanha-do-pará, avelã ou castanha de caju) ou amendoim (uma leguminosa, em termos botânicos, mas semelhante às oleaginosas em relação aos nutrientes) pode significar uma proteção contra doenças cardíacas, diabetes tipo 2 e alguns tipos de câncer. As oleaginosas também foram relacionadas à melhoria das funções cerebrais, ao controle de peso e ao aumento da fertilidade.

Não existem tantas pesquisas sobre os benefícios à saúde proporcionados pelas sementes – como gergelim, chia e as sementes de girassol, abóbora e linhaça – quanto existem a respeito das oleaginosas. Ainda assim, as sementes também podem ser consideradas fontes ricas em gorduras boas, proteínas, fibras, vitaminas, minerais e fitoquímicos.

Algumas oleaginosas e sementes – como as nozes, a chia e a linhaça – são boas fontes de ácidos graxos ômega-3, que beneficiam o coração e o cérebro. Outras oleaginosas são ricas em nutrientes específicos: a amêndoa, em cálcio; a semente de girassol, em vitamina E. Portanto, incremente a sua alimentação diária com proteínas vegetais e nutrientes potentes encontrados em uma ou duas porções de oleaginosas e sementes variadas (28 g, aproximadamente, de oleaginosas e sementes ou 2 colheres de sopa de pastas de oleaginosas e sementes). É fácil, basta espalhar linhaça (em pó, para que você possa absorver seus nutrientes) ou chia nos cereais e vitaminas; misturar oleaginosas picadas no mingau; passar pastas de oleaginosas e sementes em pão integral torrado ou em pão sírio; salpicar as saladas com oleaginosas e sementes; ou incluir oleaginosas, sementes e suas pastas em barrinhas, pães, bolinhos, entre outros itens assados. E o melhor de tudo é que, esteja você na correria ou tranquilamente em casa, um punhado de oleaginosas e sementes é uma das melhores coisas do mundo para beliscar!

Biscoitos integrais com sementes

- 10 minutos
- 30 minutos
- 10 porções (1 biscoito cada)

As sementes e as oleaginosas por si mesmas podem ser um lanchinho nutritivo, mas também é possível aproveitar seus poderes de maneira criativa, como nestes biscoitos integrais. Não há nada melhor que o aroma e o sabor de um biscoito macio saído do forno. Tampouco vão faltar grãos integrais: além de muita farinha integral, os biscoitos levam gergelim, chia e linhaça – sendo saudáveis para o coração e de um crocante delicioso. Sirva estes biscoitos no café da manhã, cobertos de alguma pasta de oleaginosas e geleia de fruta sem açúcar, ou, então, no almoço ou jantar, com uma sopa picante ou cozido, como o Feijão à moda do Caribe (página 42).

1¾ xícara de farinha de trigo integral
1 colher (sopa) de linhaça moída
1 colher (sopa) de gergelim
1 colher (sopa) de chia
1 colher (sopa) de fermento químico em pó
⅓ de xícara de margarina vegetal (ver Nota na página 235)
¾ de xícara de leite vegetal sem açúcar

1. Preaqueça o forno a 190 °C.
2. Misture a farinha, a linhaça, o gergelim, a chia e o fermento.
3. Desmanche a margarina com um garfo.
4. Junte o leite, formando uma massa firme.
5. Abra a massa em uma superfície ligeiramente enfarinhada, com cerca de 3 cm de espessura.
6. Com um cortador redondo de 6 cm de diâmetro (ou um copo invertido), corte 10 biscoitos.
7. Distribua os biscoitos por uma assadeira e leve ao forno por 20 minutos, aproximadamente, até dourarem ligeiramente.

Variações: Substitua a linhaça por sementes de girassol ou sementes de abóbora picadas fino. Para uma receita sem glúten, substitua a farinha de trigo integral por uma mistura de farinhas sem glúten e certifique-se de que os demais ingredientes não contenham glúten.

....

CADA PORÇÃO: 120 calorias, 4 g de proteína, 16 g de carboidrato, 5 g de gordura, 1 g de gordura saturada, 3 g de fibra, 0 g de açúcar, 95 mg de sódio
NUTRIENTES ESTRELADOS: tiamina (10% VD), cálcio (11% VD), fósforo (12% VD)

Ver foto na página 218

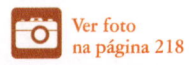

Mude sua dieta em 52 passos simples

Mingau de aveia, maçã e cardamomo à moda escandinava

- 5 minutos
- 13 minutos
- 2 porções (1¼ xícara cada, aproximadamente)

Um tantinho de oleaginosas no café da manhã dá energia para o seu dia, com o vigor das proteínas, gorduras saudáveis, fibras e muito mais. As sementes e as oleaginosas são a combinação perfeita para cereais quentes, juntamente com uma porção de frutas e um gole de leite vegetal. Difícil encontrar um jeito melhor de começar o dia! E este substancioso mingau foi inspirado em sabores tradicionais – aveia, maçã, amêndoa e cardamomo – da Suécia, onde o gröt (mingau, em sueco) é o desjejum clássico, tanto para crianças como adultos. Rápida, nutritiva e deliciosa, esta receita vai agradar ao paladar da família inteira.

2¼ xícaras de água
1 xícara de aveia em flocos grossos
1 maçã média picada
3 colheres (sopa) de uvas-passas
xarope de agave a gosto (opcional)
½ colher (chá) de cardamomo em pó
3 colheres (sopa) de amêndoas em lâminas
leite vegetal (opcional)

1. Leve a água à fervura em uma panela média em fogo alto.
2. Acrescente a aveia, a maçã, as uvas-passas, o xarope, se quiser, e o cardamomo. Mexa bem. Tampe a panela e abaixe o fogo para médio. Cozinhe por 8 minutos, mexendo de vez em quando, até a maçã ficar macia.
3. Adicione as amêndoas e sirva imediatamente, com o leite vegetal, se preferir.

Nota: Você pode duplicar esta receita e conservar uma parte na geladeira, em recipiente hermeticamente fechado, por até 3 dias. Leve ao micro-ondas pela manhã e pronto. Nesse caso, adicione as amêndoas pouco antes de servir, para que fiquem crocantes.

CADA PORÇÃO: 214 calorias, 5 g de proteína, 39 g de carboidrato, 6 g de gordura, 0,5 g de gordura saturada, 6 g de fibra, 18 g de açúcar, 6 mg de sódio
NUTRIENTES ESTRELADOS: riboflavina (15% VD), vitamina C (12% VD), vitamina E (12% VD), ferro (14% VD), manganês (10% VD)

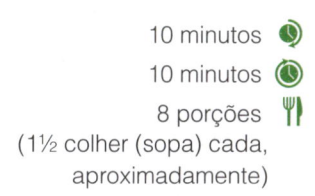

Pasta caseira de amêndoa, amendoim e sementes

10 minutos
10 minutos
8 porções
(1½ colher (sopa) cada, aproximadamente)

As manteigas de sementes e de oleaginosas são uma maneira simples de desfrutar das proteínas, gorduras saudáveis, fibras e antioxidantes desses vegetais. Mas você sabia que pode produzir a sua própria pasta de sementes ou de oleaginosas em casa, do jeitinho que preferir? Esta versão tem uma variedade grande de oleaginosas e sementes, além de cacau em pó, canela e um toque adocicado. Prepare um tanto e use durante a semana na sua torrada integral, no sanduíche ou acompanhando crudités (vegetais crus).

¼ de xícara de amendoins sem casca, com pele, sem sal
¼ de xícara de amêndoas sem casca, com pele, sem sal
¼ de xícara de nozes-pecãs sem casca, com pele, sem sal
1 colher (sopa) de linhaça
1 colher (sopa) de gergelim cru
1 colher (sopa) de sementes de girassol sem sal
2 colheres (sopa) de óleo de amendoim
1 colher (sopa) de cacau em pó
½ colher (chá) de canela em pó
1 colher (chá) de xarope de bordo (maple syrup)

1. Junte todos os ingredientes em um processador ou liquidificador. Processe por 3 a 5 minutos, aproximadamente, até obter uma consistência granulosa mas que possa ser espalhada. Se necessário, pare de bater para raspar as laterais do copo do aparelho.

Nota: Conserve em temperatura ambiente, em um recipiente hermeticamente fechado, por até 3 semanas.

Variações: Os amendoins, as amêndoas ou as nozes-pecãs podem ser substituídos por avelãs, nozes, pignoli e pistaches, sem sal.

CADA PORÇÃO: 157 calorias, 4 g de proteína, 5 g de carboidrato, 15 g de gordura, 1,5 g de gordura saturada, 2 g de fibra, 1,5 g de açúcar, 1 mg de sódio
NUTRIENTES ESTRELADOS: vitamina E (11% VD), magnésio (10% VD), manganês (29% VD)

Abóbora assada com gengibre e cardamomo

Respeite a época de cultivo dos vegetais

Batata e ervilha cremosas
Abóbora assada com gengibre e cardamomo
Pavê de damasco, ameixa e pêssego

Que delícia o ciclo da natureza! No hemisfério Norte, assim que o tempo começa a esquentar na primavera, o solo descongela, as sementes brotam e os brotinhos tenros saúdam o sol. À medida que os dias ficam mais quentes, as plantas amadurecem e dão folhas, frutas e sementes – a fonte da alimentação dos seres humanos. Quando os dias ensolarados vão dando lugar ao outono, as plantas esperam pela sua renovação anual na primavera. Os nossos antepassados compreendiam esse ciclo tão bem quanto sabiam fazer fogo para se aquecer e procurar abrigo para se proteger. Colhiam a abundância na primavera, no verão e no outono e guardavam-na para o inverno – em despensas subterrâneas, sacos de grãos e jarros de cerâmica. Hoje em dia, porém, quem é que sabe o mês da safra da alface, do abacate ou do mamão? Andando pelos corredores dos supermercados, encontramos todos eles o ano inteiro.

Qual é o problema em comer seja lá o que quisermos e quando quisermos? Em primeiro lugar, essa oferta de produtos frescos o ano inteiro significa que eles são, em geral, cultivados em lugares distantes, que têm estações distintas ou mais longas, ou são cultivados em estufas, em uma temperatura agradável, o que envolve o consumo de combustíveis fósseis. Depois, esses produtos fora da safra são transportados por longas distâncias, queimando muito combustível ao longo do caminho até o nosso carrinho de supermercado. Para completar tudo isso, esses alimentos são, com frequência, colhidos ainda verdes para poderem fazer essa viagem longa sem estragar. Alimentos menos maduros talvez não ofereçam os mesmos nutrientes nem o sabor que os alimentos colhidos em seu ponto alto de maturação.

Não estou sugerindo que você jamais coma alface em agosto – eu mesma como –, mas há muito a ganhar se conhecermos as estações próprias de cada vegetal. Deleite-se com as melhores frutas e vegetais frescos do verão – melancia, manga, beterraba, pimentão –, sobretudo com os que são cultivados em sua região. Aproveite os produtos colhidos no final do outono e do inverno, que duram mais tempo na prateleira – batata, mandioquinha, chuchu, nabo, milho verde. [No site da Ceagesp (Companhia de Entrepostos e Armazéns Gerais de São Paulo), é possível encontrar uma tabela de períodos de safra e outras informações sobre os nutrientes dos produtos: http://www.ceagesp.gov.br/wp-content/uploads/2015/05/produtos_epoca.pdf. Outro site que oferece informações interessantes sobre a sazonalidade de frutas e hortaliças no Brasil é o http://www.hortiescolha.com.br.]

Coma, respire e viva as estações do ano!

Batata e ervilha cremosas

- 10 minutos
- 28 minutos
- 6 porções (½ xícara cada)

A minha mãe preparava este prato toda vez que colhia ervilhas frescas e batatas novinhas de sua horta. Este prato – uma das primeiras recompensas dessa dedicação – anunciava a chegada da primavera. É muito simples e mostra o sabor das hortaliças frescas, tenham vindo elas diretamente de uma horta ou de uma quitanda, feira ou supermercado.

1 xícara de batata nova pequena com casca, picada
3 xícaras de água
283 g de ervilhas frescas (ver Nota)
1 colher (chá) de azeite extra virgem
1 dente de alho pequeno picado fino
2 colheres (chá) de endro fresco ou ½ colher (chá) de endro seco
uma pitada de pimenta-do-reino moída na hora
uma pitada de sal marinho (opcional)
1 colher (sopa) mais 1 colher (chá) de farinha de trigo (ver Nota)
1 xícara de leite vegetal sem açúcar

1. Coloque as batatas e a água em uma panela média em fogo alto, tampe e leve à fervura. Abaixe o fogo para médio e ferva por 8 minutos. Acrescente as ervilhas, tampe a panela e cozinhe por mais 7 minutos, até espetar as batatas com um garfo e perceber que estão macias (não cozinhe demais – as ervilhas devem ficar com um verde vivo e firmes).
2. À parte, aqueça o azeite em uma panela. Coloque o alho, o endro, a pimenta-do-reino e o sal marinho, a gosto, e refogue, sempre mexendo, por 3 minutos. Adicione a farinha, para obter uma pasta, e mexa por 15 segundos. Depois, misture o leite vegetal com um batedor. Cozinhe por 2 minutos, até engrossar e soltar bolhas. Retire do fogo.
3. Escorra os legumes cozidos e misture ao molho. Sirva imediatamente.

Respeite a época de cultivo dos vegetais

Nota: Se não for época, as ervilhas frescas podem ser substituídas pelas congeladas. Para um prato sem glúten, a farinha de trigo pode ser substituída por 2 colheres (chá) de amido de milho. Se fizer isso, primeiro misture o amido de milho no leite, no passo 2.

CADA PORÇÃO: 83 calorias, 4 g de proteína, 13 g de carboidrato, 2 g de gordura, 0 g de gordura saturada, 3 g de fibra, 3 g de açúcar, 74 mg de sódio
NUTRIENTES ESTRELADOS: ácido fólico (11% VD), tiamina (11% VD), vitamina C (40% VD), vitamina K (16% VD)

Abóbora assada com gengibre e cardamomo

Ver foto na página 224

Mude sua dieta em 52 passos simples

- 8 minutos
- 53 minutos
- 4 porções (¼ de abóbora)

Na minha região, adoro quando o clima quente cede lugar ao friozinho e começam a aparecer nos supermercados e quitandas as abóboras de inverno, que, além de durar muitas semanas na cozinha, são também ricas em betacaroteno, nutriente bom para o coração. Esta receita saborosa e adocicada é muito simples – basta abrir uma abóbora pequena, retirar as sementes e temperar com gengibre, especiarias e amêndoas. Ela vai encher a sua cozinha de aromas maravilhosos!

1 abóbora-moranga pequena
suco de ½ limão-siciliano
1½ colher (chá) de azeite extra virgem
1 colher (chá) de xarope de agave
1 colher (chá) de gengibre cristalizado amassado em um pilão
¼ de colher (chá) de cúrcuma em pó
¼ de colher (chá) de cardamomo em pó
2 colheres (sopa) de amêndoas em lâminas

1. Preaqueça o forno a 180 °C.
2. Corte a abóbora ao meio e retire as sementes. Coloque-a em uma assadeira com 1 cm de água e a cavidade virada para cima.
3. Em uma tigela pequena, misture o suco de limão, o azeite, o xarope de agave, o gengibre cristalizado, a cúrcuma e o cardamomo. Regue cada metade da abóbora com metade dessa mistura, espalhando por igual.
4. Espalhe as amêndoas por cima das abóboras.
5. Leve a assadeira ao forno por 45 minutos, até a abóbora ficar dourada e macia.

Variação: Para esta receita, você também pode usar qualquer abóbora pequena, de polpa macia, como a abóbora japonesa ou a abóbora-menina.

....

CADA PORÇÃO: 114 calorias, 2 g de proteína, 20 g de carboidrato, 4,5 g de gordura, 0,5 g de gordura saturada, 6 g de fibra, 7 g de açúcar, 5 mg de sódio
NUTRIENTES ESTRELADOS: tiamina (29% VD), vitamina A (32% VD), vitamina B6 (11% VD), vitamina C (37% VD), magnésio (15% VD), potássio (15% VD)

Pavê de damasco, ameixa e pêssego

- 17 minutos
- 1 hora e 17 minutos
- 10 porções (⅔ de xícara, aproximadamente)

Um pavê inglês tradicional tem camadas espessas de creme, bolo e fruta, que se mesclam e criam um sabor e uma textura realmente deliciosos. Esta saudável versão apela para essa tradição a fim de propiciar uma sobremesa cremosa de verão que pode ser apreciada em qualquer dia da semana. Essa receita parece um passeio maravilhoso por um pomar de pêssegos, damascos e ameixas maduras.

2 colheres (sopa) de amêndoas em lascas
170 g de iogurte vegetal sabor baunilha
¾ de xícara de geleia de framboesa sem açúcar
2 colheres (sopa) de xerez (opcional)
227 g de biscoitos integrais sem recheio e sem sal (tipo biscoito maisena; ver Nota)
5 damascos frescos picados
3 ameixas frescas picadas
2 pêssegos frescos médios picados

1. Preaqueça o forno a 180 °C.
2. Leve as amêndoas para torrar no forno em uma assadeira pequena, por 5 minutos, aproximadamente, até dourarem. Retire e deixe esfriar.
3. Bata o iogurte em uma tigela pequena por 1 minuto, até ficar macio e cremoso.
4. Em outra tigela pequena, misture a geleia de framboesa e o xerez, se for usá-lo, até ficar homogêneo.
5. Para montar o pavê, pegue uma travessa média de vidro, de preferência com as laterais altas (ver Nota). Faça as seguintes camadas: ⅓ dos biscoitos, ⅓ do iogurte, ⅓ da geleia, todos os damascos, ⅓ dos biscoitos, ⅓ do iogurte, ⅓ da geleia, todas as ameixas, o restante dos biscoitos, o restante do iogurte, o restante da geleia e todo o pêssego. Espalhe as amêndoas torradas por cima.
6. Cubra o pavê com filme de PVC e leve à geladeira por 1 hora, aproximadamente. Tire colheradas para servir em pratinhos.

Nota: Existem biscoitos integrais sem recheio – inclusive sem glúten – que podem ser uma boa opção. Existem taças grandes, de vidro, próprias para esse tipo de sobremesa. Se você usar uma tigela, a camada de baixo vai ficar mais grossa que as demais. Embora esta receita se beneficie com 1 hora de geladeira antes de servir, de modo que os sabores se mesclem, ela não dura muito. Tente degustá-la em até 8 horas depois do preparo.

....

CADA PORÇÃO: 174 calorias, 3 g de proteína, 35 g de carboidrato, 4,5 g de gordura, 2 g de gordura saturada, 2 g de fibra, 17 g de açúcar, 133 mg de sódio
NUTRIENTES ESTRELADOS: vitamina A (25% VD), vitamina C (23% VD), manganês (21% VD)

Torta cremosa
de pasta de amendoim

Aprecie os doces – quando eles valem a pena

33

Torta cremosa de pasta de amendoim
Bolo de maçã e uva-passa
Torta de batata-doce e noz-pecã

Graças à disponibilidade de alimentos industrializados, o apreço das pessoas por açúcar realmente cresceu. Lembro que, quando eu era criança, um docinho não passava disso: um docinho. Eu ficava esperando ansiosa pelo bolo confeitado do meu aniversário, pelas tortas de frutas frescas que a minha mãe preparava para as reuniões de família no verão, e pelo Natal, quando um monte de biscoitos natalinos enfeitava a mesa da cozinha. Mas esses alimentos estavam longe de ser rotineiros.

Ao longo dos anos, o nosso consumo de açúcar foi crescendo regularmente: entre os anos 1970 e 2005, passamos a consumir 19% a mais dessa substância, em média. E isso porque ninguém precisa esperar a mãe fazer uma torta de maçã ou uma fornada de biscoitos de chocolate – é possível obter essas coisas em qualquer canto. Embora seja ótimo se deliciar com esses alimentos tradicionais – inclusive as sobremesas –, é melhor consumir o mínimo deles. O consumo alto de açúcar e outros adoçantes tem sido relacionado a ganho de peso, problemas metabólicos e maiores riscos de desenvolver problemas cardíacos.

Portanto, eis o meu conselho para acertar no doce. A maior parte das refeições deve terminar com uma fruta, cheia de nutrientes – uma sobremesa natural. Essas joias naturalmente doces apresentam altos teores de fibras, vitaminas, minerais e compostos que combatem doenças. Em segundo lugar, devem figurar sobremesas ligeiramente adoçadas, ricas em nutrientes e feitas com ingredientes de origem vegetal, como uma torta de frutas (ver Crumble de pêssego e cranberries, página 118) ou uma sobremesa integral (ver Bolo de maçã e uva-passa, página 236). Mas, nas ocasiões especiais, vá em frente e coma uma fatia de bolo ou um doce sem culpa.

Na verdade, é ótimo se mimar um pouco todos os dias – um pedaço de chocolate amargo, uma barrinha de frutas e cereais integrais (ver página 216) –, desde que a porção seja razoável e esteja de acordo com as suas necessidades energéticas. Mas você deve se lembrar de fazer esses mimos valerem, considerando a qualidade dos ingredientes, como chocolate amargo, especiarias e frutas, em vez de ingredientes muito industrializados, como gorduras hidrogenadas, xaropes com alto teor de frutose e conservantes. Sobretudo, aprecie os sabores e delicie-se pra valer!

Ver foto na página 232

Mude sua dieta em 52 passos simples

Torta cremosa de pasta de amendoim

- 22 minutos
- 27 minutos (tempo de resfriamento não incluído)
- 8 porções (⅛ de torta cada)

Você não vai acreditar, mas esta torta leve e deliciosa – abençoada pela dupla dinâmica pasta de amendoim e chocolate amargo – é feita com tofu, e só leva um toque de xarope de agave para adoçar. Na verdade, trata-se de uma sobremesa rica em nutrientes que você pode comer sem culpa!

Camada de biscoitos
22 biscoitos integrais sem recheio e sem sal (ver Nota na página 231)
½ colher (chá) de canela em pó
2 colheres (sopa) de gérmen de trigo ou linhaça moída
¼ de xícara de margarina vegetal derretida (ver Nota)

Recheio
349 g de tofu macio extra firme
1 xícara de pasta de amendoim cremosa sem sal
1½ colher (chá) de essência de baunilha
5 colheres (sopa) de xarope de agave
2 colheres (sopa) de leite vegetal sem açúcar

Decoração
⅓ de xícara de gotas de chocolate amargo sem leite (ver Nota)
2 colheres (sopa) de amendoim picado

1. Preaqueça o forno a 180 °C.
2. Coloque os biscoitos em um liquidificador ou processador, aos poucos, e use a tecla pulsar para fazer migalhas. Ou amasse-os com um rolo de macarrão.
3. Misture as migalhas de biscoito, a canela e o gérmen de trigo em uma tigela média. Junte a margarina derretida.
4. Comprima a mistura de migalhas no fundo de uma fôrma para torta (22 cm de diâmetro, aproximadamente). Leve ao forno por 10 a 12 minutos. Retire do forno e deixe esfriar.

5. À parte, coloque em uma tigela o tofu, a pasta de amendoim, a baunilha, o xarope de agave e o leite vegetal. Bata com uma batedeira elétrica até obter um creme macio e fofo. Raspe as laterais da tigela quando necessário.
6. Em uma tigela pequena própria para micro-ondas, coloque as gotas de chocolate amargo na potência alta por 2 minutos. Com uma colher, misture o chocolate até ficar macio.
7. Espalhe a mistura de tofu por igual sobre a base de biscoito.
8. Despeje o chocolate por cima, espalhando depois o amendoim picado. Leve à geladeira por 2 horas antes de cortar.

Nota: Prefira margarina vegetal cremosa e não em tablete. Escolha marcas com baixo teor de gorduras saturadas. Você também pode usar chocolate amargo sem leite em barra, picado.

Variação: Misture 1 banana picada ao recheio, antes do passo 7, para fazer uma torta de pasta de amendoim e banana.

CADA PORÇÃO: 374 calorias, 12 g de proteína, 25 g de carboidrato, 27 g de gordura, 6 g de gordura saturada, 4 g de fibra, 11 g de açúcar, 134 mg de sódio
NUTRIENTES ESTRELADOS: ácido fólico (14% VD), niacina (27% VD), vitamina B6 (11% VD), vitamina E (19% VD), ferro (13% VD), magnésio (19% VD), manganês (17% VD), potássio (10% VD), zinco (11% VD)

Bolo de maçã e uva-passa

- 10 minutos
- 40 minutos
- 16 porções (1 quadrado cada)

Este bolo integral úmido e delicioso – cujo adocicado vem da maçã e das uvas-passas – é saudável o suficiente para levar para o almoço no escritório ou para servir às crianças como um lanche depois da escola. Guarde umas fatias no freezer para tirar naquela horinha que dá vontade de doce.

½ xícara de uvas-passas
½ xícara de água quente
óleo para pincelar
1 xícara de purê de maçã (ver página 357)
¼ de xícara de óleo de canola, prensado a frio
3 colheres (sopa) de xarope de agave
2 colheres (sopa) de chia (ver Nota na página 151)
2 xícaras de farinha de trigo integral
2 colheres (chá) de fermento químico em pó
½ colher (chá) de bicarbonato de sódio
1 colher (chá) de canela em pó
¼ de colher (chá) de noz-moscada em pó
¼ de colher (chá) de cravo-da-índia em pó
⅓ de xícara de nozes picadas
¼ de xícara de gotas de chocolate amargo sem leite

1. Em uma tigela pequena, coloque as uvas-passas e a água. Deixe por 5 minutos, até elas ficarem macias.
2. Preaqueça o forno a 180 °C. Pincele uma fôrma (22 cm de largura) com o óleo.
3. Em uma tigela, misture o purê de maçã, o óleo de canola, o xarope de agave e a chia, batendo tudo com uma batedeira ou batedor manual por 2 minutos. Adicione as uvas-passas e o líquido em que ficaram de molho, misturando bem.
4. Junte a farinha, o fermento, o bicarbonato, a canela, a noz-moscada, o cravo-da-índia e as nozes, até mesclar bem (sem misturar demais).
5. Despeje a massa na fôrma. Espalhe as gotas de chocolate por cima.
6. Leve ao forno por 25 a 30 minutos, até que, ao enfiar um garfo ou palito na massa, ele saia limpo. Deixe o bolo esfriar um pouco e corte-o em 16 quadrados.

Nota: Este bolo é ótimo servido ainda quentinho. Guarde no congelador os pedaços que sobrarem, em um recipiente hermeticamente fechado, por até 1 mês.

Variação: Para uma receita sem glúten, substitua as 2 xícaras de farinha de trigo integral por 1½ xícara de uma mistura de farinhas sem glúten, e certifique-se de que os demais ingredientes não contenham glúten.

....

CADA PORÇÃO: 152 calorias, 3 g de proteína, 23 g de carboidrato, 7 g de gordura, 1 g de gordura saturada, 3 g de fibra, 8 g de açúcar, 42 mg de sódio
NUTRIENTES ESTRELADOS: manganês (40% VD), fósforo (13% VD), selênio (15% VD)

Torta de batata-doce e noz-pecã

- 28 minutos
- 1 hora e 25 minutos
- 10 porções (1 pedaço cada)

Esta torta substanciosa e com gostinho de nozes é perfeita para uma ocasião especial, como o Natal. Mal dá para acreditar que uma torta sem laticínios e com uma crosta de cereais integrais seja adoçada apenas com um toque de xarope de bordo (maple syrup). E, no dia seguinte, ela continua ótima.

2 batatas-doces grandes sem casca, picadas grosseiramente
3 xícaras mais 5 a 6 colheres (sopa) de água
1½ xícara de farinha de trigo integral
½ xícara de farinha de noz-pecã (ver Nota)
5 colheres (sopa) de margarina vegetal (ver Nota na página 235)
¼ de xícara mais 1 colher (chá) de xarope de bordo (maple syrup)
1 xícara de leite vegetal sabor baunilha
2 colheres (sopa) de amido de milho
¼ de colher (chá) de cravo-da-índia em pó
¼ de colher (chá) de noz-moscada em pó
¼ de colher (chá) de pimenta-da-jamaica em pó
1¼ colher (chá) de canela em pó
½ xícara de nozes-pecãs picadas grosseiramente

1. Preaqueça o forno a 190 °C.
2. Em uma panela média, coloque a batata-doce e cubra com as 3 xícaras de água. Tampe a panela e leve à fervura em fogo médio por 20 minutos, aproximadamente, até a batata amolecer. Escorra bem, coloque de novo as batatas-doces na panela e amasse-as com um espremedor para obter um purê homogêneo. Reserve.
3. À parte, em uma tigela, misture a farinha de trigo integral e a de noz--pecã. Junte a margarina, amassando com um garfo ou cortador. Adicione a água, 1 colher de cada vez, e misture com uma colher de pau até obter uma massa firme. Em uma superfície ligeiramente enfarinhada, estenda a massa para caber em uma fôrma de torta (22 cm de diâmetro, aproximadamente). Coloque a massa na fôrma, pressionando-a com os dedos, se necessário. Fure a base com um garfo. Leve ao forno por 10 minutos. Retire do forno.

4. Para o recheio, acrescente ¼ de xícara do xarope de bordo à panela de batata espremida. Misture bem o leite vegetal com o amido de milho e acrescente à panela. Coloque o cravo-da-índia, a noz-moscada, a pimenta-da-jamaica e 1 colher (chá) de canela, misturando tudo muito bem. Leve ao fogo, mexendo sempre, com um batedor de metal, por cerca de 2 minutos, até começar a fazer bolhas e ficar espesso.
5. Despeje o recheio sobre a torta parcialmente assada e leve ao forno a 190 °C. Asse por 45 minutos.
6. Misture as nozes-pecãs picadas, 1 colher (chá) de xarope de bordo e ¼ de colher (chá) de canela. Espalhe em cima da torta e leve-a de novo ao forno por mais 10 minutos.
7. Deixe esfriar ligeiramente antes de servir.

Nota: Você pode encontrar a farinha de noz-pecã em lojas de produtos naturais, em lojas especializadas ou *on-line*. Porém, você pode substituí-la por farinha de amêndoa ou de amendoim.

Variação: Para uma receita sem glúten, substitua 1½ xícara de farinha de trigo integral por 1¼ xícara de alguma mistura de farinhas sem glúten, e certifique-se de que os demais ingredientes não contenham glúten.

CADA PORÇÃO: 292 calorias, 4 g de proteína, 45 g de carboidrato, 11 g de gordura, 1 g de gordura saturada, 4 g de fibra, 23 g de açúcar, 75 mg de sódio
NUTRIENTES ESTRELADOS: riboflavina (31% VD), vitamina A (143% VD), vitamina C (12% VD), manganês (35% VD)

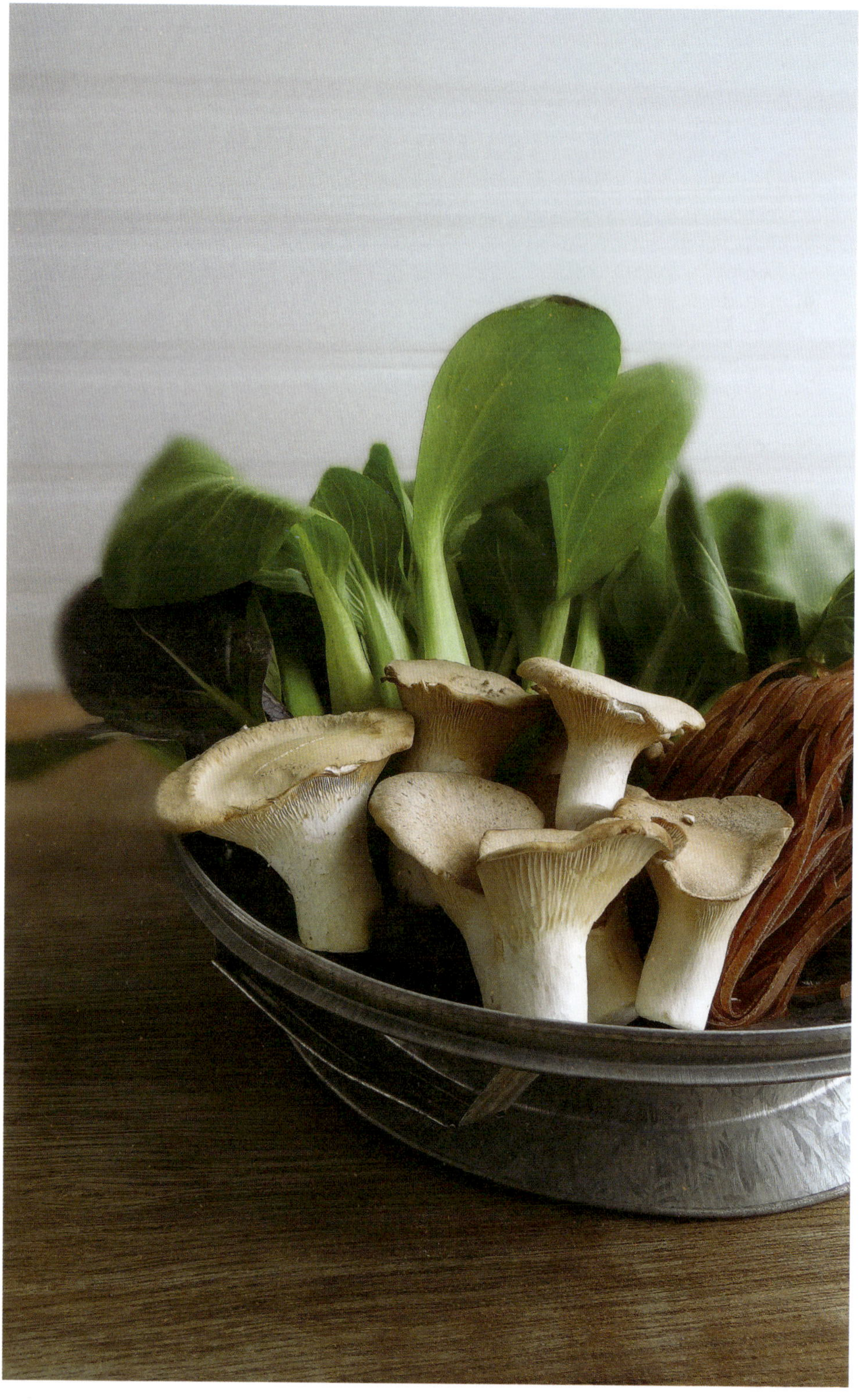

Coma o vegetal inteiro

Lentilha com cogumelos silvestres e brócolis
Borscht de beterraba e folhas de beterraba

Você tira a casca das cenouras e descarta as folhas da beterraba? Se a resposta for "sim", talvez você possa reavaliar essa sua prática. Saiba que os vegetais foram realmente muito inteligentes em sua luta pela sobrevivência. Para se proteger de predadores, esses alimentos armazenaram altos níveis de nutrientes e fitoquímicos em suas camadas exteriores e nas cascas (ver página 201). E, em suas sementes, eles desenvolveram camadas protetoras ricas em fibras, cheias de óleos e antioxidantes saudáveis, a fim de garantir a sobrevivência da nova planta que germinaria da semente. As folhas verdes são cheias de clorofila, que retém a energia da luz e fornece o alimento da planta, juntamente com muitas vitaminas e minerais essenciais aos seres humanos. Abaixo do solo, formam-se tubérculos e raízes graúdas, que armazenam energia e nutrientes para alimentar os brotos das plantas novas. Essas partes oferecem sustento e proteção para que os vegetais possam crescer e se desenvolver.

Todos esses componentes comestíveis dos vegetais têm sido uma fonte vital de nutrientes para os seres humanos ao longo de toda a sua história. Contudo, nos dias de hoje, nós muitas vezes rejeitamos as partes mais ricas em nutrientes dos vegetais – casca, sementes, folhas – para ficar apenas com o miolo mais doce e cheio de amido. Embora de fato nem toda planta comestível possa ser consumida inteira, muitas delas podem, com casca, polpa, semente, folhas e tudo o mais! Beterraba, cenoura e nabo são exemplos de vegetais que podem ser saboreados da raiz ao talo. Vale a pena cultivar o hábito de manter a casca dos vegetais sempre que possível. Não fique sem os nutrientes da casca do pepino, da batata, da maçã, da pera e da cenoura. Em muitos casos, basta uma boa esfregada na casca e pronto. Prefira vegetais cuja casca esteja intacta, o que inclui cereais integrais, leguminosas, lentilhas, ervilhas, frutas, pimentão, berinjela e chia. E consuma sucos que incluam a polpa fibrosa, as sementes e a casca das frutas e hortaliças. Simplificando: coma o vegetal inteiro e nada mais.

Lentilha com cogumelos silvestres e brócolis

- 10 minutos
- 39 minutos
- 6 porções (1⅓ xícara cada)

É difícil algo mais "integral" do que este prato com brócolis – um vegetal bem verde, cheio de nutrientes, cujos brotos, talos, folhas e tudo o mais podem ser consumidos. Ao prepará-lo com substanciosas lentilhas, torna-se uma excelente fonte de proteínas vegetais, fibras, vitaminas e minerais, que auxiliam a combater doenças crônicas. Sirva com uma salada vibrante, como a Salada de ervas e kiwi com pistache e molho de laranja (página 312) para incrementar a refeição.

1 colher (sopa) mais 1 colher (chá) de azeite extra virgem
1 cebola média picada
2 dentes de alho médios picados fino
uma pitada de pimenta-do-reino moída na hora
1 colher (chá) de tomilho seco
1 colher (chá) de mistura de ervas com baixo teor de sódio (ver página 359)
1 colher (sopa) de vinagre balsâmico
4 xícaras mais 3 colheres (sopa) de água
2 colheres (chá) de caldo de legumes com baixo teor de sódio (ver página 359)
2 xícaras de lentilhas verdes
½ xícara de cogumelos secos
1 maço de brócolis picado grosseiramente (ver Nota)

1. Em uma frigideira, aqueça 1 colher (sopa) de azeite em fogo médio. Acrescente a cebola e refogue por 6 minutos.
2. Junte o alho, a pimenta-do-reino, o tomilho, a mistura de ervas e o vinagre, cozinhando por mais 1 minuto.
3. Em uma panela grande, junte as 4 xícaras de água e o caldo. Tampe a panela e ferva em fogo alto.
4. Com o cuidado de não derramar o líquido do fundo, transfira a mistura de cebola da frigideira para a panela de água. Reserve o líquido da frigideira. Adicione as lentilhas e os cogumelos, tampe a panela e abaixe o fogo para médio. Cozinhe por 20 minutos, aproximadamente, até as lentilhas ficarem macias, mas ainda inteiras.

5. Aproximadamente 6 minutos antes de as lentilhas ficarem no ponto, acrescente 1 colher (chá) de azeite e 3 colheres (sopa) de água à frigideira com o líquido reservado, em fogo médio a alto. Coloque o brócolis, tampe a frigideira e cozinhe por 5 a 6 minutos, até ficar macio e de um verde vivo.
6. Para servir, arrume as lentilhas em uma travessa com o brócolis por cima.

Nota: O brócolis mais adequado a esta receita é o brócolis-rapini, mas ele pode ser substituído pelo brócolis ramoso, também conhecido como brócolis comum (é aquele que possui ramos longos), ou pelo ninja.

CADA PORÇÃO: 331 calorias, 19 g de proteína, 57 g de carboidrato, 4 g de gordura, 0,5 g de gordura saturada, 23 g de fibra, 4 g de açúcar, 15 mg de sódio
NUTRIENTES ESTRELADOS: ácido fólico (95% VD), niacina (23% VD), riboflavina (26% VD), tiamina (40% VD), vitamina A (13% VD), vitamina B6 (29% VD), vitamina C (26% VD), vitamina K (234% VD), ferro (32% VD), magnésio (29% VD), manganês (17% VD), fósforo (12% VD), potássio (30% VD), zinco (31% VD)

Borscht de beterraba e folhas de beterraba

- 19 minutos
- 41 minutos
- 8 porções (1¼ xícara cada, aproximadamente)

Mesmo nas regiões de clima frio, as pessoas há muito descobriram como cultivar as hortaliças e valorizá-las, considerando a sua importância para a saúde e o sustento. Este modesto prato do Leste Europeu tem como base a beterraba e o repolho. Na minha versão, incluo uma das partes mais nutritivas da beterraba – as suas folhas, que dão um toque de um sabor bem verde e pungente. Esta sopa de cor fúcsia, cheia de fitoquímicos poderosos, é perfeita para combinar com um sanduíche quente, um hambúrguer vegetariano ou um wrap. Aprenda uma lição com esta receita: não jogue fora as folhas da beterraba! Elas propiciam um delicioso sabor amargo e nutrientes poderosos para as suas refeições.

1 maço de beterrabas com os talos e as folhas (4 beterrabas grandes)
1½ colher (chá) de azeite extra virgem
2 cenouras médias cortadas em tiras finas
1 cebola grande cortada em anéis
½ repolho médio fatiado fino
5 xícaras de água
2 cubos de caldo de legumes com baixo teor de sódio
2 folhas de louro
suco de ½ limão-siciliano
pimenta-do-reino moída na hora, a gosto
2 colheres (sopa) de cebolinha picada

1. Retire as folhas e os talos das beterrabas e reserve-os. Apare as pontas das beterrabas, retire os pontos duros da casca e esfregue-as bem. Fatie-as em palitinhos.
2. Coloque o azeite em uma panela grande em fogo médio, acrescente as beterrabas, as cenouras e a cebola. Refogue por 8 minutos, mexendo de vez em quando.
3. Junte o repolho, a água, o caldo e as folhas de louro. Mexa bem, tampe a panela e cozinhe por 20 minutos, até as hortaliças ficarem tenras.
4. À parte, pique grosseiramente as folhas e os talos das beterrabas. Acrescente-os na sopa junto com o suco de limão. Tampe a panela e deixe cozinhar por 2 minutos, até as folhas murcharem um pouco mas ainda conservarem a cor viva. Tempere com pimenta, a gosto. Antes de servir, retire as folhas de louro e decore a sopa com a cebolinha.

Coma o vegetal inteiro

Nota: O borscht tradicional costuma ser servido com uma colherada de creme de leite azedo. Se assim preferir, você pode usar um creme azedo vegetal (industrializado ou caseiro; ver página 358) ou uma colherada de um iogurte vegetal sem açúcar, como o de soja.

CADA PORÇÃO: 61 calorias, 2 g de proteína, 12 g de carboidrato, 1 g de gordura, 0 g de gordura saturada, 4 g de fibra, 4 g de açúcar, 169 mg de sódio
NUTRIENTES ESTRELADOS: ácido fólico (11% VD), vitamina A (53% VD), vitamina C (73% VD), vitamina K (147% VD), manganês (13% VD), potássio (13% VD)

*Wraps de alface
à moda tailandesa*

Cultive as bactérias boas

Feijão-preto e milho picante
Arroz-doce integral com banana e coco
Wraps de alface à moda tailandesa

O nosso corpo contém uma grande diversidade de bactérias vivas – temos cerca de dez vezes mais bactérias do que células no nosso organismo. A coleção de bactérias em nosso intestino – conhecida como microbiota – é vital para a nossa saúde. As bactérias intestinais estão sempre em guerra, nossas aliadas no combate a invasores maléficos e patógenos. A importância dessa microbiota intestinal humana vem sendo evidenciada por cientistas: ela tem um papel importante na digestão, mas também em funções imunológicas e mesmo na prevenção de doenças. Estudos recentes têm até mesmo relacionado a microbiota intestinal com o peso – em geral, pessoas obesas teriam bactérias diferentes daquelas apresentadas por pessoas magras. Além disso, vem sendo evidenciada uma função até então desconhecida das bactérias intestinais: há indícios de que elas "destravam" os fitoquímicos, transformando-os em poderosos compostos bioativos que combatem doenças (ver página 201 para mais informações sobre fitoquímicos).

Essas nossas bactérias aliadas necessitam de alimentos para sobreviver e se multiplicar. E o que elas comem? Vegetais ricos em fibras. Por essa razão, os norte-americanos, que têm uma alimentação com baixos teores de fibras e baseada em muitos alimentos industrializados, tendem a apresentar menos bactérias boas no intestino. No entanto, se for analisada a microbiota de um habitante de uma comunidade rural da África, cuja dieta é baseada sobretudo em vegetais e inclui alimentos fermentados (ver página 321), ricos em bactérias vivas, é provável que se encontre uma prolífica comunidade de bactérias boas.

Você tem um microbioma intestinal próprio – a sua comunidade particular de bactérias. E você pode mudar a cara dela incrementando a sua alimentação com muitos vegetais integrais e ricos em fibra. Apenas 5% dos norte-americanos conseguem atingir a meta recomendada de fibras (25 g por dia para mulheres e 38 g por dia para homens). No entanto, se você tiver uma alimentação à base de vegetais integrais, é fácil ultrapassar essa meta. Entre as melhores fontes de fibras, estão: feijão, lentilha, ervilha e cereais integrais, como trigo, aveia, centeio e quinoa. Ajude essas amistosas bactérias alimentando-as com aquilo de que precisam: vegetais ricos em fibras.

Feijão-preto e milho picante

- 🕐 10 minutos
- 🕑 1 hora e 20 minutos
(tempo de molho não incluído)
- 🍴 8 porções
(1 xícara cada, aproximadamente)

Uma das melhores maneiras de alimentar nossas bactérias amigas é acrescentar mais leguminosas ricas em fibras na alimentação. Esses alimentos agem como probióticos em nosso intestino, encorajando a proliferação de bactérias benéficas que melhoram as funções digestivas, além de abastecer as funções imunológicas. O sabor deste feijão-preto picante se sobressai, fazendo deste prato do sudoeste dos Estados Unidos uma opção excelente para um dia frio, servido com pão de milho e uma deliciosa salada, como a Salada tropical de repolho-roxo e espelta (página 92). E o melhor é que você pode despejar todos os ingredientes em uma panela elétrica (slow cooker), programá-la e ser recebido ao final do dia com uma refeição caseira e muito satisfatória.

454 g de feijão-preto
5 xícaras de água e mais um pouco para deixar o feijão de molho
1 cubo de caldo de legumes com baixo teor de sódio
2 xícaras de milho verde congelado
1 cebola amarela média picada
170 g de massa de tomate
3 dentes de alho médios picados
½ colher (sopa) de xarope de bordo (maple syrup)
1 colher (sopa) de molho barbecue
¼ de colher (chá) de pimenta calabresa
1 colher (chá) de pimenta vermelha chili em pó
¼ de colher (chá) de cúrcuma em pó
½ colher (chá) de cominho em pó
uma pitada de sal marinho (opcional)

1. Cubra o feijão-preto de água e deixe de molho da noite para o dia.
2. Escorra o feijão e jogue a água fora. Coloque o feijão em uma panela grande, acrescente 5 xícaras de água, o caldo de legumes, o milho, a cebola, a massa de tomate, o alho, o xarope de bordo, o molho barbecue, a pimenta calabresa, a pimenta vermelha, a cúrcuma, o cominho e o sal marinho, a gosto.
3. Tampe a panela e cozinhe em fogo alto até quase ferver, depois abaixe o fogo para médio. Cozinhe por 1 hora e 10 minutos, aproximadamente, mexendo de vez em quando, até engrossar e o feijão ficar tenro. Talvez seja necessário repor a água evaporada, mas a textura deve ser espessa e semelhante à de um cozido.

Nota: Depois de deixar o feijão de molho, você pode colocar todos os ingredientes em uma panela elétrica (slow cooker) e cozinhar por 4 a 5 horas na potência alta ou por 8 a 10 horas na potência baixa.

Variações: Substitua o feijão-preto por feijão-carioca ou faça uma combinação deles.

CADA PORÇÃO: 258 calorias, 14 g de proteína, 51 g de carboidrato, 1 g de gordura, 0 g de gordura saturada, 11 g de fibra, 6 g de açúcar, 86 mg de sódio
NUTRIENTES ESTRELADOS: ácido fólico (68% VD), niacina (13% VD), riboflavina (10% VD), tiamina (37% VD), vitamina B6 (15% VD), vitamina C (12% VD), ferro (20% VD), magnésio (29% VD), potássio (33% VD), zinco (16% VD)

Arroz-doce integral com banana e coco

🕐 14 minutos
🕐 47 minutos
(tempo de resfriamento não incluído)
🍴 8 porções
(¾ de xícara cada)

Outro importante grupo de probióticos – alimentos que auxiliam as bactérias boas presentes no nosso intestino – são os cereais integrais, ricos em uma variedade de fibras que cuidam da saúde. Você talvez ache que o café da manhã é a oportunidade mais adequada para incluir cereais integrais na sua alimentação, mas saiba que é possível consumi-los em outros momentos, até na sobremesa. A minha mãe fazia um doce de banana simples, que sempre foi uma das minhas sobremesas preferidas. Tomei emprestado um toque da receita original dela, mas incluí o arroz integral.

1 xícara de arroz basmati integral
2⅓ xícaras de água
2 xícaras de leite vegetal sabor baunilha
1 colher (chá) de essência de baunilha
1 colher (sopa) de amido de milho
½ colher (chá) de canela em pó
½ colher (chá) de pimenta-da-jamaica em pó
2 colheres (sopa) de xarope de agave
4 bananas pequenas maduras
⅓ de xícara de coco ralado ou em flocos, sem açúcar

1. Coloque o arroz e a água em uma panela, tampe, leve ao fogo e cozinhe por 30 minutos, mexendo de vez em quando. Escorra a água que sobrar.
2. À parte, em uma tigela média, misture o leite à base de coco, a baunilha e o amido de milho com um batedor manual, até ficar homogêneo.
3. Acrescente ao arroz já cozido e escorrido a mistura de leite, a canela, a pimenta-da-jamaica e o agave, e continue cozinhando e mexendo de vez em quando por 15 minutos, até a mistura engrossar e ficar com a consistência de um mingau, e o arroz, molinho.
4. Amasse 2 das bananas com um garfo e misture no arroz cozido.
5. Transfira o mingau para uma travessa de servir, cubra com um filme de PVC bem aderido à superfície para não formar película e leve à geladeira por 2 horas, aproximadamente.
6. Quando ficar pronto para servir, corte as 2 bananas restantes em rodelas de 1 cm. Cubra o doce com os pedaços de banana e o coco.

Variação: Substitua a banana por outras frutas, como pêssego, abacaxi ou manga, usando metade da fruta em purê no passo 4 e a outra metade em pedaços no passo 6.

....

CADA PORÇÃO: 188 calorias, 3 g de proteína, 37 g de carboidrato, 4 g de gordura, 3 g de gordura saturada, 3 g de fibra, 13 g de açúcar, 15 mg de sódio
NUTRIENTES ESTRELADOS: vitamina B6 (16% VD), cálcio (23% VD), ferro (115% VD), magnésio (12% VD), manganês (57% VD), fósforo (12% VD)

Ver foto na página 246

Mude sua dieta em 52 passos simples

Wraps de alface à moda tailandesa

🕘 21 minutos
🕒 21 minutos
🍴 6 porções
(1 wrap de alface cada)

A culinária tailandesa oferece sabores ousados e frescos em refeições frequentemente veganas. Neste prato tradicional, uma folha de alface-americana crocante é usada para embrulhar uma combinação aromática e picante de cebola, cenoura, cogumelos, repolho e tempeh. O tempeh, feito à base de soja e bastante tradicional na Indonésia, é um exemplo de alimento fermentado que pode auxiliar no aumento dos níveis de bactérias aliadas do nosso organismo. Esses wraps ricos em fibras são ótimos quentes, mas também ficam bons frios, no dia seguinte, na marmita do almoço.

2 colheres (chá) de óleo de amendoim
½ cebola roxa média picada
3 dentes de alho médios picados
1 colher (chá) de gengibre fresco picado
¼ de colher (chá) de pimenta calabresa
113 g de tempeh picado
1 cenoura média ralada
6 cogumelos-de-paris médios picados fino
1 xícara de acelga rasgada
2 colheres (sopa) de shoyu com baixo teor de sódio
1 colher (sopa) de xarope de agave
suco de 1 limão-taiti médio
3 cebolinhas picadas
⅓ de xícara de amendoim picado
3 colheres (sopa) de hortelã fresca picada
3 colheres (sopa) de coentro fresco picado
1 pé de alface-americana

1. Em uma wok ou frigideira grande, aqueça o óleo de amendoim em fogo médio.
2. Acrescente a cebola e frite por 5 minutos.
3. Adicione o alho, o gengibre, a pimenta calabresa, o tempeh, a cenoura, os cogumelos, a acelga, o shoyu, o xarope de agave, o suco de limão, a cebolinha, o amendoim, a hortelã e o coentro. Refogue por mais 5 a 6 minutos. Não cozinhe demais. As hortaliças devem ficar crocantes e brilhantes.
4. Lave e limpe a alface-americana, descartando qualquer folha que esteja murcha ou machucada. Retire 6 folhas inteiras da alface.
5. Para fazer os wraps de alface, recheie cada folha com ⅙ da mistura quente de vegetais (cerca de ½ xícara generosa cada), usando uma escumadeira. Enrole a folha como se fosse um charuto e sirva quente (com a emenda virada para baixo).

Nota: Sirva quente ou frio no dia seguinte. Para que o wrap frio fique melhor, conserve o recheio e as folhas de alface separados, e monte os wraps poucas horas antes de servir.

Variação: Substitua o tempeh por tofu, escorrido e prensado (ver página 115).

CADA PORÇÃO: 159 calorias, 9 g de proteína, 15 g de carboidrato, 8,5 g de gordura, 1,5 g de gordura saturada, 3 g de fibra, 7 g de açúcar, 208 mg de sódio
NUTRIENTES ESTRELADOS: ácido fólico (19% VD), niacina (13% VD), riboflavina (12% VD), tiamina (10% VD), vitamina A (51% VD), vitamina B6 (13% VD), vitamina C (23% VD), vitamina K (57% VD), cobre (15% VD), ferro (12% VD), magnésio (13% VD), manganês (33% VD), molibdênio (12% VD), fósforo (16% VD), potássio (10% VD)

Mexido de tofu Califórnia

Fortaleça os ossos com alimentos de origem vegetal   36

Mexido de tofu Califórnia
Polenta com folhas de mostarda

Uma das coisas mais importantes para cuidar da saúde é conservar os ossos fortes e saudáveis. Doenças como a osteoporose podem deixar os ossos frágeis e quebradiços, gerando dor, deformidades e deficiências à medida que envelhecemos. O que colocamos em nosso prato, dia após dia, pode ter um impacto gigantesco na solidez da nossa ossatura. Para quem se alimenta predominantemente de alimentos de origem vegetal é ainda mais importante prestar atenção à escolha dos alimentos, pois alguns estudos têm apontado o vínculo entre dietas vegetarianas (sobretudo a vegana) e uma menor densidade de minerais nos ossos.

Provavelmente, você já ouviu dizer que o cálcio é um mineral importante para a saúde dos ossos. Se você consome laticínios, é fácil obter o cálcio de que precisa com duas ou três porções diárias. Se não consome, ainda assim é possível obter cálcio de uma dieta verde, como fazem muitas pessoas com intolerância à lactose mundo afora. Basta procurar consumir diariamente de duas a três porções de outros alimentos ricos em cálcio: leite de soja enriquecido, tofu, suco de laranja, folhas verde-escuras, amêndoas e brócolis.

No entanto, a nutrição óssea não se restringe ao cálcio. A vitamina D pode ser tão importante quanto ele, pois também desempenha um papel no desenvolvimento ósseo. Os nossos antepassados costumavam obter muita vitamina D do sol, já que a nossa pele converte os raios solares nessa vitamina fundamental. Nos dias atuais, porém, muita gente trabalha em ambientes fechados, com o corpo coberto por várias camadas de roupas, e vive em lugares onde nem sempre recebe luz solar suficiente o ano todo. Assim, contamos com a vitamina D disponível principalmente no leite enriquecido, embora ela também possa ser encontrada nos peixes. Se você consome laticínios, consegue obter a sua vitamina D no leite. No entanto, se não consome, pode obtê-la no leite de soja enriquecido, no suco de laranja, em cogumelos expostos ao sol (ver página 301) e expondo-se ao sol 10 minutos por dia.

Se você está preocupado com o suprimento das suas necessidades de cálcio e vitamina D, considere os suplementos. Outros nutrientes também auxiliam a saúde óssea, o que inclui o magnésio e as vitaminas C e K, disponíveis em frutas, hortaliças, cereais integrais, oleaginosas, sementes e leguminosas. Na verdade, comer frutas e hortaliças em abundância também tem sido associado, por algumas pesquisas, à proteção dos ossos. Há indícios de que os fitonutrientes, que apresentam propriedades antioxidantes poderosas, também podem auxiliar a reforçar os ossos. Portanto, deixe os seus ossos mais fortes com uma variedade de alimentos verdes e chacoalhe o esqueleto à vontade!

Ver foto na página 254

Mude sua dieta em 52 passos simples

Mexido de tofu Califórnia

- 12 minutos
- 14 minutos
- 4 porções (1¼ xícara cada, aproximadamente)

Reforce o poder da soja na sua alimentação! Em vez de se valer de proteínas de origem animal, como frango, ovos ou carne, simplesmente inclua na sua dieta o tofu, um alimento asiático tradicional feito de grãos de soja. Este mexido de tofu, cheio de hortaliças frescas, é a solução vegetal perfeita para um café da manhã preguiçoso no final de semana ou para uma refeição simples ao fim de um longo dia. Sirva com torradas, tortilhas ou pão sírio integral e com uma colherada de homus, obtendo, assim, mais proteínas e mais sabor.

1 colher (chá) de azeite extra virgem
½ cebola roxa ou branca média picada
1 abóbora amarela pequena picada
1 abobrinha italiana pequena picada
½ pimentão médio (vermelho, amarelo ou verde) picado
1 dente de alho médio picado
227 g de tofu extra firme, escorrido e cortado em pedaços pequenos
    (para um resultado melhor, prensado; ver página 115)
½ colher (chá) de cominho em pó
½ colher (chá) de mistura de ervas com baixo teor de sódio (ver página 359)
uma pitada de sal kosher (opcional)
½ abacate pequeno maduro sem casca fatiado
3 colheres (sopa) de coentro fresco ou 1 colher (chá) de coentro seco

1. Aqueça o azeite em uma frigideira grande em fogo médio
2. Acrescente a cebola, a abóbora, a abobrinha e o pimentão. Refogue por 5 minutos.
3. Acrescente o alho, o tofu, o cominho, a mistura de ervas e o sal, a gosto, e refogue por mais 5 minutos.
4. Retire do fogo e divida em quatro porções. Decore com o abacate fatiado e o coentro.

Nota: Você pode substituir o tofu por 425 g de feijão ou outra leguminosa (feijão-carioca, feijão-preto, feijão-branco ou grão-de-bico) cozida, acrescentando-a no passo 3.

....

CADA PORÇÃO: 166 calorias, 9 g de proteína, 9 g de carboidrato, 12 g de gordura, 2 g de gordura saturada, 5 g de fibra, 3 g de açúcar, 10 mg de sódio
NUTRIENTES ESTRELADOS: ácido fólico (12% VD), vitamina B6 (10% VD), vitamina C (57% VD), vitamina K (18% VD), cálcio (10% VD), ferro (11% VD), magnésio (13% VD), potássio (14% VD)

Polenta com folhas de mostarda

- 20 minutos
- 20 minutos
- 8 porções
  (½ xícara de polenta e ¾ de xícara de verdura cada)

Sou muito ligada às comidinhas reconfortantes do sul dos Estados Unidos graças à minha mãe, que é do Arkansas e costumava preparar esta saborosa polenta com verduras – a sua especialidade – com frequência. Este prato une dois itens sulistas em um cozido simples e muito nutritivo. A verdura amarga e a cebola caramelizada combinam perfeitamente com a polenta cremosa. Acrescente uma guarnição de feijão-fradinho cozido e você terá uma divina combinação de alimentos de origem vegetal. A grande quantidade de verduras coloca este prato acima de qualquer outro em termos de nutrientes bons para os ossos, como o cálcio e a vitamina K.

3 xícaras de água
1 xícara de flocos de milho crus (ver Nota)
1 cubo de caldo de legumes com baixo teor de sódio
¾ de xícara de leite vegetal sem açúcar
1 colher (sopa) de azeite extra virgem
1 cebola grande picada
2 dentes de alho médios picados fino
uma pitada de pimenta-de-caiena em pó (ver Nota)
1 colher (chá) de sal de aipo
½ colher (chá) de mostarda em pó
2 maços de folhas de mostarda (567 g, aproximadamente) picadas grosseiramente
1 colher (sopa) de gergelim torrado

1. Em uma panela pequena com tampa, leve à fervura 3 xícaras de água em fogo alto. Abaixe o fogo para médio, acrescente os flocos de milho e o caldo de legumes e misture com um batedor para ficar homogêneo. Tampe a panela e cozinhe por 6 minutos, mexendo sempre com um batedor para que não grude nem encaroce. Junte o leite vegetal, cozinhe por cerca de 2 minutos e, então, tampe a panela e retire-a do fogo. Reserve.
2. Enquanto cozinha a polenta, aqueça o azeite em uma frigideira bem grande ou em uma panela. Adicione a cebola e refogue por 3 minutos. Junte o alho, a pimenta-de-caiena, o sal de aipo e a mostarda em pó, refogando por mais 3 minutos. Despeje as folhas de mostarda picadas na panela e cozinhe por mais 4 a 5 minutos, até a verdura murchar um pouco mas continuar de um verde vivo. Deixe o volume da verdura reduzir antes de começar a mexer.

3. Despeje a polenta em uma travessa larga ou panela de barro, espalhe a mostarda cozida por cima e salpique o gergelim torrado. Sirva imediatamente.

Nota: Prefira flocos de milho integrais, feitos do milho inteiro. De acordo com a marca, ajuste a quantidade de água, conforme as instruções da embalagem. Aumente a quantidade de pimenta-de-caiena, se preferir mais picante.

Variações: Experimente usar verduras silvestres, como dente-de-leão, azedinha, agrião, ora-pro-nóbis ou jambu. Talvez seja necessário mais ou menos tempo de cozimento no passo 2, dependendo do tipo de verdura.

....

CADA PORÇÃO: 128 calorias, 4 g de proteína, 21 g de carboidrato, 3 g de gordura, 0 g de gordura saturada, 4 g de fibra, 1 g de açúcar, 223 mg de sódio
NUTRIENTES ESTRELADOS: ácido fólico (30% VD), vitamina A (142% VD), vitamina C (156% VD), vitamina K (393% VD), cálcio (19% VD), ferro (12% VD), manganês (18% VD), potássio (11% VD)

Frigideira de tempeh e noodle com couve-chinesa

Fique de bem com a soja

Ratatouille de tofu
Frigideira de tempeh e noodle com couve-chinesa

"Ouvi dizer que soja é perigoso." De vez em quando ouço isso. Se existe um alimento com reputação ruim, definitivamente é a soja. Existem centenas de sites falando mal dela, dizendo que causa câncer de mama, que efemina os homens e muito mais. No entanto, a soja, cuja história remonta ao ano 1100 a.C. na China, é uma das plantas alimentícias mais perfeitas do planeta – se alguém pudesse escolher apenas um alimento para sobreviver em uma ilha deserta, a soja talvez fosse a melhor escolha. Ela não é só rica em proteínas (proteínas "completas", com um bom equilíbrio de todos os aminoácidos essenciais), mas é também uma fonte abundante de doze vitaminas e minerais essenciais, além de fibras. A soja contém fitonutrientes especiais chamados isoflavonas, que, segundo indícios científicos, parecem guardar propriedades antioxidantes especiais, que auxiliam a prevenir doenças ósseas, doenças cardíacas e câncer.

Essas isoflavonas, que são fitoestrógenos (estrógenos vegetais), estão por trás de toda essa confusão com a soja. No entanto, no Japão a maior parte das pessoas consome soja diariamente em alimentos como o tofu, o missô e o natô (soja fermentada), e o país apresenta as mais altas taxas de longevidade (e as mais baixas taxas de câncer de próstata e de mama) entre os países industrializados, de acordo com análises recentes.

O American Institute for Cancer Research [Instituto Norte-americano de Pesquisa do Câncer] passou a afirmar que consumir uma ou duas porções diárias de alimentos à base de soja é seguro (alguns estudos até chegam a falar em três porções). Recomendo a escolha de alimentos de soja integral que sejam minimamente processados, como o edamame (o grão de soja verde, ainda na vagem), soja cozida, soja torrada, pasta de soja, tofu, leite de soja, tempeh (grãos de soja fermentados) e missô. Também é possível encontrar muitos produtos que imitam a carne, como "bacon de soja", "hambúrguer de soja" e "linguiça de soja", que costumam ser feitos de proteína de soja. Embora não haja problema em conservá-los na geladeira como uma solução fácil e saborosa para a hora da refeição, prefira obter o máximo da soja de suas formas menos processadas.

Ratatouille de tofu

- 22 minutos
- 1 hora e 7 minutos
- 8 porções
  (1 xícara cada, aproximadamente)

O tofu – rico em proteínas, versátil e simples – é o melhor amigo das pessoas que se alimentam de vegetais poderosos. Ele pode ser adicionado a inúmeros pratos, complementando os sabores dos alimentos com os quais for combinado. Neste cozido de hortaliças, tradicional na Provença, França, o tofu complementa os sabores naturais de hortaliças que amadureceram ao sol, como a berinjela, o tomate, a abobrinha e o pimentão. Essa mistura rica se sustenta sozinha como prato principal, sobretudo se acompanhada por uma massa integral ou por farro cozido no vapor.

1 colher (sopa) de azeite extra virgem
1 cebola grande picada
2 dentes de alho médios picados fino
548 g de berinjela picada
2 abobrinhas italianas médias picadas
1 pimentão médio (verde ou amarelo) picado
226 g de tofu extra firme, escorrido e fatiado (para um resultado melhor, prensado; ver página 115)
1 colher (chá) de manjericão seco
411 g de tomate pelado em cubos, sem sal, com o líquido
1 xícara de molho de tomate tipo marinara
1 colher (sopa) de alcaparras lavadas e escorridas
pimenta-do-reino moída na hora, a gosto
uma pitada de sal marinho (opcional)
¼ de xícara de salsinha fresca picada

1. Aqueça o azeite em uma panela larga ou em um caldeirão em fogo médio. Acrescente a cebola e refogue por 7 minutos, mexendo sempre.
2. Junte o alho, a berinjela, a abobrinha, o pimentão e o tofu e cozinhe por mais 10 minutos.
3. Preaqueça o forno a 180 °C.
4. Junte o manjericão, o tomate, o molho, as alcaparras, a pimenta-do-reino e, se desejar, o sal na mistura de hortaliças e cozinhe por mais 1 a 2 minutos, até borbulhar.

5. Transfira essa mistura para uma travessa refratária grande (22 × 33 cm, aproximadamente) ou deixe-a no caldeirão e leve ao forno por 45 minutos, sem tampar, até as hortaliças ficarem tenras. Mexa a cada 15 minutos para distribuir o líquido.
6. Retire o prato do forno, espalhe a salsinha e sirva imediatamente.

Variações: Sem o tofu, este prato pode ser considerado um acompanhamento à base de hortaliças. Para preparar um ratatouille de feijão com tofu, acrescente 425 g de feijão-branco ou de grão-de-bico cozido e escorrido no passo 4.

CADA PORÇÃO: 115 calorias, 6 g de proteína, 15 g de carboidrato, 4 g de gordura, 0,5 g de gordura saturada, 5 g de fibra, 7 g de açúcar, 294 mg de sódio
NUTRIENTES ESTRELADOS: ácido fólico (11% VD), niacina (12% VD), vitamina A (21% VD), vitamina B6 (14% VD), vitamina C (85% VD), vitamina K (51% VD), magnésio (10% VD), manganês (20% VD), potássio (20% VD)

Ver foto na página 260

Mude sua dieta em 52 passos simples

Frigideira de tempeh e noodle com couve-chinesa

- 18 minutos
- 18 minutos
- 6 porções (1 xícara cada, aproximadamente)

Os derivados de soja há muito são uma tradição respeitada na Ásia. Por exemplo, o tempeh remonta a uns 200 anos, e ainda aparece como a mais importante fonte de proteínas na Indonésia. Neste refogado, ele oferece uma outra dimensão de sabores. Cheia de vegetais crocantes e condimentos tailandeses, esta refeição completa e simples é um exemplo dos aromas e dos benefícios à saúde proporcionados por alimentos à base de soja integral. Além disso, é possível preparar esta saudável refeição de inspiração tailandesa em menos tempo do que você gastaria se pedisse em um delivery tailandês.

4 xícaras de água
227 g de macarrão de arroz integral (por exemplo, pad thai)
1 colher (chá) de óleo de amendoim
1 colher (sopa) de tempero apimentado tailandês vegetariano (thai chili paste; ver Nota)
2 dentes de alho médios
½ colher (chá) de cúrcuma em pó
½ colher (chá) de gengibre fresco picado fino
1 colher (chá) de coentro em pó
1 colher (chá) de cominho em pó
½ colher (chá) de cardamomo em pó
¼ de colher (chá) de cravo-da-índia em pó
½ colher (chá) de canela em pó
1 xícara de leite de coco light (bem misturado antes de medir)
1 pimentão (amarelo ou vermelho) médio picado
1 xícara de cogumelos picados
227 g de tempeh em cubos (ver Nota)
2 colheres (sopa) de shoyu com baixo teor de sódio
¾ de xícara de cebolinhas picadas
170 g de couve-chinesa baby (bok choy) sem a ponta, folhas separadas
1 limão-taiti médio cortado em quartos
½ xícara de coentro fresco picado

1. Em uma panela média, leve água à fervura em fogo alto. Adicione o macarrão de arroz e cozinhe em fogo médio de acordo com as orientações da embalagem (não cozinhe demais). Escorra e passe a massa rapidamente na água fria. Reserve.
2. À parte, em uma frigideira larga ou wok, aqueça o óleo de amendoim em fogo médio. Coloque o tempero apimentado, o alho, a cúrcuma, o gengibre, o coentro em pó, o cominho, o cardamomo, o cravo-da-índia, a canela e 2 colheres (sopa) de leite de coco. Cozinhe por 1 minuto, misturando para formar uma pasta.
3. Acrescente o pimentão, os cogumelos e o tempeh e refogue por 3 minutos.
4. Misture o shoyu e o restante do leite de coco, misturando bem.
5. Junte o macarrão cozido e escorrido e ½ xícara da cebolinha picada e mexa bem. Disponha as folhas de couve-chinesa por cima, tampe a panela e cozinhe por mais 3 a 4 minutos, até esquentar toda a mistura e as folhas de couve ficarem tenras, mas não molengas e sem cor (não cozinhe demais, para não murcharem).
6. Decore a frigideira com os quartos de limão, o coentro fresco e o ¼ de xícara restante da cebolinha picada.

Nota: O tempero apimentado tailandês (thai chili paste) pode ser encontrado em alguns supermercados ou lojas de produtos orientais ou mesmo *on-line*. Leia a lista de ingredientes, pois alguns levam ingredientes não vegetarianos. O tempeh pode ser encontrado na seção refrigerada de lojas de produtos naturais e orientais (geralmente, junto do tofu).

Variação: Você pode substituir o macarrão de arroz por outra massa oriental de sua preferência, como soba, ramen ou udon, cozinhando-a de acordo com as instruções da embalagem, no passo 1. Também pode substituir o tempeh por tofu extra firme (para um resultado melhor, prensado; ver página 115).

CADA PORÇÃO: 270 calorias, 11 g de proteína, 41 g de carboidrato, 8 g de gordura, 3 g de gordura saturada, 5 g de fibra, 4 g de açúcar, 380 mg de sódio
NUTRIENTES ESTRELADOS: riboflavina (14% VD), vitamina A (29% VD), vitamina C (75% VD), vitamina K (23% VD), cálcio (10% VD), ferro (12% VD), magnésio (11% VD), manganês (41% VD), fósforo (14% VD), potássio (12% VD)

Succotash de verão
com tomate

Respeite os alimentos nativos

Feijão-rajado com milho à moda cajun
Succotash de verão com tomate

Quase todos os tipos de plantas alimentícias, das verduras às leguminosas, apresentam centenas – às vezes milhares – de variedades. Todas essas plantas comestíveis têm sua origem em plantas silvestres, cujas sementes foram, aos poucos, viajando pelo mundo afora. Depois, os agricultores cruzaram essas plantas para produzir mudas melhores e guardaram as sementes mais especiais – as de tomates de cores maravilhosas ou as de leguminosas carnudas. Como os agricultores guardaram tais tesouros e os passaram adiante como se fossem um legado, essas sementes ficaram conhecidas como "heirlooms" [em português, "relíquias de herança"] ou "nativas". A preservação delas implica que existem muitas variedades distintas e maravilhosas de plantas comestíveis, que oferecem um leque magnífico de sabores, texturas e nutrientes.

Infelizmente, o nosso vocabulário limita a maior parte dos vegetais a uma variedade apenas. Talvez você só conheça o alimento padrão, como os tomates vermelhos comuns – o tomate carmem, por exemplo – ou a cenoura comprida e alaranjada. No entanto, as variedades rústicas e nativas incluem outros tipos dessas hortaliças, como tomates arroxeados e cenouras amarelas e arredondadas. A quinoa se apresenta em tons de vermelho e preto; as lentilhas podem ser tingidas de um alegre amarelo, rosa ou verde; e os rabanetes podem ter listras rosadas e brancas. Em muitos casos, as variedades nativas dos vegetais são ainda mais ricas em antioxidantes do que seus primos mais conhecidos.

Ao longo dos anos, muitas dessas variedades nativas de vegetais se perderam, já que os supermercados estocavam apenas as variedades mais populares. Mas elas estão voltando. Hoje em dia, é possível encontrar variedades nativas e rústicas de grãos, leguminosas, lentilhas, hortaliças e frutas no cardápio dos mais sofisticados restaurantes, bem como em feiras de produtores, em alguns supermercados e quitandas e em catálogos de sementes de horticultores e jardineiros. Fornecedores *on-line* têm estoques de variedades nativas de milho, grãos, leguminosas e lentilhas, como o feijão-rajado e o milho crioulo, propiciando mais flexibilidade nas escolhas alimentares diárias. Eu tenho, na minha despensa, uma série de ingredientes nativos nutritivos. Gosto muito dos seus nomes pitorescos e das suas histórias. Sem contar o fato de que eles propiciam uma grande diversidade à minha alimentação – e podem fazer isso com a sua. Lembre-se: se você comprar, vão cultivar!

Feijão-rajado com milho à moda cajun

🕐 14 minutos

🕐 1 hora e 45 minutos
(tempo de molho não incluído)

🍴 8 porções
(1 xícara cada, aproximadamente)

Se tiver a sorte de encontrar esse feijão meio marrom e rajado – disponível a granel em algumas lojas de produtos naturais e mercados municipais –, agarre-o! Ele é um exemplo dessas maravilhosas variedades de leguminosas que foram descobertas pelos agricultores, cultivadas, preservadas e passadas adiante ao longo dos anos. A textura carnosa desse feijão combina extremamente bem com cozidos e chilis mexicanos (embora você possa substituí-lo por outro feijão, caso não o encontre). Este prato tem o toque picante e característico da culinária cajun, típica de descendentes de colonos franceses que se fixaram no estado da Louisiana, no sul dos Estados Unidos.

1½ xícara de feijão-rajado (ver Nota)
4 xícaras de água e um pouco mais para deixar o feijão de molho
1 colher (chá) de caldo de legumes com baixo teor de sódio (ver página 359)
1 xícara de suco de tomate
1 pimentão (vermelho ou verde) médio picado
1 tomate médio picado
1 cebola média picada
1 xícara de aipo picado
1 xícara de cenoura fatiada
1 xícara de milho verde congelado
2 a 3 colheres (chá) de tempero cajun (ver página 358)
1 folha de louro
2 dentes de alho médios picados fino
1 colher (chá) de tomilho seco

1. Cubra o feijão com água e deixe de molho da noite para o dia.
2. Escorra o feijão e coloque-o em uma panela grande. Acrescente a água, o caldo de legumes, o suco de tomate, o pimentão, o tomate, a cebola, o aipo, a cenoura, o milho, o tempero cajun, o louro, o alho e o tomilho.
3. Misture bem os ingredientes, tampe a panela e deixe cozinhando em fogo médio. Cozinhe por 1 hora e 30 a 1 hora e 45 minutos, mexendo de vez em quando, até o feijão estar tenro. Experimente e acerte o tempero, a gosto. Retire a folha de louro antes de servir.

Nota: Se não encontrar o feijão-rajado, use feijão-carioca, feijão-vermelho ou feijão-rosinha. Você também pode preparar este prato em uma panela elétrica (slow cooker), cozinhando por 4 a 6 horas na potência alta ou por 8 a 10 horas na potência baixa.

....

CADA PORÇÃO: 165 calorias, 10 g de proteína, 32 g de carboidrato, 1 g de gordura, 0 g de gordura saturada, 11 g de fibra, 5 g de açúcar, 116 mg de sódio

NUTRIENTES ESTRELADOS: ácido fólico (42% VD), riboflavina (11% VD), tiamina (16% VD), vitamina A (68% VD), vitamina B6 (16% VD), vitamina C (98% VD), vitamina K (22% VD), cobre (15% VD), ferro (18% VD), magnésio (16% VD), manganês (26% VD), fósforo (15% VD), potássio (22% VD)

Ver foto na página 266

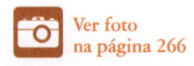

Mude sua dieta em 52 passos simples

Succotash de verão com tomate

- 17 minutos
- 47 minutos
- 6 porções
  (⅔ de xícara cada, aproximadamente)

Sempre fui apaixonada pelos tomates frescos, vindos diretamente das plantações – sobretudo variedades nativas incomuns, que oferecem cores e sabores naturais maravilhosos. Neste succotash – prato típico da culinária sulista norte-americana – eu uso fatias grossas de tomate orgânico. No entanto, se necessário, você pode substituí-lo por uma variedade de tomate mais comum, como o caqui ou o italiano, que também oferecem uma boa carga de licopeno. Esta salada refrescante de verão leva dois dos "três irmãos" – milho, feijão e abóbora – que constituíam a base alimentar dos índios norte-americanos e que costumavam ser cultivados juntos: o milho servia de suporte para os pés de feijão crescerem, e os pés de abóbora se espalhavam sob esse exuberante dossel.

1 xícara de milho cozido ou descongelado (ver Nota)
1½ xícara de feijão-de-lima (feijão-verde) cozido e resfriado
1 pimentão (amarelo ou vermelho) médio picado
¼ de cebola roxa média picada
⅓ de xícara de coentro fresco picado
1½ colher (sopa) de azeite extra virgem
2 colheres (sopa) de suco de limão-siciliano
¼ de colher (chá) de pimenta-do-reino moída na hora
1 colher (chá) de cominho em pó
1 dente de alho médio picado fino
uma pitada de sal marinho (opcional)
1 tomate nativo (ou comum) grande fatiado

1. Encha uma panela pequena de água e leve à fervura em fogo alto. Abaixe o fogo para médio, coloque o milho, tampe a panela e cozinhe por 5 minutos, aproximadamente, até o milho ficar tenro mas ainda firme. Escorra e deixe esfriar.
2. À parte, misture em uma tigela o feijão-de-lima, o pimentão, a cebola e o coentro.

3. Em um prato pequeno, bata o azeite, o suco de limão, a pimenta, o cominho, o alho e o sal, a gosto. Junte à mistura de feijão. Junte também o milho frio.
4. Forre uma saladeira com o tomate fatiado e coloque a mistura em cima. Sirva imediatamente.

Nota: Esta receita é ótima para usar sobras de milho cozido na espiga.

Variação: Substitua o feijão-de-lima por edamame, fava, grão-de-bico ou feijão-carioca cozidos.

CADA PORÇÃO: 133 calorias, 5 g de proteína, 21 g de carboidrato, 4 g de gordura, 0,5 g de gordura saturada, 4 g de fibra, 3 g de açúcar, 29 mg de sódio
NUTRIENTES ESTRELADOS: ácido fólico (10% VD), tiamina (17% VD), vitamina A (11% VD), vitamina B6 (11% VD), vitamina C (130% VD), vitamina K (11% VD), ferro (11% VD), magnésio (11% VD), manganês (25% VD), potássio (14% VD)

Salada de frutas vermelhas
com molho de zimbro

Alimente-se com consciência

Sopa de tomate e cevada
Salada de frutas vermelhas com molho de zimbro

39

Bolinhos imensos, pacotes de biscoito enormes, travessas gigantescas – essas são as escolhas que nos aguardam o tempo todo, em todo lugar. Não é de admirar que, hoje em dia, estejamos consumindo de 200 a 500 calorias a mais por dia do que há vinte anos. A ciência nos explica que, diante de uma porção de comida – seja essa porção um sanduíche com fritas ou um pacote de batatinhas –, tendemos a comê-la, não importa seu tamanho. Já que leva um tempo para que o cérebro perceba que estamos satisfeitos, continuamos comendo até a comida acabar. E os estudos também mostram que comemos mais quando a comida está bem visível – por exemplo, quando uma tigela de doce fica em cima da mesa do escritório. Também comemos mais quando a comida é servida em pratos maiores ou mesmo quando os talheres de serviço são maiores. E quando comemos diante da televisão ou do computador também ficamos sem noção de quanto estamos consumindo.

O que tudo isso significa? Significa que devemos comer com mais consciência. Ter ciência de nosso ambiente alimentar e do que atrapalha a nossa boa alimentação, além de aprender a desfrutar da vivência alimentar de maneira saudável.

Eis aqui algumas sugestões para que você comece a comer com consciência. Primeiramente, atente para o tamanho das suas porções. Tente se servir com o que de fato deve ser uma porção de comida, como ½ xícara de cereais, massa, batata ou arroz cozidos, 1 xícara de cereais em flocos para o café da manhã, 30 g de oleaginosas ou sementes ou ½ xícara de fruta. A partir disso, permita que a sua mente absorva plenamente o que seria a dimensão correta de uma porção, de modo que ela vá sendo assimilada e se tornando natural (talvez você precise dosar conscientemente suas porções várias vezes até assimilar a ideia). E, quando estiver diante de uma quantidade grande e variada de comida pronta, como um pacote de biscoito, divida-a em porções em vez de dar cabo de tudo de uma vez só.

Em segundo lugar, quando comer, deguste a comida de verdade. Sempre que possível, não faça as refeições diante do computador, da televisão ou indo para o trabalho. Aprecie os aromas, as texturas e a comida generosa no seu prato, e sinta prazer com isso. Não é preciso comer até se empanturrar. Considere o costume japonês chamado *hara hachi bu*, que significa comer até sentir-se 80% satisfeito, o que ajuda o Japão a apresentar taxas de obesidade menores que as de muitos outros países. A alimentação consciente é fundamental para o equilíbrio do seu peso e da sua saúde. E fique também sintonizado com outros sinais do seu corpo. Se, depois de consumir uma porção normal de comida, você sente desconforto na digestão, talvez seja sensível a algum ingrediente ingerido. Antes de eliminar ingredientes da sua alimentação, porém, consulte um médico ou nutricionista para investigar essa possibilidade.

Sopa de tomate e cevada

- 12 minutos
- 1 hora e 12 minutos
- 8 porções (1 xícara cada, aproximadamente)

Comece a sua refeição com uma sopa à base de hortaliças, como esta reconfortante sopa de tomate e cevada, e você terá uma maior sensação de saciedade durante a refeição, de acordo com as pesquisas. Além disso, você vai obter os benefícios do licopeno, um antioxidante poderoso, que é abundante no tomate e está relacionado à saúde do coração e ao combate ao câncer. Não há nada melhor que esta sopa substanciosa e um sanduíche de pasta de alguma castanha!

5 xícaras de água
2 xícaras de caldo de legumes com baixo teor de sódio (ver página 359)
1 xícara de molho de tomate
¼ de xícara de massa de tomate
¾ de xícara de cevada
1 dente de alho grande picado fino
1 cebola média picada fino
1 xícara de aipo picado
1 cenoura média fatiada fino
1 colher (chá) de tomilho
½ colher (chá) de mistura de ervas com baixo teor de sódio (ver página 359)
¼ de colher (chá) de pimenta-do-reino moída na hora

1. Em uma panela grande, coloque a água, o caldo, o molho de tomate e a massa de tomate para cozinhar em fogo médio.
2. Acrescente a cevada, o alho, a cebola, o aipo, a cenoura, o tomilho, a mistura de ervas e a pimenta-do-reino. Misture bem e tampe a panela. Abaixe o fogo para médio a baixo.
3. Cozinhe por 1 hora, aproximadamente, até a cevada e os vegetais ficarem macios. Mexa de vez em quando e acrescente água se for necessário repor a umidade perdida na evaporação.

Nota: Para fazer esta receita em uma panela elétrica (slow cooker), junte todos os ingredientes e cozinhe por 4 a 5 horas na potência alta ou por 8 a 10 horas na potência baixa.

Variação: Para uma versão sem glúten, substitua a cevada pelo trigo-sarraceno ou pelo arroz integral.

....

CADA PORÇÃO: 85 calorias, 3 g de proteína, 18 g de carboidrato, 0,5 g de gordura, 0 g de gordura saturada, 4 g de fibra, 3 g de açúcar, 196 mg de sódio
NUTRIENTES ESTRELADOS: vitamina A (34% VD), molibdênio (11% VD), selênio (18% VD)

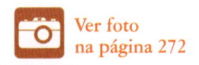

Salada de frutas vermelhas com molho de zimbro

🕐 6 minutos
🕑 6 minutos
🍴 4 porções
(1 xícara generosa cada)

Concentre-se em alimentos ricos em nutrientes e com poucas calorias – ou seja, frutas e hortaliças – para obter mais do que um peso saudável. Na verdade, se iniciamos a refeição com uma salada, reforçamos o consumo de antioxidantes do dia e aumentamos nosso nível de saciedade ao longo da refeição, o que pode nos ajudar a manter o peso em dia. Esta salada tem nas frutas vermelhas um bônus, pois são joias alimentícias cheias de nutrientes especiais que protegem a saúde – do cérebro, do coração, entre outros órgãos – e propiciam uma refeição naturalmente doce, de baixa caloria e rica em fibras na medida exata para nos ajudar a nos sentirmos mais satisfeitos por mais tempo. Esta minha salada é feita com as frutas vermelhas silvestres ou cultivadas da sua preferência e é aromatizada por um amadeirado molho de zimbro que vai levar você em uma viagem pelos bosques onde nascem essas frutas.

2 colheres (chá) de azeite extra virgem
1½ colher (chá) de vinagre balsâmico branco (ver Nota)
½ colher (chá) de xarope de agave
uma pitada de sal marinho (opcional)
8 bagas de zimbro (ver Nota)
3 xícaras bem medidas de alface crespa
1½ xícara de frutas vermelhas sortidas frescas (framboesas, amoras ou mirtilos inteiros, morangos picados, entre outras)
1½ colher (sopa) de amêndoas em lâminas tostadas

1. Em uma tigela média, bata com um garfo o azeite, o vinagre, o xarope de agave e o sal marinho, a gosto.
2. Triture o zimbro em um pilão (ou com um socador em uma tigela) e adicione-o à tigela de azeite.
3. Coloque as folhas de alface na tigela e misture no molho usando as mãos.
4. Arrume as frutas em cima da alface. Espalhe as amêndoas pouco antes de servir.

Nota: Nesta receita, não substitua o vinagre branco pelo vinagre balsâmico comum, pois sua cor escura não combina com os tons suaves da alface. Você pode substituí-lo, porém, por vinagre de vinho branco ou de champanhe. As bagas de zimbro desidratadas podem ser encontradas no setor de condimentos finos de algumas lojas ou *on-line*. Se não conseguir encontrar zimbro, use pimenta-do-reino em grãos moídos na hora, o que vai dar outro tipo de sabor.

Variações: Substitua a alface crespa por alface-romana, espinafre baby ou rúcula; substitua as amêndoas por avelãs, nozes ou nozes-pecãs picadas.

....

CADA PORÇÃO: 67 calorias, 2 g de proteína, 9 g de carboidrato, 4 g de gordura, 0 g de gordura saturada, 3 g de fibra, 5 g de açúcar, 1 mg de sódio
NUTRIENTES ESTRELADOS: vitamina A (26% VD), vitamina C (20% VD), vitamina K (13% VD), manganês (12% VD)

*Salada toscana de couve
com nectarina e castanha-do-pará*

Conheça a história dos alimentos

Salada toscana de couve com nectarina e castanha-do-pará
Purê trufado de batata e nabo

Comece a exercer um papel ativo em relação à produção de alimentos. Reflita: De onde vieram aqueles pimentões verdes do supermercado? Será que os trabalhadores que colheram o cacau que deu origem à sua barra de chocolate amargo receberam um pagamento adequado? Quando você coloca um item no seu carrinho de compras, está escolhendo os alimentos que terão lugar na cadeia produtiva. Você é parte ativa desse processo.

A comida ocupa um lugar importante na vida humana. Cerca de 50% da terra do mundo é ocupada por fazendas, e estima-se que a produção de alimentos responde por 20% a 30% dos impactos ambientais do planeta. Ela também consome uma parte significativa da nossa renda – nos países pobres, até 45% –, portanto, vale a pena avaliar o que é que estamos pagando com tanta dedicação.

Não é a coisa mais fácil de avaliar. A história de um alimento inclui questões como o cuidado do solo, a seleção de sementes, a engenharia genética, o uso de fertilizantes e pesticidas, a remuneração e o tratamento oferecidos aos trabalhadores agrários, os impactos sobre hábitats selvagens regionais, o uso e a potencial contaminação da água, o manejo humanitário e a alimentação de animais, o manejo de dejetos tóxicos e o transporte, o beneficiamento e a distribuição dos alimentos. É possível que a complexidade dessa logística faça você ficar de queixo caído, ou que os fatos incômodos que você possa vir a descobrir o deixem realmente impressionado.

E aí, o que fazer? Eis uma dica que vai direto ao ponto em relação a grande parte dessas questões: coma alimentos orgânicos, produzidos na sua região e minimamente processados. Estou me referindo a alimentos que estejam como a natureza os criou. Pense na cevada, por exemplo, que é a semente da gramínea seca ao sol e colhida; no maço de espinafre, retirado direto do solo; na pera, exatamente como se desenvolveu antes de ser colhida da árvore. O cultivo de plantas alimentícias integrais, como a cevada, o espinafre e a pera, causa um impacto menor no planeta do que a produção de alimentos de origem animal. Os vegetais integrais demandam muito pouco ou nenhum beneficiamento em termos de cultivo, moenda, mistura com outros ingredientes, embalagem e rotulagem.

Em seguida, se puder, dê preferência aos produtos orgânicos, cujo cultivo é feito sem o uso de pesticidas e fertilizantes sintéticos, com métodos que nutrem o solo, promovem a sustentabilidade e a biodiversidade e ajudam a proteger os agricultores que cultivam nossos alimentos.

E, para dar um passo além, dê preferência aos produtos da época cultivados por agricultores locais, que demandam menos combustível fóssil para o transporte até o seu prato e mantêm o dinheiro na sua comunidade.

Se estiver fazendo redução de gastos financeiros, lembre-se de que uma dieta à base de vegetais pode ser uma maneira de encher o prato com um bom custo-benefício. Leguminosas, grãos e produtos da safra podem significar um bom uso do seu dinheiro. Não o gaste em porcarias, como batatinhas e bolachas. Use esse dinheiro para comprar frutas, hortaliças, leguminosas e cereais orgânicos – sobretudo alimentos que não têm uma casca que os proteja das aplicações de pesticidas, como uva, alface e pimentão. Procure pelos produtos orgânicos de bom preço em feiras, quitandas e mercados regionais. Com o passar do tempo, esse estilo de alimentação pode trazer muitas recompensas.

Conheça a história dos alimentos

Ver foto na página 278

10 minutos
10 minutos
10 porções
(1¼ xícara cada, aproximadamente)

Salada toscana de couve com nectarina e castanha-do-pará

Embora hoje em dia a couve seja bastante comum, ela era ainda mais popular na Idade Média, quando era um dos vegetais mais consumidos. Esta verdura pertence, na verdade, à família do repolho, o que significa que tem compostos anticancerígenos, além de vitaminas e minerais. Não tenha medo de experimentar uma variedade de couves, da crespa à couve-de-bruxelas. Esta salada, por exemplo, pede um tipo de couve verde-arroxeada – a couve lacinato – que destaca o frescor vivo da nectarina. É melhor escolher exemplares orgânicos desses ingredientes – ambos, couve e nectarina, aparecem entre as vinte hortaliças com mais resíduos de pesticidas, de acordo com ambientalistas.

1 maço de couve-lacinato (8 xícaras, aproximadamente) lavada, seca e cortada em tiras (ver Nota)
1½ colher (sopa) de azeite extra virgem
1 colher (sopa) de suco de limão-siciliano
1 colher (sopa) de mostarda
¼ de colher (chá) de pimenta-do-reino moída na hora
uma pitada de sal marinho (opcional)
2 colheres (sopa) de cebola picada fino
3 nectarinas médias frescas com casca, fatiadas
⅓ de xícara de castanhas-do-pará picadas grosseiramente

1. Coloque a couve em uma saladeira grande.
2. Em uma tigela pequena, misture o azeite, o suco de limão, a mostarda, a pimenta-do-reino e uma pitada de sal marinho, a gosto. Junte a cebola.
3. Despeje o tempero na couve, remexendo-a com as mãos por cerca de 30 segundos, para misturar bem.
4. Acrescente a nectarina. Espalhe as castanhas-do-pará e sirva imediatamente.

Nota: A couve lavada e picada vendida em saquinhos funciona bem nesta receita.

CADA PORÇÃO: 80 calorias, 2 g de proteína, 8 g de carboidrato, 5 g de gordura, 1 g de gordura saturada, 2 g de fibra, 4 g de açúcar, 77 mg de sódio
NUTRIENTES ESTRELADOS: vitamina A (59% VD), vitamina C (62% VD), vitamina K (254% VD), cobre (28% VD), manganês (14% VD), selênio (109% VD)

Purê trufado de batata e nabo

🕐 11 minutos
🕐 35 minutos
🍴 8 porções
(¾ de xícara cada, aproximadamente)

Aproveite ao máximo os alimentos regionais e orgânicos, sobretudo quando se trata de tubérculos, o que inclui a batata e o nabo, que dão um sabor mais leve e herbal ao clássico purê de batatas. Basta regá-lo com um fio de um precioso azeite trufado – azeite impregnado do sabor de trufas – para realçar o que esse acompanhamento simples tem de mais saboroso. Experimentar trufas, um fungo que nasce embaixo da terra e é chamado de "o diamante da cozinha", é algo raro e caro. O azeite trufado, porém, em geral aromatizado com essência de trufa em vez da trufa de fato, pode oferecer o seu rico sabor e fragrância por uma fração do preço. Procure o azeite trufado em mercados especializados.

6 batatas médias com casca, cortadas ao meio
2 nabos redondos médios sem casca cortados ao meio
1½ colher (sopa) de azeite trufado
1 a 1¼ xícara de leite vegetal sem açúcar
¼ de colher (chá) de pimenta-do-reino branca
uma pitada de sal marinho (opcional)
⅓ de xícara de cebolinha, apenas a parte verde, picada

1. Em uma panela grande, coloque as batatas e os aipos-rábanos cortados ao meio e cubra de água. Tampe a panela e leve à fervura em fogo alto. Abaixe o fogo para médio e cozinhe 20 minutos, aproximadamente, até os vegetais estarem macios quando espetados com um garfo.
2. Escorra a água e adicione 1 colher (sopa) de azeite trufado, 1 xícara de leite vegetal e a pimenta. Use um espremedor de batatas ou um mixer para obter um purê espesso com pedacinhos. Adicione mais leite vegetal, se necessário, para obter uma textura mais cremosa. Experimente e acerte o sal, a gosto.
3. Despeje o purê em uma travessa de servir ou caçarola. Regue com a ½ colher (sopa) de azeite trufado restante e decore com a cebolinha. Sirva imediatamente.

Variação: Substitua o azeite trufado por azeite aromatizado com manjericão, alho, pimenta ou limão, para dar um sabor diferente ao prato.

....

CADA PORÇÃO: 131 calorias, 4 g de proteína, 22 g de carboidrato, 4 g de gordura, 0,5 g de gordura saturada, 4 g de fibra, 2 g de açúcar, 74 mg de sódio
NUTRIENTES ESTRELADOS: vitamina B6 (18% VD), vitamina C (37% VD), vitamina K (38% VD), manganês (12% VD), fósforo (12% VD), potássio (16% VD)

Lassi de soja
e morango

Ostente um bigode de leite vegetal

Sopa de batata assada e alho-poró
Lassi de soja e morango

O leite vegetal é muito mais que um simples substituto de laticínios. O leite de soja fez sua estreia na China no ano 82 e, hoje em dia, conseguimos encontrar leites feitos de diversas oleaginosas, grãos, sementes e leguminosas: soja, arroz, amêndoa, avelã, aveia, semente de girassol, coco e linhaça. Há muito o que apreciar nessas alternativas de origem vegetal em termos nutricionais – elas podem ser boas fontes de proteínas, cálcio e vitamina D. Além disso, funcionam exatamente como o leite de vaca no mingau, no café e em vitaminas, sopas, pães e doces.

Ao trocar o leite de vaca pelo leite vegetal todos os dias, você reforça a sua alimentação e reduz os impactos ambientais – para produzir 1,5 litro de leite vegetal é necessário 77% menos água do que para fazer a mesma quantidade de leite comum. Lembre-se apenas de ser seletivo, pois algumas variedades de leite vegetal podem apresentar ingredientes indesejados, como adoçantes e aromatizantes, e muitas (exceto o leite de soja enriquecido com proteínas) são pobres em proteínas. Escolha uma marca que use ingredientes orgânicos, que não tenha açúcar e que propicie pelo menos 30% do VD de cálcio e de vitamina D e pelo menos 6 g de proteínas em cada porção. Você também pode preparar o seu leite vegetal em casa, deixando grãos, leguminosas ou oleaginosas de molho, e, depois, cozinhando, moendo e batendo-os com água e coando o líquido.

Muitos leites vegetais podem ser conservados na despensa, então é possível estocar uma variedade deles para usos distintos. O leite de soja simples, orgânico e livre de adoçantes, é uma boa escolha para o uso diário, mas o leite à base de coco (o líquido, não confundir com o leite de coco cremoso comum em supermercados) faz maravilhas em pães, bolos e sobremesas cremosas. Descubra já qual é o seu leite vegetal preferido.

Sopa de batata assada e alho-poró

- 🕐 15 minutos
- 🕐 1 hora e 20 minutos
- 🍴 6 porções
  (1¼ xícara cada, aproximadamente)

Esta refinada sopa – que lembra a batata recém-saída do forno – é enriquecida com o poder dos vegetais. Fica tão substanciosa e cremosa que ninguém acredita que é feita de leite e queijo feitos a partir de vegetais! E é tão satisfatória que chega a ser um prato completo por si só, embora eu sugira que você aprimore a sua refeição complementando-a com uma salada rica em proteínas, como a Salada picante de feijão-fradinho (página 174). Esta sopa fica ótima no dia seguinte também.

4 batatas pequenas com casca (680 g no total; ver Nota)
2 colheres (chá) de azeite extra virgem
1 alho-poró médio fatiado, sem a ponta
¾ de xícara mais 1 colher (sopa) de água
3 xícaras de leite vegetal sem açúcar
3 colheres (sopa) de farinha de trigo
pimenta-do-reino moída na hora
½ colher (chá) de tomilho
½ colher (chá) de mistura de ervas com baixo teor de sódio (ver página 359)
uma pitada de sal marinho (opcional)
⅓ de xícara de queijo cheddar vegetal ralado
2 colheres (sopa) de cebolinha picada

1. Preaqueça o forno a 180 °C.
2. Coloque as batatas em uma assadeira pequena e fure-as com um garfo. Regue-as com 1 colher (chá) do azeite e leve-as ao forno por 1 hora e 10 minutos, até ficarem macias.
3. Depois de 40 minutos, aproximadamente, coloque o alho-poró em outra assadeira. Regue-o com 1 colher (chá) de azeite e 1 colher (sopa) da água. Leve ao forno (com as batatas) por 30 minutos, aproximadamente, até ficarem tenros e dourados.
4. Cerca de 10 minutos antes de retirar os legumes do forno, coloque o leite vegetal em uma panela média. Junte a farinha e misture bem com um garfo, em fogo médio a alto, até obter um creme suave e borbulhante (4 a 5 minutos). Adicione os ¾ de xícara de água restante, a pimenta-do-reino, o tomilho e a mistura de ervas. Cozinhe, sempre mexendo, por mais 2 a 3 minutos, até a sopa ficar espessa e borbulhante. Apague o fogo e tampe a panela.

5. Quando os legumes ficarem macios, retire-os do forno. Deixe as batatas esfriarem o suficiente para poder segurá-las, depois corte-as sem tirar a casca. Misture as batatas e o alho-poró na sopa. Experimente e adicione sal marinho, a gosto.
6. Para servir, encha 6 tigelas pequenas com 1¼ xícara de sopa e complete cada uma com 1 colher (sopa) de queijo e 1 colher (chá) de cebolinha. Sirva imediatamente.

Nota: Se você não encontrar batatas pequenas, use 2 batatas grandes e cozinhe-as até ficarem macias (talvez o tempo de cozimento seja um pouquinho maior). Esta receita é excelente para fazer com sobras de batata assada (use no passo 5). Para uma versão mais rápida desta receita, pule o passo 1 e, no passo 2, cozinhe as batatas no micro-ondas por 8 a 12 minutos, até ficarem macias. Guarde a sobra da sopa na geladeira e reaqueça-a no fogão ou no micro-ondas, completando com queijo e cebolinha quando estiver quente.

Variação: Para um prato sem glúten, substitua a farinha de trigo por 2 colheres (sopa) de amido de milho e certifique-se de que todos os demais ingredientes não contenham glúten.

CADA PORÇÃO: 205 calorias, 9 g de proteína, 26 g de carboidrato, 7 g de gordura, 1 g de gordura saturada, 4 g de fibra, 3 g de açúcar, 106 mg de sódio
NUTRIENTES ESTRELADOS: ácido fólico (17% VD), niacina (10% VD), riboflavina (20% VD), tiamina (21% VD), vitamina A (22% VD), vitamina B6 (23% VD), vitamina C (25% VD), vitamina K (26% VD), cálcio (28% VD), ferro (15% VD), magnésio (15% VD), potássio (21% VD)

Lassi de soja e morango

🕐 4 minutos
🕓 4 minutos
🍴 1 porção
(1¼ xícara, aproximadamente)

No clima quente e úmido de algumas partes da Índia, o lassi – uma bebida frutada e condimentada à base de iogurte – é um alívio bem-vindo. A minha versão vegetal conta com o iogurte e o leite de soja para obter uma textura cremosa sem derrapar na nutrição. O leite e o iogurte de soja, os produtos mais ricos em proteínas entre os "laticínios" vegetais, oferecem um excelente quadro de nutrientes a esta bebida, fazendo dela um bom complemento para uma refeição inspirada na Índia ou para bebericar a qualquer hora.

½ xícara de morangos frescos picados (ver Nota)
½ xícara de iogurte de soja sabor morango
¼ de xícara de leite de soja sem açúcar
¼ de colher (chá) de cardamomo em pó
½ colher (chá) de essência de baunilha
3 cubos de gelo

1. Coloque todos os ingredientes no liquidificador e bata por 10 segundos, até a mistura ficar homogênea.
2. Sirva imediatamente.

Nota: Você pode usar morangos congelados.

Variação: Substitua os morangos por mirtilos ou pêssegos e use um iogurte de soja com sabor dessas frutas. Você também pode substituir o leite e o iogurte de soja por outros leites e iogurtes vegetais.

CADA PORÇÃO: 160 calorias, 5 g de proteína, 29 g de carboidrato, 2,5 g de gordura, 0 g de gordura saturada, 3 g de fibra, 19 g de açúcar, 40 mg de sódio
NUTRIENTES ESTRELADOS: vitamina C (115% VD), cálcio (30% VD), manganês (22% VD)

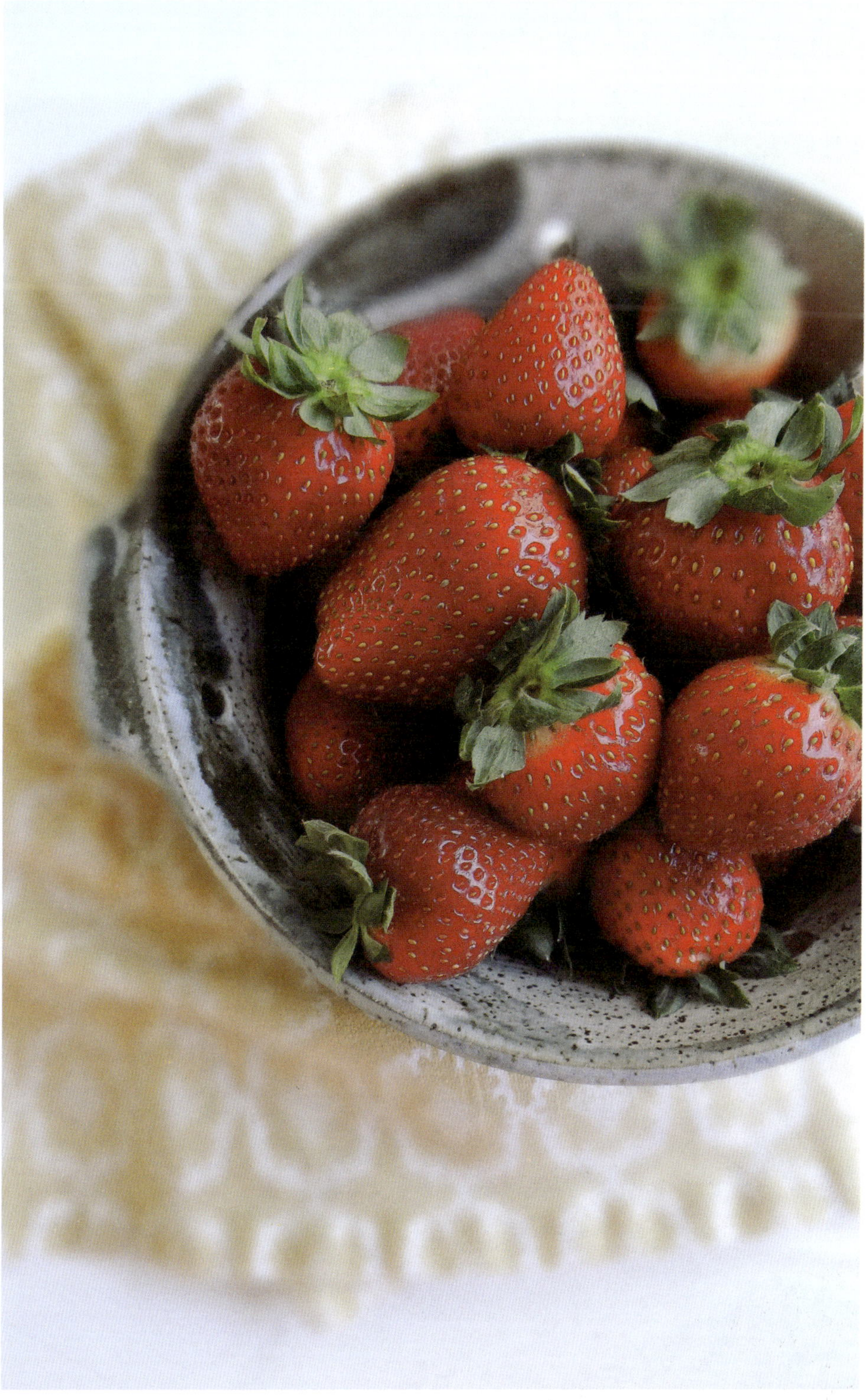

Mix energético
de chocolate amargo
e cereja

Obtenha ômega-3 dos vegetais todos os dias

42

Pão de linhaça, banana e nozes
Tigela crocante de farro e chia com frutas frescas
Mix energético de chocolate amargo e cereja

O que a linhaça, a chia e as nozes têm de tão especial? Elas contêm ácidos graxos ômega-3 – as grandes estrelas do mundo das gorduras saudáveis. Essas gorduras insaturadas são vitais para a nossa saúde. Elas reduzem inflamações que podem originar doenças e nos protegem de doenças cardíacas e derrames. Existem, inclusive, provas de que o ômega-3 ajuda a proteger o cérebro, combatendo a doença de Alzheimer e a depressão.

Existem dois tipos de ômega-3: de cadeia longa (ácido docosa-hexaenoico, ou DHA, e ácido eicosapentaenoico, ou EPA) e de cadeia curta (ácido alfalinolênico, ou ALA). Muitas das evidências dos benefícios do ômega-3 são atribuídas ao DHA e ao EPA, encontrados em frutos do mar. O ALA, encontrado em alimentos de origem vegetal, como nozes e linhaça, pode ser moderadamente convertido em DHA e EPA. E o ALA apresenta os seus próprios benefícios anti-inflamatórios e para o coração.

Os ômegas-3 são tão fundamentais para a saúde que temos o dever de inseri-los na nossa alimentação diária. Os vegetarianos e veganos podem obter DHA e EPA de suplementos feitos de algas marinhas – que, aliás, é de onde vem o ômega-3 dos peixes. Se você consome algas marinhas, pense em pelo menos duas porções semanais, a fim de obter 250 mg de DHA e EPA juntos por dia.

Recomenda-se ainda uma dose diária de 800 a 1.100 mg, aproximadamente, de ALA. É fácil de obter essa quantidade comendo vegetais como linhaça, chia, nozes e produtos derivados de soja. Eu começo muitos dos meus dias com uma tigela de mingau de cereais integrais, como aveia, teff ou quinoa, misturado com linhaça, chia ou nozes. Se você fizer isso também, juntamente com frutas da estação e um tanto de leite de soja, vai desfrutar de uma refeição satisfatória e deliciosa, além de obter o reforço diário de ômega-3 logo de manhã.

Pão de linhaça, banana e nozes

⏱ 12 minutos
⏰ 1 hora e 12 minutos
🍴 12 porções
(1 fatia cada)

É uma surpresa descobrir que este pão, leve e úmido, não contém nenhum ovo e é naturalmente adoçado com banana madura e um toque de agave. Como bônus, ele ainda é rico em gorduras saudáveis para o coração: azeite, para uma dose de gordura monoinsaturada; e linhaça, nozes e chia, para um reforço de ácidos graxos ômega-3 (cada fatia traz 930 mg!). Corte fatias deste pão integral de banana para acompanhar uma salada ou sopa no almoço, delicie-se com ele na hora do café ou do chá ou sirva-o como uma substanciosa sobremesa.

óleo para pincelar
3 bananas médias maduras, amassadas
⅓ de xícara de azeite extra virgem
⅓ de xícara de xarope de agave
2 colheres (sopa) de chia (ver Nota na página 151)
2 colheres (sopa) de linhaça moída
1 colher (chá) de bicarbonato de sódio
1½ xícara de farinha de trigo integral (ver Nota)
⅓ de xícara de nozes picadas fino
½ colher (chá) de canela em pó
¼ de colher (chá) de pimenta-da-jamaica em pó
¼ de colher (chá) de cardamomo em pó

1. Preaqueça o forno a 180 °C. Pincele uma fôrma para pão (22 × 38 cm, aproximadamente) com o óleo.
2. Em uma tigela média, misture a banana, o azeite, o xarope de agave, a chia e a linhaça com um mixer ou bata vigorosamente por 2 minutos até ficar fofo.
3. Adicione o bicarbonato de sódio, a farinha, as nozes, a canela, a pimenta-da-jamaica e o cardamomo, misturando apenas até incorporar tudo.
4. Despeje a massa na fôrma untada e leve ao forno por 1 hora, até o pão dourar. Ao espetar o pão com um garfo, ele deve sair limpo.
5. Deixe o pão esfriar por 10 minutos, aproximadamente, depois retire-o da fôrma. Deixe esfriar ligeiramente antes de fatiar.

Nota: Para um pão mais macio, use farinha de trigo integral especial para confeitaria.

Variações: Substitua as nozes por nozes-pecãs, amêndoas ou avelãs. Para uma receita sem glúten, substitua a farinha de trigo integral por 1¼ de xícara de alguma farinha sem glúten, certificando-se de que todos os demais ingredientes não contenham glúten.

....

CADA PORÇÃO: 197 calorias, 3 g de proteína, 27 g de carboidrato, 10 g de gordura, 1 g de gordura saturada, 4 g de fibra, 12 g de açúcar, 107 mg de sódio
NUTRIENTES ESTRELADOS: vitamina B6 (10% VD), vitamina C (11% VD), magnésio (11% VD), manganês (46% VD), selênio (16% VD)

Tigela crocante de farro e chia com frutas frescas

- 5 minutos
- 37 minutos
- 4 porções
  (¾ de xícara de cereal e ½ xícara de frutas cada)

O café da manhã é um ótimo momento para obter o seu ômega-3. Basta misturar oleaginosas e sementes ricas em ômega-3, como a chia, nos seus cereais integrais, e pronto! Adoro encontrar nos grãos antigos as soluções simples para o café da manhã. Combinada com frutas, oleaginosas e sementes, esta tigela de cereal, à base de farro, um antigo cereal romano, traz fibras, vitaminas, minerais, proteínas e carboidratos com baixo teor glicêmico para a nossa manhã, e por isso ficamos satisfeitos até a hora do almoço.

1 xícara de farro
3 xícaras de água
1 colher (chá) de essência de baunilha
½ colher (chá) de canela em pó
2 colheres (sopa) de chia
⅓ de xícara de nozes-pecãs picadas
2 xícaras de frutas vermelhas frescas (morangos, mirtilos ou amoras; ver Nota)
leite vegetal (opcional)

1. Em uma panela pequena, coloque o farro e a água. Tampe e cozinhe por 25 minutos em fogo médio, até ficar macio. Junte a baunilha, a canela, a chia e as nozes-pecãs, cozinhando por mais 5 minutos.
2. Divida o cereal em 4 porções. Complete cada porção com ½ xícara de frutas. Sirva com leite vegetal, se preferir.

Nota: Se necessário, use frutas congeladas em vez de frescas. Você pode preparar uma quantidade maior e conservar na geladeira, reaquecendo as porções durante a semana. Nesse caso, coloque as pecãs e as frutas só depois de esquentar o cereal. Esta receita oferece um reforço de 600 mg de ômega-3.

Variação: Substitua o farro por quinoa ou arroz integral no passo 1. Siga as orientações da embalagem para o cozimento.

....

CADA PORÇÃO: 288 calorias, 10 g de proteína, 43 g de carboidrato, 8 g de gordura, 0,5 g de gordura saturada, 7 g de fibra, 5 g de açúcar, 37 mg de sódio
NUTRIENTES ESTRELADOS: riboflavina (12% VD), tiamina (13% VD), vitamina B6 (10% VD), vitamina C (72% VD), ferro (17% VD), magnésio (26% VD), manganês (36% VD), fósforo (24% VD), potássio (11% VD), zinco (12% VD)

Obtenha ômega-3 dos vegetais todos os dias

Ver foto na página 290

4 minutos
4 minutos
12 porções
(½ xícara cada, aproximadamente)

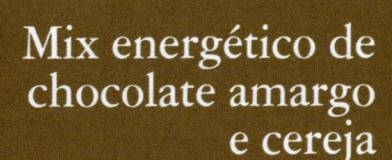

Mix energético de chocolate amargo e cereja

Prepare o seu próprio mix energético com oleaginosas inteiras, frutas secas, sementes e pedacinhos de chocolate amargo. Guarde em um recipiente para beliscar, espalhe em cima de frutas, de iogurte vegetal ou ainda misture ao seu cereal matinal. As nozes e a chia dão a essa mistura um reforço de ômega-3 – propiciando quase 1.200 mg a cada porção. E tal incremento é ótimo, já que essa gordura saudável vem sendo associada à diminuição de inflamações e ao combate de doenças cardíacas. Essa misturinha é um excelente coringa para qualquer dia, por isso deixe-a sempre à mão.

½ xícara de nozes cortadas ao meio
½ xícara de nozes-pecãs cortadas ao meio
1 xícara de sementes de abóbora sem casca
1 xícara de coco ralado sem açúcar
1 xícara de mirtilos secos sem açúcar
1 xícara de cerejas secas sem açúcar
1 xícara de chocolate amargo sem leite, picado em pedaços pequenos
¼ de xícara de chia

1. Misture todos os ingredientes em um recipiente hermeticamente fechado grande e conserve em lugar fresco e protegido da luz por até 3 semanas. Você também pode congelar essa mistura por 6 meses.

Variação: Substitua as nozes-pecãs por amendoins, amêndoas, avelãs ou macadâmias; as sementes de abóbora, por sementes de girassol; e os mirtilos, por uvas-passas.

CADA PORÇÃO: 312 calorias, 3 g de proteína, 35 g de carboidrato, 19 g de gordura, 8,5 g de gordura saturada, 8 g de fibra, 15 g de açúcar, 14 mg de sódio
NUTRIENTES ESTRELADOS: cobre (13% VD), magnésio (11% VD), manganês (34% VD)

Vitamina
verde tropical

Invente suas vitaminas

Shake matinal de frutas e amêndoas
Vitamina verde tropical

As vitaminas são uma maneira excelente de reforçar a alimentação com nutrientes que podem estar faltando, como proteínas e cálcio. Além disso, pessoas de qualquer idade – de crianças a idosos – adoram uma deliciosa vitamina cheia de frutas. Ao contrário de muitos sucos, que nos forçam a descartar fibras nutritivas, polpa e casca, as vitaminas transformam tudo em uma bebida espessa e simples. Uma vitamina bem planejada serve de substituto rápido para uma refeição e é perfeita como sobremesa ou lanchinho, principalmente antes ou depois do trabalho. Você pode inventar a sua própria vitamina respondendo às seguintes questões:

- Estou carente de quais tipos de alimentos (por exemplo, frutas, hortaliças, alternativas aos laticínios, verduras)?
- Estou carente de quais nutrientes (por exemplo, cálcio, vitamina D, ácidos graxos ômega-3, proteínas)?
- Quais são meus sabores preferidos?

Em seguida, crie a sua vitamina exclusiva, que possa oferecer porções de alimentos e nutrientes sob medida para você. Encha o liquidificador com os seguintes itens e, depois, é só bater:

- Comece com frutas, como banana, frutas vermelhas congeladas ou manga.
- Acrescente legumes e verduras, como couve, espinafre ou pepino. Talvez você leve algum tempo para se acostumar ao sabor de hortaliças em sua vitamina, portanto, comece com uma quantidade pequena e aumente-a à medida que for se habituando.
- Em seguida, escolha um leite vegetal que combine com suas necessidades e o seu paladar. Lembre-se de que o leite de soja e o leite de amêndoas enriquecido são os únicos leites vegetais que são boas fontes de proteínas.
- Por fim, reforce os nutrientes e o sabor:
    * ômega-3: linhaça, chia ou nozes
    * proteína: oleaginosas, pastas de oleaginosas ou pasta de amendoim
    * sabor: chocolate amargo, baunilha, hortelã ou essência de coco

Shake matinal de frutas e amêndoas

- 6 minutos
- 6 minutos
- 2 porções
  (1½ xícara cada, aproximadamente)

Um café da manhã rápido e integral para se tomar na correria leva apenas minutos com a ajuda de um liquidificador. O meu shake matinal tem todos os elementos de uma refeição energizada pelo poder dos vegetais: frutas, cereais integrais, oleaginosas e sementes – tudo em um só copo, batidinho. Assim, podemos obter a cota diária de vitamina C e 10% ou mais do valor diário recomendado para outros dez nutrientes essenciais, incluindo cálcio e ferro.

1 laranja média sem casca, em gomos
1 xícara de frutas vermelhas congeladas (morangos, framboesas, amoras e/ou mirtilos)
½ xícara de suco de laranja
1 xícara de leite de amêndoas sem açúcar
2 colheres (sopa) de pasta de amêndoa
2 colheres (sopa) de linhaça
½ xícara de aveia em flocos
1 colher (chá) de essência de baunilha

1. Bata todos os ingredientes em um liquidificador ou processador até a mistura ficar homogênea (2 minutos, aproximadamente). Sirva imediatamente.

Nota: Para um shake com teor maior de proteínas, use leite de amêndoas enriquecido com proteínas.

Variações: Você pode acrescentar ½ xícara de verdura, como couve, rúcula ou espinafre. E pode substituir as frutas vermelhas por pêssego, manga ou banana.

CADA PORÇÃO: 338 calorias, 8 g de proteína, 46 g de carboidrato, 16 g de gordura, 1 g de gordura saturada, 9 g de fibra, 21 g de açúcar, 80 mg de sódio
NUTRIENTES ESTRELADOS: ácido fólico (14% VD), riboflavina (12% VD), tiamina (13% VD), vitamina C (125% VD), vitamina E (26% VD), cálcio (20% VD), ferro (13% VD), magnésio (25% VD), manganês (20% VD), fósforo (20% VD), potássio (16% VD)

Invente suas vitaminas

5 minutos
5 minutos
2 porções
(1¼ xícara cada)

Vitamina verde tropical

Ver foto na página 296

Esta vitamina geladinha é verde como grama, mas as notas tropicais da manga, do coco e do abacaxi acabam com qualquer amargo que ela pudesse ter. Cheia de nutrientes bons para o coração – betacaroteno, vitamina C e fibras –, trata-se de uma ótima bebida para começar um dia de correria, para um lanche ou para acompanhar refeições.

½ xícara de folhas de rúcula
½ xícara de abacaxi em cubos congelado
½ xícara de manga em cubos congelada
½ banana grande
¼ de xícara de suco de laranja
1 xícara de leite à base de coco sem açúcar
1 colher (sopa) de linhaça
½ colher (chá) de essência de coco (ver Nota)

1. Junte todos os ingredientes no liquidificador e bata por 1 a 2 minutos, aproximadamente, até ficar homogêneo. Despeje em 2 copos e sirva imediatamente.

Nota: Para um sabor melhor, procure por essência aromática de coco feita de fato de coco, disponível em lojas especializadas e *on-line*, em vez de essências que imitam o coco, feitas de aromatizantes artificiais.

Variações: Você pode substituir a rúcula por espinafre baby fresco ou congelado; e o leite à base de coco, por leite de soja ou de amêndoas.

CADA PORÇÃO: 160 calorias, 7 g de proteína, 26 g de carboidrato, 4 g de gordura, 0,5 g de gordura saturada, 3 g de fibra, 18 g de açúcar, 50 mg de sódio
NUTRIENTES ESTRELADOS: ácido fólico (12% VD), riboflavina (19% VD), tiamina (18% VD), vitamina A (21% VD), vitamina B6 (15% VD), vitamina C (94% VD), vitamina K (80% VD), cálcio (17% VD), cobre (14% VD), ferro (15% VD), magnésio (11% VD), manganês (34% VD), potássio (13% VD)

Torta de espinafre
e cogumelo portobello

Descubra a magia dos cogumelos

Suculento feijão-branco assado com shitake
Gratinado de brócolis e cogumelo
Torta de espinafre e cogumelo portobello

Os cogumelos não são vegetais de verdade, mas também não têm origem animal – eles pertencem ao reino dos fungos e produzem esporos, que dão continuidade às suas espécies. O mundo está cheio de milhares de diferentes tipos de cogumelos, a maioria ainda esperando serem descobertos pelos cientistas em florestas e bosques sombrios. (Em vários locais do mundo, a caça aos cogumelos selvagens é praticada há séculos, mas é preciso ter experiência para não colher e consumir cogumelos não comestíveis, que contêm substâncias tóxicas.)

Além dessa classificação biológica, o que há de tão especial nos misteriosos cogumelos? Para começar, há séculos eles vêm sendo usados como remédio e são, na verdade, a fonte de alguns dos mais bem-sucedidos medicamentos atuais: estatinas e penicilinas, por exemplo. Esses organismos incomuns contêm vários tipos de nutrientes, como fibras, vitaminas e oligoelementos, além de bactérias, leveduras e bolores completamente únicos. O mais intrigante é que os cogumelos conseguem captar a luz do sol e transformá-la em vitamina D, assim como nós. Portanto, um cogumelo que tenha sido exposto à luz do sol durante o seu crescimento pode ser uma boa fonte dessa vitamina. É possível encontrar esses cogumelos comercializados sob o rótulo: "cogumelos tratados com UV". Hoje em dia, em algumas partes da Ásia, os médicos usam os cogumelos para o tratamento de câncer, e, em outras partes do mundo, inclusive nos Estados Unidos, vêm sendo realizados estudos sobre suas propriedades no combate ao câncer.

Mas, além de todos os nutrientes e de suas qualidades de proteção à saúde, ainda existe mais uma razão para adorar os cogumelos. Eles apresentam uma qualidade de sabor rara no mundo vegetal, um sabor "de carne", suculento, o sabor umami – um dos cinco sentidos básicos do paladar, que também inclui o doce, o azedo, o salgado e o amargo. O umami do cogumelo, junto com essa textura carnosa, torna esse alimento muito atraente. Seja pela saúde, seja pelo prazer, inclua uma variedade de cogumelos – champignon, shitake, shimeji, portobello, chanterelle, entre outros – em seu cardápio. Aprecie os cogumelos refogados em um mexido, com arroz integral, marinados e grelhados inteiros, fatiados em saladas ou cozidos em sopas e em ensopados.

Suculento feijão-branco assado com shitake

- 12 minutos
- 1 hora e 20 minutos (tempo de molho não incluído)
- 6 porções (quase 1 xícara cada)

Os suculentos sabores umami do shitake e do feijão-branco se mesclam neste assado simples e nutritivo. Os cogumelos – ricos em nutrientes bons para a saúde e com uma textura carnosa – combinam perfeitamente com uma alimentação à base de vegetais. Basta servir esta receita com um prato de grãos, como a Cevada com algas marinhas e amendoim (página 144) e uma salada, como a Salada toscana de couve com nectarina e castanha-do-pará (página 281).

2 xícaras de feijão-branco
4¼ xícaras de água, e mais para deixar o feijão de molho
1 colher (chá) de caldo de legumes com baixo teor de sódio (ver página 359)
1 colher (sopa) de massa de tomate
½ colher (sopa) de azeite extra virgem
1 alho-poró médio, apenas a parte branca, picado
1½ xícara, aproximadamente, de shitake picado (ver Nota)
2 dentes de alho médios picados fino
1 colher (chá) de tomilho seco
¼ de colher (chá) de pimenta-do-reino moída
1 colher (chá) de shoyu com baixo teor de sódio
1 folha de louro

1. Cubra o feijão-branco de água e deixe de molho da noite para o dia. Escorra e coloque o feijão em uma panela grande.
2. Acrescente a água, o caldo de legumes e a massa de tomate à panela e leve à fervura em fogo alto. Abaixe o fogo para médio e deixe cozinhando por 5 minutos, aproximadamente.
3. À parte, aqueça o azeite em uma frigideira em fogo médio, coloque o alho-poró e refogue-o por 2 minutos. Adicione os cogumelos, o alho, o tomilho, a pimenta-do-reino e o shoyu. Continue cozinhando por 3 minutos, até dourar.
4. Junte a mistura de cogumelos e a folha de louro ao feijão. Misture bem, tampe a panela e cozinhe em fogo médio por 1 hora, aproximadamente, até o feijão ficar macio e a mistura ficar espessa. Adicione água, se necessário, para repor a umidade perdida com a evaporação.

5. Aproximadamente 5 minutos antes de o feijão ficar pronto, preaqueça o forno a 190 °C.
6. Coloque o feijão em uma caçarola e leve ao forno, sem tampar, por 20 minutos, aproximadamente, até soltar bolhas e dourar. Retire a folha de louro antes de servir.

Nota: Você pode substituir o shitake fresco por ¾ de xícara de shitake seco, adicionando-o no passo 2 em vez de no 3.

Variação: Substitua o feijão-branco por outra variedade, como o feijão--carioca, o feijão rosinha ou alguma variedade mais regional. Você também pode substituir o shitake por outro tipo de cogumelo, como o paris, o ostra, entre outros.

CADA PORÇÃO: 245 calorias, 16 g de proteína, 44 g de carboidrato, 2 g de gordura, 0 g de gordura saturada, 11 g de fibra, 3 g de açúcar, 60 mg de sódio
NUTRIENTES ESTRELADOS: ácido fólico (65% VD), tiamina (20% VD), vitamina B6 (14% VD), vitamina K (18% VD), cálcio (17% VD), cobre (38% VD), ferro (46% VD), magnésio (33% VD), manganês (73% VD), potássio (36% VD), selênio (15% VD), zinco (18% VD)

Gratinado de brócolis e cogumelo

🕐 15 minutos
🕐 50 minutos
🍴 6 porções
(1 xícara cada)

Este clássico acompanhamento norte-americano recebe aqui o poder dos vegetais graças a alguns itens básicos da despensa, ao brócolis fresco e aos saborosos e carnudos cogumelos. Você mal vai acreditar como esta versão sem laticínios fica cremosa e cheia de sabor! Além disso, a receita é fácil e rápida de preparar. Deixe que ela seja a estrela do jantar, acompanhando lindamente batatas assadas, e experimente esquentá-la para o almoço do dia seguinte.

1½ colher (chá) de azeite extra virgem
½ cebola média cortada em anéis
1 dente de alho médio picado fino
¼ de colher (chá) de mostarda em pó
1 colher (chá) de tomilho
½ colher (chá) de mistura de ervas com baixo teor de sódio (ver página 359)
¼ de colher (chá) de pimenta-do-reino moída na hora
uma pitada de sal kosher (opcional)
1 maço de brócolis pequeno (3¾ xícaras, aproximadamente) separado em buquezinhos (ver Nota)
2 xícaras de cogumelo-de-paris fresco picado (ver Nota)
1 colher (sopa) de água
2 colheres (sopa) de farinha de trigo
1½ xícara de leite vegetal sem açúcar (para melhores resultados, use leite à base de coco)
¼ de xícara de queijo vegetal (opcional)
2 colheres (sopa) de farelo de pão integral (ver Nota na página 107)
1½ colher (sopa) de pignoli

1. Preaqueça o forno a 180 °C.
2. Aqueça o azeite em uma frigideira ou panela grande em fogo médio.
3. Coloque a cebola, refogando por 5 minutos.
4. Acrescente o alho, a mostarda, o tomilho, a mistura de ervas, a pimenta-do-reino e uma pitada de sal kosher, o brócolis, os cogumelos e a água.
5. Em uma tigela pequena, misture bem a farinha e o leite vegetal, até ficar homogêneo. Junte ao brócolis e cozinhe por 3 minutos, aproximadamente, mexendo de vez em quando, até o molho soltar bolhas e ficar mais espesso.

6. Despeje essa mistura de brócolis em uma assadeira quadrada (22 cm, aproximadamente).
7. Espalhe o queijo vegetal, o farelo de pão e os pignoli por cima. Cubra com papel-alumínio e leve ao forno por 15 minutos. Retire o papel e asse por mais 15 a 20 minutos, até ficar tenro e dourado.

Nota: Você pode utilizar 340 g de brócolis congelado, no passo 4. Basta descongelar, escorrer bem e diminuir o tempo de cozimento para 2 minutos no passo 4 e diminuir também o tempo de forno para 10 minutos no passo 7. Para melhores resultados, use cogumelos claros; cogumelos mais escuros vão escurecer o molho.

Variação: Substitua o brócolis, no passo 4, por vagens frescas, abobrinha picada ou berinjela picada. Talvez seja necessário ajustar o tempo de cozimento – cozinhe os legumes até ficarem macios. Você pode substituir os pignoli por nozes, avelãs ou sementes de girassol. Para uma receita sem glúten, substitua a farinha por 1½ colher (sopa) de amido de milho, use farelo de pão sem glúten e certifique-se de que os demais ingredientes não contenham glúten.

....

CADA PORÇÃO: 84 calorias, 4 g de proteína, 9 g de carboidrato, 4 g de gordura, 0,5 g de gordura saturada, 3 g de fibra, 2 g de açúcar, 52 mg de sódio
NUTRIENTES ESTRELADOS: ácido fólico (15% VD), riboflavina (16% VD), tiamina (12% VD), vitamina C (37% VD), vitamina K (72% VD), cálcio (11% VD), manganês (34% VD), potássio (11% VD)

Ver foto na página 300

Mude sua dieta em 52 passos simples

Torta de espinafre e cogumelo portobello

🕐 27 minutos
🕐 1 hora e 15 minutos
🍴 8 porções
(⅛ de torta cada)

Você não vai acreditar, mas este quiche substancioso e rico em sabores é completamente vegetal. A cremosidade se deve ao tofu, e a textura e o sabor carnudos e suculentos aos cogumelos e ao espinafre. Sirva esta torta rica em nutrientes no jantar com uma salada, como a Succotash de verão com tomate (página 270), ou em um lanche da tarde, acompanhada de frutas da estação.

Massa
1¼ xícara de farinha de trigo integral (de preferência, própria para confeitaria)
1 colher (sopa) de linhaça moída
¼ de xícara de azeite extra virgem
¼ de xícara de leite vegetal sem açúcar

Recheio
½ colher (sopa) de azeite extra virgem
1 cebola média picada
2 dentes de alho médios picados fino
¼ de colher (chá) de pimenta-do-reino moída na hora
½ colher (chá) de mostarda em pó
2 colheres (sopa) de tomilho fresco picado ou 1½ colher (chá) de tomilho seco
1½ xícara de cogumelo portobello picado
4 xícaras bem apertadas de folhas de espinafre baby
340 g de tofu extra firme, escorrido e cortado em cubos
½ xícara de leite vegetal sem açúcar
½ colher (chá) de noz-moscada em pó
uma pitada de pimenta calabresa
½ colher (chá) de cúrcuma em pó
1 colher (sopa) de levedura nutricional (ver Nota)
1 colher (chá) de molho inglês vegano (ver Nota)
uma pitada de sal marinho (opcional)

Cobertura
2 colheres (sopa) de farelo de pão integral (ver Nota na página 107)
½ xícara de queijo vegetal ralado (opcional)
1½ colher (chá) de tomilho fresco picado ou ½ colher (chá) de tomilho seco

1. Preaqueça o forno a 190 °C.
2. Para fazer a massa, misture a farinha, a linhaça, o azeite e o leite vegetal. Estenda a massa em uma superfície ligeiramente enfarinhada, formando um disco pouco mais largo que 22 cm de diâmetro. Coloque-a em uma fôrma redonda. Aperte a massa por inteiro com um garfo e leve-a ao forno por 10 minutos.
3. À parte, para fazer o recheio, aqueça o azeite em uma frigideira larga em fogo médio. Acrescente a cebola e refogue por 3 minutos. Junte o alho, a pimenta-do-reino, a mostarda, o tomilho e o cogumelo, refogando por mais 3 minutos.
4. Acrescente o espinafre e refogue por 2 minutos, aproximadamente, só até amolecer. Retire a panela do fogo.
5. Em um liquidificador, bata o tofu, o leite vegetal, a noz-moscada, a pimenta calabresa, a cúrcuma, a levedura, o molho inglês vegano e o sal marinho, a gosto, até a mistura ficar homogênea. Raspe as laterais do copo do aparelho, se necessário.
6. Misture esse tofu batido ao espinafre da frigideira.
7. Preencha a base assada da torta com o recheio de tofu. Leve ao forno por 30 minutos, sem cobrir. Espalhe o farelo de pão e o queijo, devolva a torta ao forno e asse por mais 15 a 20 minutos, até dourar e o recheio estar firme.
8. Retire do forno e decore com o tomilho. Corte 8 fatias para servir.

Nota: A levedura nutricional é uma levedura inativa naturalmente rica em vitaminas e minerais e, muitas vezes, enriquecida com outras vitaminas (como a vitamina B). Devido a seu sabor parecido com o de queijo e às suas características nutricionais, é comumente usada como condimento em suculentos pratos à base de vegetais. É possível encontrar molho inglês vegano em lojas de produtos naturais ou especializadas.

Variações: Substitua o espinafre por outras verduras, como couve ou mostarda. Para uma receita sem glúten, substitua a farinha de trigo integral por 1 xícara mais 2 colheres (sopa) de uma mistura de farinhas sem glúten, use farelo de pão sem glúten e certifique-se de que todos os demais ingredientes não contenham glúten.

CADA PORÇÃO: 222 calorias, 9 g de proteína, 22 g de carboidrato, 11,5 g de gordura, 1,5 g de gordura saturada, 5 g de fibra, 1 g de açúcar, 34 mg de sódio
NUTRIENTES ESTRELADOS: ácido fólico (14% VD), ácido pantotênico (10% VD), tiamina (32% VD), vitamina A (41% VD), vitamina C (11% VD), vitamina K (272% VD), cálcio (21% VD), ferro (15% VD), magnésio (17% VD), potássio (11% VD)

Salada de ervas e kiwi com pistache e molho de laranja

Mordisque vegetais crus

Salada primaveril com divino molho verde
Salada de ervas e kiwi com pistache e molho de laranja

45

Rúcula picante, jicama crocante, pêssegos suculentos – esses são alguns dos vegetais cujo sabor é muito melhor quando consumidos crus. Sem o calor para quebrar as paredes celulares, a sua textura crocante permanece. E, sem a água de cozimento para drenar as moléculas de aroma e sabor, eles ficam intactos, o que é perceptível quando mordemos essas deliciosas verduras e frutas. Não há dúvida de que uma das formas mais sensuais de se deliciar com os vegetais é *au naturel*, sem ajuda de panelas. Nem pense em cozinhar os morangos frescos e maduros do inverno, nem as folhas tenras do espinafre fresco.

Além do sabor, os vegetais crus têm vantagens nutricionais. Cozinhar os vegetais em temperaturas altas, principalmente em água, pode prejudicar alguns de seus nutrientes mais delicados, como as vitaminas B e C. No entanto, nem todos os vegetais ficam melhor crus. Ao cozinhar leguminosas e grãos, fazemos com que seus nutrientes fiquem digeríveis. Algumas frutas e hortaliças também se beneficiam do calor, como o tomate, por exemplo, que oferece mais do antioxidante licopeno quando cozido, pois as paredes celulares do vegetal se abrem, liberando-o com mais eficácia.

Não existem provas suficientes para indicar que precisamos consumir apenas alimentos crus, como propõem alguns. Mas é uma boa ideia inserir mais alimentos crus no cardápio como uma alternativa – deliciosa – para degustar os vegetais. Aqui vão alguns dos meus vegetais crus preferidos: como aperitivo, rabanetes de cor vibrante e pimentões adocicados; "sanduíches" de manjericão, tomate nativo e fatias de abacate; tirinhas de vegetais como pepino, brócolis e cenoura feitas com um mandoline (cortador; ver página 170); uma salada de verduras variadas com gomos de nectarina; punhados de ervas frescas, como salsinha e coentro, misturados em salpicões ou salpicados generosamente sobre preparos diversos; e pastas de oleaginosas sobre fatias crocantes de maçã.

Salada primaveril com divino molho verde

🕐 20 minutos
🕐 20 minutos
🍴 8 porções
(1¼ xícara cada, aproximadamente)

As cores desta linda salada crua – verde-hortelã, jade, lilás, rosa-avermelhado, amarelo-ouro – irradiam as alegrias da primavera. Ao servir os vegetais crus, não se perde nada de suas cores maravilhosas e vibrantes nem das texturas crocantes. Os tons perfeitos desta salada são acentuados por uma saudável versão vegetal de um molho bem tradicional nos Estados Unidos: o green goddess dressing ("divino molho verde"), aqui em uma versão com abacate, pepino e endro.

Molho
¼ de xícara de iogurte vegetal sem açúcar
½ abacate pequeno maduro sem casca fatiado
¼ de xícara de pepino picado com a casca
¼ de xícara de endro fresco picado ou 1 colher (chá) de endro seco
1 cebolinha picada
1 dente de alho médio picado
¼ de colher (chá) de pimenta calabresa
1 colher (chá) de vinagre balsâmico
1 colher (sopa) de suco de limão-siciliano

Salada
3 xícaras de verduras baby
½ pepino japonês médio
6 rabanetes pequenos cortados em quartos
1 xícara de tomates-cerejas
1½ xícara de buquezinhos de couve-flor, de preferência roxa (ver Nota)
1 xícara de buquezinhos de brócolis frescos
½ pimentão amarelo médio picado grosseiramente
endro fresco para decorar (opcional)

1. Para preparar o molho, coloque todos os ingredientes no liquidificador e bata até a mistura ficar homogênea. Raspe as laterais do copo do aparelho, se necessário.
2. Para montar a salada, forre uma travessa ou tigela rasa com as verduras. Risque com um garfo a casca do pepino no sentido do comprimento para criar ranhuras. Fatie bem fino. Arrume todas as hortaliças em cima da alface.
3. Regue a salada com o molho (ou sirva-o como acompanhamento) e, se desejar, decore-a com o endro fresco.

Nota: Se não encontrar a couve-flor roxa, use outra variedade, como a branca.

CADA PORÇÃO: 97 calorias, 4 g de proteína, 17 g de carboidrato, 3 g de gordura, 0,5 g de gordura saturada, 7 g de fibra, 9 g de açúcar, 21 mg de sódio
NUTRIENTES ESTRELADOS: ácido fólico (32% VD), vitamina A (30% VD), vitamina B6 (16% VD), vitamina C (151% VD), vitamina K (45% VD), cálcio (14% VD), cobre (19% VD), ferro (14% VD), magnésio (17% VD), molibdênio (17% VD), fósforo (12% VD), potássio (27% VD)

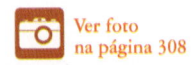

Salada de ervas e kiwi com pistache e molho de laranja

🕐 7 minutos
🕐 7 minutos
🍴 4 porções
(1¼ xícara cada, aproximadamente)

Adoro a combinação de frutas frescas e hortaliças desta salada, a polpa adocicada e aromática das frutas sobreposta ao crocante natural das verduras. Esses ingredientes crus são imbatíveis em oferta de vitamina C, que é antioxidante, mas também delicada e fácil de ser prejudicada pelo cozimento. Tente colocar sempre alguma coisa crua – crocante, fresca e integral – no seu cardápio diário.

3 xícaras de ervas e verduras sortidas (ver Nota)
2 kiwis médios frescos sem casca e picados (ver Nota)
½ pimentão amarelo médio picado
2 colheres (sopa) de suco de laranja
2 colheres (chá) de azeite extra virgem
pimenta-do-reino moída na hora, a gosto
½ colher (chá) de raspa da casca de laranja
uma pitada de sal marinho (opcional)
3 colheres (sopa) de pistaches crus picados grosseiramente

1. Em uma saladeira, misture ligeiramente as ervas, as verduras, o kiwi e o pimentão.
2. Em uma tigela pequena, prepare o molho da salada misturando o suco de laranja, o azeite, a pimenta-do-reino, a raspa de laranja e o sal marinho.
3. Regue a salada com esse molho, temperando bem. Espalhe os pistaches.

Nota: Você pode usar combinações de ervas e verduras já lavadas e picadas e/ou substituir os kiwis por morangos frescos.

CADA PORÇÃO: 94 calorias, 3 g de proteína, 10 g de carboidrato, 5 g de gordura, 1 g de gordura saturada, 3 g de fibra, 4 g de açúcar, 58 mg de sódio
NUTRIENTES ESTRELADOS: vitamina A (43% VD), vitamina C (152% VD), vitamina K (17% VD)

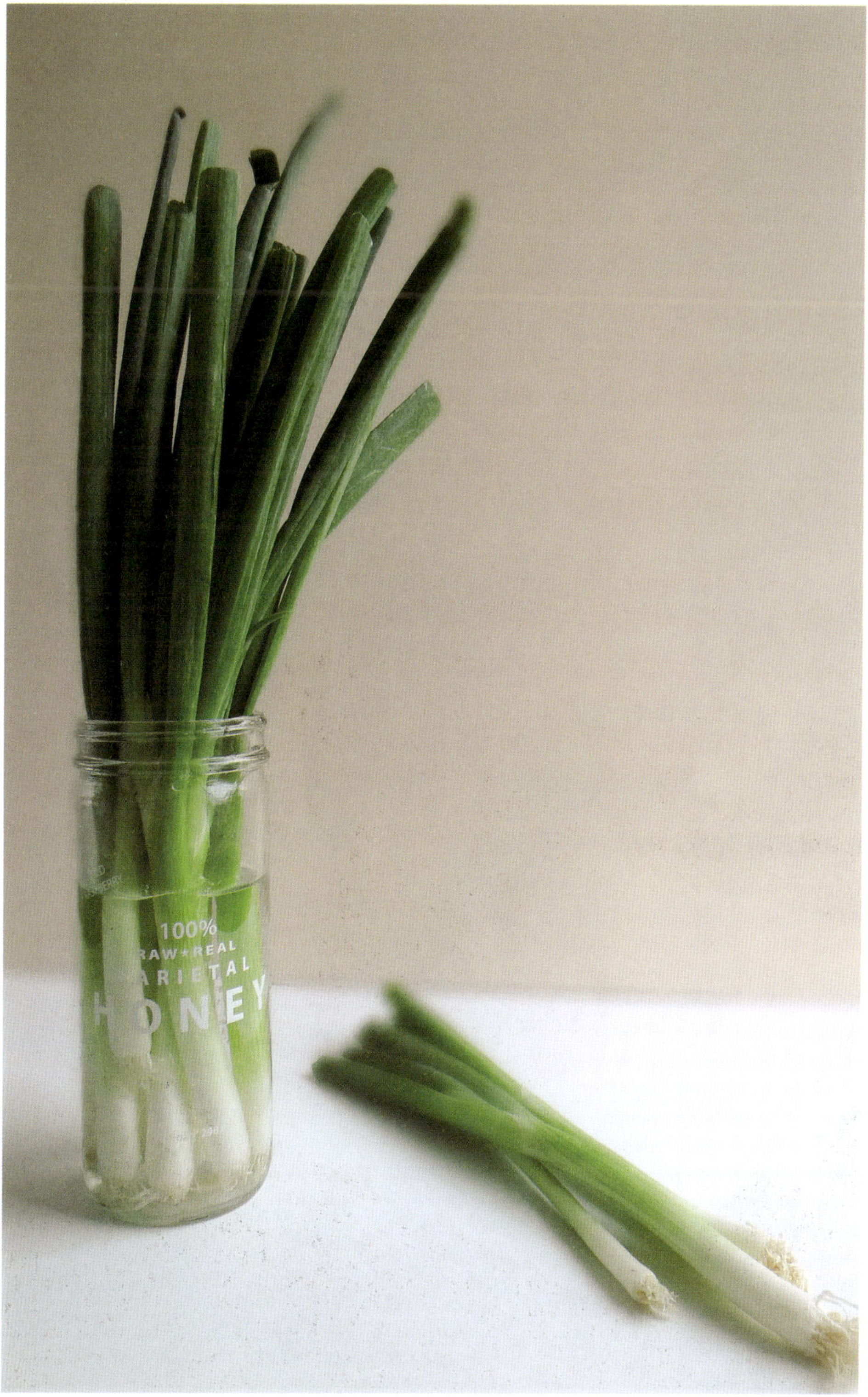
100%
HONEY

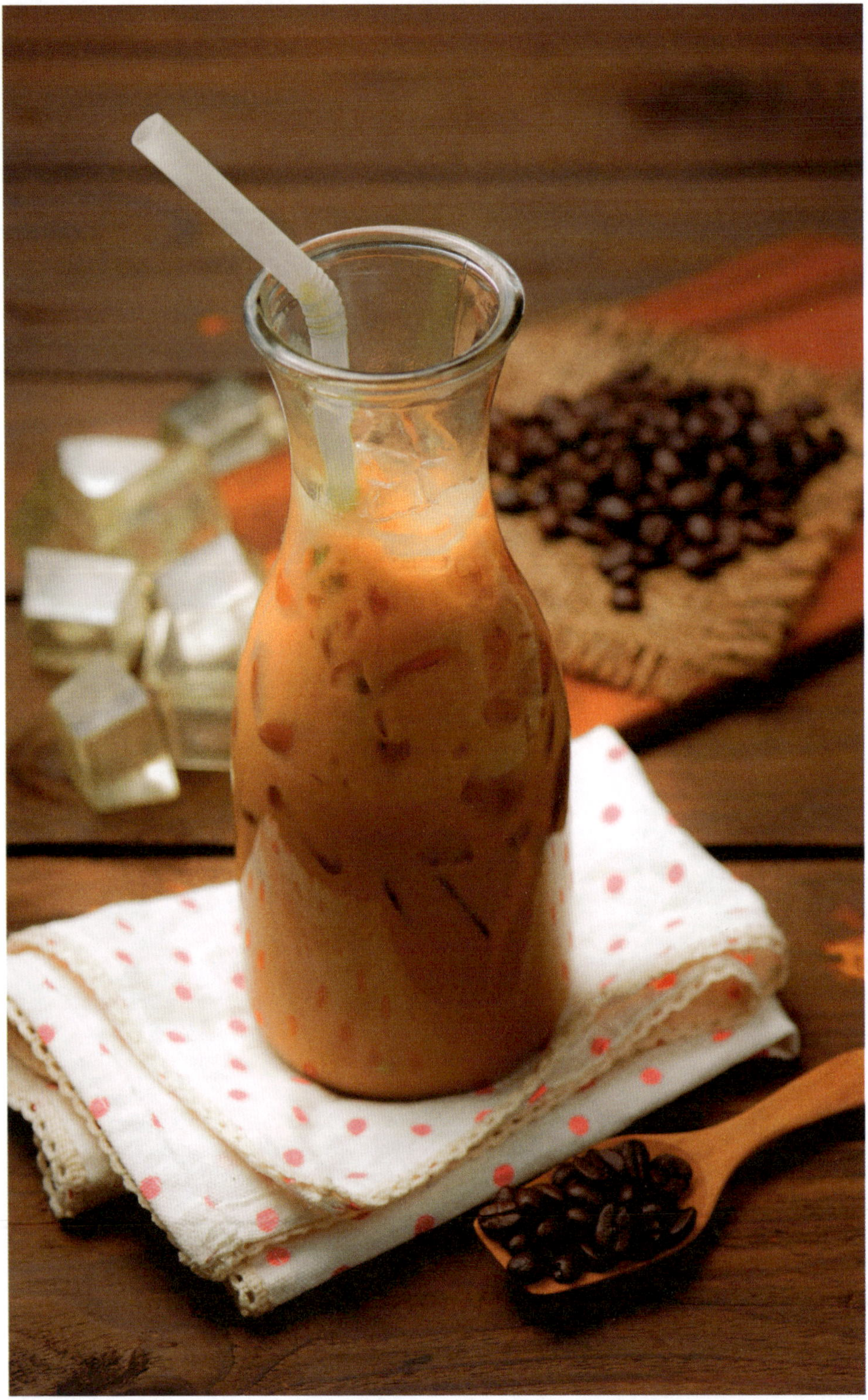

Separe um tempo para um café ou um chá

Refresco de limão e alfazema
Café gelado batido com avelãs
Chá de romã e flores

Se existe alguma coisa clara feito água, é o fato de que estamos consumindo um excesso de refrigerantes, energéticos e sucos no lugar dela. Os litros que entornamos sem parar estão prejudicando seriamente a nossa saúde. Estudos recentes relacionam o consumo de bebidas calóricas com alto teor de açúcar e sem nada de nutrientes com a obesidade, desenvolvimento de diabetes tipo 2 e doenças do coração. Um refrigerante de 350 ml contém *10 colheres de chá de açúcar*, portanto, beber isso gera um impacto indesejável sobre a taxa de glicose no sangue, ao mesmo tempo que acrescenta aproximadamente 150 calorias ao nosso consumo diário. Essas calorias não oferecem nenhum nutriente e não nos deixam satisfeitos!

Então, o que devíamos beber? Embora a primeira escolha deva ser água – direto do filtro (ou mineral) –, a segunda escolha deveria ser alguma bebida simples à base de produtos de origem vegetal, como café ou chá. Essas infusões vêm sendo consumidas há milhares de anos em todo canto do mundo. Séculos atrás, as pessoas acreditavam que o café e o chá podiam tratar enfermidades e nos energizar. E, como acontece com frequência, parece que os antigos curandeiros estavam certos. O café, feito de poderosos grãos do gênero *Coffea*, e chás, como o chá-verde e o chá-preto, são ricos em propriedades antioxidantes e anti-inflamatórias.

Beber café pode prevenir a diabetes tipo 2, problemas de fígado, câncer de cólon, além de reforçar o desempenho mental e atlético. E os chás de *Camellia sinensis* podem prevenir doenças do coração, câncer e, segundo indícios científicos, talvez até doenças ósseas.

Tanto o café como esses chás contêm cafeína, um estimulante natural que, possivelmente, está relacionado a alguns desses benefícios para a saúde. Mesmo quem tem problemas como insônia e ansiedade relacionados ao consumo de cafeína pode obter os benefícios antioxidantes e anti-inflamatórios dessas bebidas, consumindo suas versões descafeinadas. Todos os chás de *Camellia sinensis* – inclusive o chá-preto, feito de folhas maduras e não oxidadas, e o chá-branco, feito dos botões – contêm antioxidantes. Portanto, podemos consumir à vontade a variedade que preferirmos. Além disso, os chás de outras ervas apresentam benefícios próprios, como ações antioxidantes e antimicrobianas.

Portanto, beba chá e café pela hidratação e pela saúde. Porém, não estrague as suas boas intenções enchendo a xícara de açúcar, creme e ingredientes artificiais. Experimente adicionar um pouquinho de leite de soja ou de amêndoas e um fio de xarope de agave, caso prefira adoçar um pouco a sua bebida.

Refresco de limão e alfazema

🕐 5 minutos
🕐 1 hora e 5 minutos
🍴 4 porções
    (1 xícara cada)

Nos dias quentes de verão, adoro combinar chás de ervas em infusões ecléticas com limão fresquinho, tirado do pé e espremido na hora. Os aromas da alfazema e do limão banhados de sol brincam juntos neste refresco. Sirva com um ramo de alfazema fresco – um ingrediente maravilhoso, fácil de ser cultivado em muitas regiões – e ofereça uma bebida refrescante e realmente memorável.

3 saquinhos de chá de alfazema
4 xícaras de água quente
suco de 1 limão-siciliano médio
1 colher (sopa) de xarope de agave
4 fatias de limão-siciliano (opcional)
4 ramos de alfazema frescos (opcional)

1. Coloque os saquinhos de chá na água em uma jarra de vidro ou cerâmica. Deixe em infusão por 1 hora em temperatura ambiente.
2. Retire os saquinhos e misture o suco de limão e o xarope de agave. Encha 4 copos com cubos de gelo e com 1 xícara da bebida cada.
3. Se desejar, decore com fatias de limão e ramos de alfazema.

Nota: Você pode preparar o chá e conservá-lo na geladeira por 3 a 4 dias.

Variação: Substitua a alfazema por hortelã fresca ou saquinhos de chá de hortelã.

CADA PORÇÃO: 23 calorias, 0,5 g de proteína, 8 g de carboidrato, 0 g de gordura, 0 g de gordura saturada, 0 g de fibra, 5 g de açúcar, 8 mg de sódio
NUTRIENTE ESTRELADO: vitamina C (55% VD)

Separe um tempo para um café ou um chá

6 minutos
6 minutos
2 porções
(1⅓ xícara cada, aproximadamente)

Café gelado batido com avelãs

Deixe de lado os cafés gelados prontos, economizando dinheiro e ingerindo menos calorias, ao fazer o seu próprio café gelado reforçado com ingredientes de origem vegetal, incluindo o sabor frutado e adocicado das avelãs. E receba a recompensa do consumo de café – melhoria do desempenho geral e controle da glicose – com esta bebida integral e vegetal feita do jeito certo.

½ xícara de café expresso pronto
10 cubos de gelo
1 xícara de leite de avelã sem açúcar
1 colher (chá) de xarope de agave
3 colheres (sopa) de avelãs
uma pitada de pimenta-da-jamaica
uma pitada de cacau em pó

1. Em um liquidificador, bata o expresso, o gelo, o leite, o xarope de agave e as avelãs por 1 a 2 minutos, até obter uma mistura bem homogênea. As avelãs exigem que se bata mais para ficar homogêneo.
2. Despeje em 2 canecas e polvilhe a pimenta-da-jamaica e o cacau em pó.

Variação: Substitua as avelãs e o leite de avelã por amêndoas e leite de amêndoas.

CADA PORÇÃO: 115 calorias, 2 g de proteína, 14 g de carboidrato, 6 g de gordura, 0 g de gordura saturada, 1 g de fibra, 10 g de açúcar, 68 mg de sódio
NUTRIENTES ESTRELADOS: niacina (16% VD), riboflavina (10% VD), cálcio (30% VD), cobre (15% VD), magnésio (15% VD), manganês (32% VD), potássio (10% VD)

Chá de romã e flores

⏱ 4 minutos
⏲ 18 minutos
🍴 4 porções
(1¼ xícara cada)

Nada como chá fresco para se hidratar com bebidas à base de vegetais. Essas infusões são plenas de agentes antioxidantes e anti-inflamatórios e não contêm ingredientes artificiais nem açúcar se você prepará-las em casa. No meu chá de flores, apelo ao toque encantador das flores comestíveis, aliadas aos chás de hibisco e de rosa, além do suco de romã, criando uma bebida bonita e aromática que vai chamar a atenção na hora do lanche.

4 xícaras de água fervente
2 saquinhos de chá de hibisco (ver Nota)
1 saquinho de chá de rosa (ver Nota)
1 xícara de suco de romã
12 cubos de gelo (opcional)
flores comestíveis, como amor-perfeito, capuchinha, alfazema (opcional)

1. Despeje a água quente em uma jarra de vidro. Coloque os saquinhos de chá e deixe em infusão por pelo menos 15 minutos.
2. Retire os saquinhos e adicione o suco de romã.
3. Encha 4 copos com cubos de gelo e o chá (ou deixe a jarra na geladeira até a hora de servir). Enfeite com as flores, a gosto, e sirva imediatamente.

Nota: Você pode usar chá de rosa branca ou de rosa silvestre, bem como outras misturas, como chá de rosa com framboesa ou chá de rosa com limão. É possível encontrar flores comestíveis em lojas de produtos naturais ou em algumas lojas especializadas, ou você pode cultivá-las em seu jardim. Certifique-se de não usar flores tratadas com pesticidas ou fertilizantes, e lave-as bem.

Variação: Substitua o suco de romã por suco de pêssego ou de cranberry.

CADA PORÇÃO: 32 calorias, 0 g de proteína, 8 g de carboidrato, 0 g de gordura, 0 g de gordura saturada, 0 g de fibra, 6 g de açúcar, 12 mg de sódio

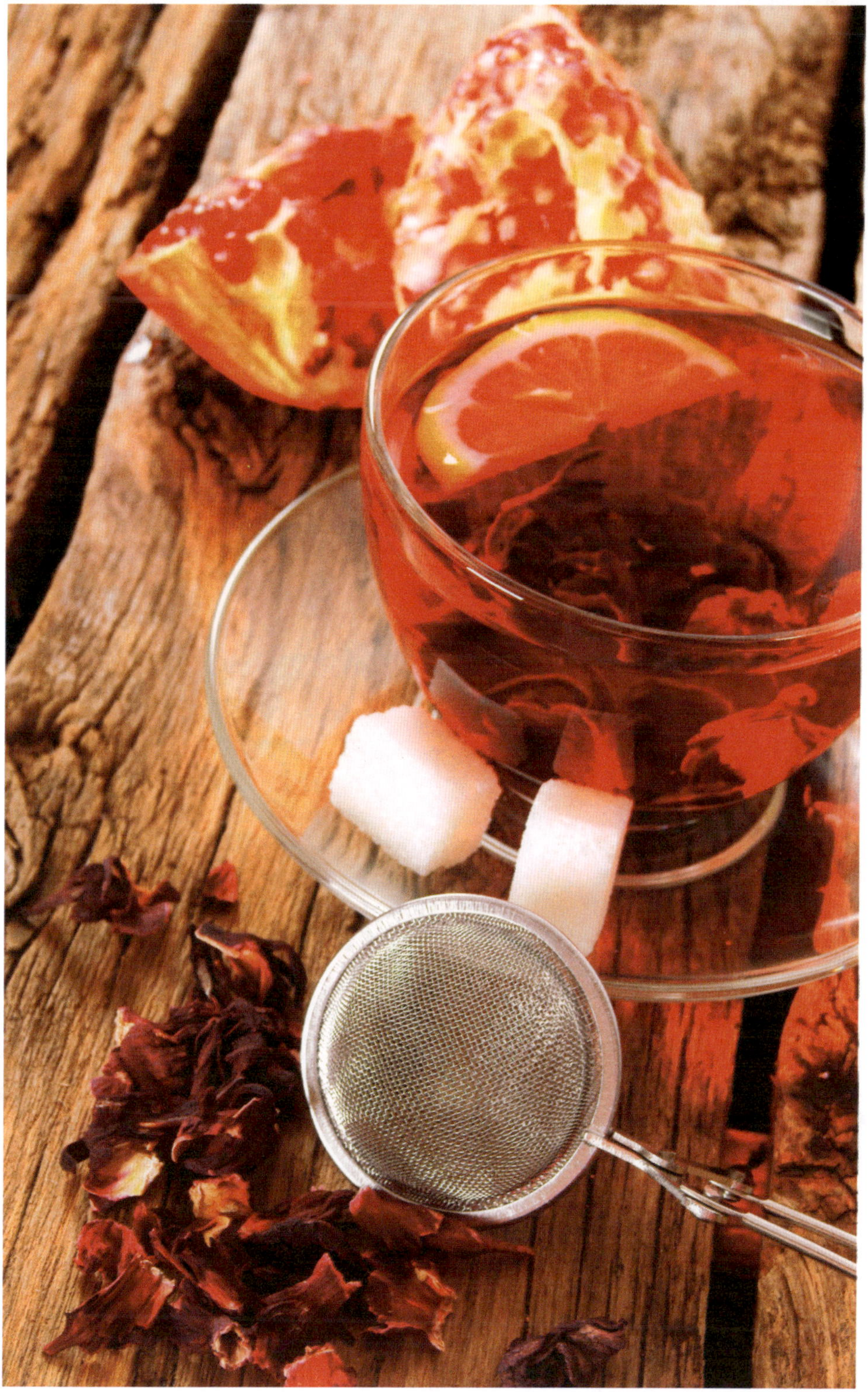

Sanduíche de grão-de-bico
e algas marinhas

Reserve um espaço para alimentos fermentados

47

Lámen com kimchi coreano
Sanduíche de grão-de-bico e algas marinhas

Muito antes de geladeiras e congeladores existirem, as pessoas tinham que encontrar maneiras de preservar os produtos da natureza para que atravessassem os meses sem muita oferta de comida. Como nós, seres humanos, somos engenhosos e persistentes, descobrimos a fermentação. Claro, a fermentação – esse processo que converte o açúcar dos alimentos em ácidos, gases ou álcool – é anterior ao surgimento da nossa espécie, mas nossos antepassados descobriram uma maneira de entendê-la e usá-la a seu favor.

Durante o processo da fermentação, micro-organismos como as leveduras e bactérias, que existem naturalmente no ambiente ou são introduzidos nos alimentos, fazem mágica e alteram os alimentos. A fermentação transforma o leite em iogurte, o suco de uva em vinho e o pepino em picles.

No mundo inteiro, os alimentos fermentados tradicionais fazem parte da dieta de diversas culturas: o chucrute alemão (repolho fermentado), o kimchi coreano (repolho fermentado), o injera etíope (pão de teff fermentado), o tempeh indonésio (bolo de soja e grãos fermentados), o natô japonês (soja fermentada) e o poi polinésio (inhame fermentado) são apenas alguns exemplos clássicos. Essas comidas nos oferecem muito mais do que sabores explosivos (e embriaguez, no caso do vinho e da cerveja). A fermentação quebra o alimento, o que torna alguns ingredientes mais digeríveis. E também traz as bactérias benéficas – probióticos – para a nossa flora intestinal, o que pode propiciar inúmeros benefícios, desde imunológicos até digestivos.

Infelizmente, muitos alimentos tradicionalmente fermentados, como o picles e o chucrute, são, hoje em dia, produzidos de acordo com os padrões da indústria moderna, e o vinagre e o enlatamento tomaram o lugar da bactéria viva. Embora ainda sejam alimentos vegetais (porém, em geral, com muito sal), essas versões industrializadas não são preparadas de acordo com os princípios antigos de fermentação, que consistiam em introduzir micro-organismos nos alimentos. Mas alimentos verdadeiramente fermentados continuaram a ser produzidos e, recentemente, estão passando por uma espécie de renascimento: picles, kombuchá (uma bebida fermentada) e kimchi, entre outros, vêm sendo mais comercializados. Procure nas embalagens pela indicação de que o produto contém probióticos. Você também pode preparar seus próprios alimentos fermentados, como iogurte, pão com fermento natural (levain) e picles. Aprenda com os livros de História e abra mais espaço na sua alimentação para os fermentados.

Lámen com kimchi coreano

- 23 minutos
- 28 minutos
- 6 porções
  (1 xícara de caldo com ½ xícara de macarrão cada)

O kimchi é um prato fermentado tradicional da Coreia. Feito de hortaliças como repolho ou rabanete aromatizado com pimenta-malagueta, é um dos exemplos mais famosos de picles de vegetais, remontando ao século X a.C. A fermentação surgiu da necessidade de preservar os alimentos, mas, hoje, sabemos que as bactérias naturais introduzidas em alimentos, como no caso do kimchi, oferecem uma infinidade de recompensas à saúde. O sabor azedo e crocante do kimchi coreano é a marca deste delicioso cozido.

1 colher (sopa) de óleo de gergelim
1 cenoura média cortada em rodelas
2 dentes de alho médios picados fino
2 xícaras de couve-chinesa (bok choy) ou acelga fatiada fino
1½ xícara de cogumelos picados (por exemplo, shitake, shimeji e/ou paris)
397 g de kimchi vegetariano picante em conserva, com o líquido (ver Nota)
½ colher (sopa) de pasta gochujang (condimento coreano; ver Nota)
1 colher (sopa) de shoyu com baixo teor de sódio
2½ xícaras de água
397 g de tofu extra firme, escorrido e cortado em tiras (para um resultado melhor, prensado; ver página 115)
4 cebolinhas médias picadas
270 g de macarrão lámen

1. Em uma frigideira grande ou wok, aqueça o óleo de gergelim em fogo médio. Acrescente a cenoura e refogue por 4 minutos.
2. Junte o alho e o bok choy ou a acelga, refogando por mais 2 minutos.
3. Junte os cogumelos e refogue por mais 3 minutos.
4. Acrescente o kimchi (com o líquido), a pasta gochujang, o shoyu e a água. Misture bem e cozinhe por 8 minutos. Acrescente o tofu e a cebolinha, cozinhando por mais 2 minutos.
5. À parte, leve à fervura uma panela média com água em fogo alto. Adicione o lámen e cozinhe em fogo médio por 4 minutos (ou de acordo com as orientações da embalagem). Não cozinhe demais. Escorra, passe na água fria rapidamente e devolva à panela, tampando para conservar quente.
6. Para servir, arrume seis tigelas de sopa grandes e, em cada uma, coloque ½ xícara de macarrão e 1 xícara de caldo por cima. Sirva imediatamente.

Nota: O kimchi vegetariano pode ser encontrado em lojas de produtos orientais. Por causa da fermentação, talvez a pasta transborde e solte bolhas quando o vidro for aberto. A pasta gochujang é feita de pimentas e pode ser encontrada em lojas de produtos orientais ou *on-line*.

Variação: Para um prato sem glúten, substitua o lámen por macarrão de arroz e cozinhe-o conforme as instruções da embalagem. Certifique-se de que o shoyu e os demais ingredientes não contenham glúten.

....

CADA PORÇÃO: 262 calorias, 15 g de proteína, 37 g de carboidrato, 6 g de gordura, 1 g de gordura saturada, 5 g de fibra, 3 g de açúcar, 182 mg de sódio
NUTRIENTES ESTRELADOS: ácido fólico (33% VD), niacina (19% VD), riboflavina (15% VD), tiamina (23% VD), vitamina A (102% VD), vitamina C (63% VD), vitamina K (45% VD), cálcio (20% VD), ferro (19% VD), magnésio (11% VD)

Ver foto na página 320

Mude sua dieta em 52 passos simples

Sanduíche de grão-de-bico e algas marinhas

- 26 minutos
- 26 minutos
- 6 porções (1 sanduíche cada)

Com o sabor das algas marinhas e do picles, este recheio à base de grão-de-bico é o substituto vegetal perfeito para o patê de atum em sanduíches e saladas que levariam esse ingrediente. Rica em proteínas, fibras e outros nutrientes essenciais, esta salada também oferece uma porção de bactérias benéficas, graças à fermentação do picles – ele tem bactérias vivas e, cada vez mais, é possível encontrá-lo nas lojas de produtos naturais.

12 fatias de pão integral (por exemplo, de centeio, de trigo integral ou multigrãos sem glúten; ver Nota)
425 g ou 1¾ xícara de grão-de-bico cozido sem sal, lavado e escorrido
¼ de xícara de salsão picado
2 colheres (sopa) de cebola picada fino
⅓ de xícara de picles fresco fermentado (probiótico) picado fino
1 cenoura média ralada
2 colheres (sopa) de salsinha fresca picada
1 colher (sopa) de alcaparra escorrida e picada
2 colheres (sopa) de alga marinha seca picada fino (por exemplo, nori ou aramê)
3 colheres (sopa) de maionese vegetal (ver página 357)
½ colher (chá) de molho de mostarda amarelo
½ colher (chá) de missô (ver página 261)
1 colher (sopa) de suco de limão-siciliano
½ colher (chá) de shoyu com baixo teor de sódio
½ colher (chá) de levedura nutricional (ver página 173)

Complemento
6 folhas de alface-romana
2 tomates médios picados
12 fatias de picles fermentado fresco e escorrido

Reserve um espaço para alimentos fermentados

1. Preaqueça o forno a 190 °C. Arrume o pão em uma assadeira e leve ao forno para torrar por 5 a 8 minutos, até dourar, ou use uma torradeira.
2. À parte, em uma tigela média, amasse o grão-de-bico com um garfo, obtendo uma massa com pedacinhos.
3. Acrescente o salsão, a cebola, o picles, a cenoura, a salsinha, as alcaparras e a alga marinha.
4. Em uma tigela pequena, faça o molho, misturando a maionese vegetal, a mostarda, o missô, o suco de limão, o shoyu e a levedura nutricional até obter uma mistura homogênea.
5. Junte o molho à mistura de grão-de-bico.
6. Para preparar o sanduíche, espalhe ½ xícara do recheio em 1 fatia de pão. Cubra com 1 folha de alface, 2 fatias de tomate e 2 fatias de picles. Feche com outra fatia de pão. Repita o procedimento até montar 6 sanduíches. Corte-os na diagonal e sirva imediatamente.

Nota: Você pode substituir o pão em fatias por pão sírio integral ou pão de hambúrguer integral, ou deixar o pão de lado e servir apenas a salada em uma cama de alface. Se não quiser montar todos os sanduíches de uma vez, prepare apenas a quantidade necessária e conserve o restante do recheio na geladeira, em embalagem hermeticamente fechada, por até 3 dias.

....

CADA PORÇÃO: 395 calorias, 15 g de proteína, 67 g de carboidrato, 9 g de gordura, 2 g de gordura saturada, 9 g de fibra, 10 g de açúcar, 623 mg de sódio
NUTRIENTES ESTRELADOS: ácido fólico (18% VD), niacina (18% VD), riboflavina (11% VD), tiamina (21% VD), vitamina A (71% VD), vitamina B6 (13% VD), vitamina C (32% VD), vitamina K (87% VD), cálcio (11% VD), cobre (22% VD), ferro (19% VD), magnésio (28% VD), manganês (10% VD), fósforo (19% VD), potássio (16% VD), selênio (33% VD), zinco (14% VD)

Brownie de
feijão-preto
e nozes

Esbalde-se com pequenas porções de chocolate amargo

Chocolate quente picante
Brownie de feijão-preto e nozes

Lembro-me do tempo em que não resistir à vontade de comer chocolate era motivo de muita culpa... Mas lá se foi essa época! O chocolate – principalmente o chocolate amargo – tem agora uma aura de saúde, graças aos seus polifenóis, que agem como antioxidantes. Estudos demonstram que consumir uma pequena porção (28 g, aproximadamente) de chocolate amargo diariamente ajuda a conservar a saúde das artérias, prevenir a coagulação sanguínea, controlar a pressão arterial, evitar inflamações e diminuir os níveis de colesterol.

A maior parte do que aprendemos sobre uma boa alimentação nos leva diretamente para o consumo dos vegetais como são na natureza, e o chocolate é um bom exemplo disso. O cacau é originário da Amazônia e nasce do cacaueiro, que floresce em regiões tropicais. Os antigos maias e astecas, que consumiam a amêndoa do cacau em uma bebida amarga e sem açúcar ou em mingau, acreditavam que o chocolate era um elixir da saúde. Considerando que 10% da massa total do cacau em pó é constituído de polifenóis, parece que estavam certos. Os espanhóis descobriram o segredo do chocolate ao longo do processo de conquista do Novo Mundo, mas passaram a processá-lo misturando-o com açúcar refinado – um prenúncio do chocolate dos dias atuais.

Claro, as barras de chocolate atuais, em que o cacau é mesclado com inúmeros outros ingredientes, como gordura hidrogenada, leite, emulsificantes e açúcar, não têm nada em comum com o preparado consumido nas florestas há milhares de anos. A fim de obter os benefícios que o consumo de chocolate propicia para a saúde, é preciso ser exigente. Prefira barras de chocolate com pelo menos 70% de cacau; evite chocolate ao leite, que tem baixas porcentagens de cacau, e chocolate branco, que não tem nada de cacau. Leia a lista dos ingredientes para saber o que está comendo – em termos ideais, um chocolate deve ter pouco açúcar e, em vez de gordura hidrogenada, manteiga de cacau. Restrinja o consumo a apenas 28 g diários, como algo especial (ver página 233), ou a uma pequena quantidade de cacau em vitaminas, pães e biscoitos. Não se esqueça de verificar como o cacau de sua barra de chocolate foi cultivado. Nosso dinheiro significa votos, portanto, se possível, prefira sempre cacau orgânico produzido e distribuído dentro dos parâmetros legais.

Chocolate quente picante

- 8 minutos
- 10 minutos
- 2 porções
  (¾ de xícara cada, aproximadamente)

O cacau foi descoberto pelos maias há séculos. Portanto, esta bebida – impregnada dos sabores de pimenta-de-arból, chocolate amargo e xarope de agave – é uma homenagem a eles. Esses sabores se mesclam em uma bebida sem laticínios rica e cremosa, com um toque quente. Em um dia frio, prepare uma jarra com uma dose de antioxidantes que vai reconfortar seu corpo e sua alma.

1 pimenta-de-arból desidratada pequena (ver Nota)
1½ xícara de leite vegetal sem açúcar
2 paus de canela
57 g de chocolate amargo (com pelo menos 70% de cacau) ralado ou picado grosseiramente (ver Nota)
1 colher (sopa) de xarope de agave

1. Leve uma panela pequena ao fogo médio. Coloque a pimenta e cozinhe por 1 minuto, até que ela comece a mudar de cor.
2. Retire a pimenta, deixe esfriar e moa-a inteira, com a pele e as sementes, no liquidificador, processador ou moedor.
3. Coloque o leite vegetal e os paus de canela na mesma panela e esquente em fogo baixo por 5 minutos, aproximadamente, mexendo de vez em quando até a mistura esquentar e borbulhar. Retire a canela e reserve-a.
4. Acrescente o chocolate, o xarope de agave e a pimenta moída, a gosto, mexendo vigorosamente com um batedor de metal até o chocolate derreter e o leite espumar.
5. Divida o chocolate quente em 2 canecas ou xícaras e sirva com os paus de canela.

Nota: A pimenta-de-arból é uma pimenta pequena e forte, similar à pimenta-malagueta, e pode ser encontrada em muitos mercados. Para melhores resultados, use chocolate amargo de boa qualidade, baseada na indicação de porcentagem de cacau.

CADA PORÇÃO: 242 calorias, 7 g de proteína, 28 g de carboidrato, 11 g de gordura, 6 g de gordura saturada, 3 g de fibra, 23 g de açúcar, 102 mg de sódio
NUTRIENTES ESTRELADOS: riboflavina (24% VD), tiamina (19% VD), cálcio (23% VD), ferro (12% VD), magnésio (15% VD)

Esbalde-se com pequenas porções de chocolate amargo

Ver foto na página 326

9 minutos
54 minutos
16 porções
(1 brownie de 3 × 3 cm, aproximadamente, cada)

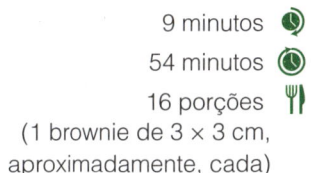

Brownie de feijão-preto e nozes

Eis um cenário perfeito: um brownie forte e úmido cheio de polifenóis do cacau e de nutrientes do feijão – proteínas, fibras e até antioxidantes! O feijão-preto substitui os cereais e um pouco das gorduras neste brownie feito sem glúten e sem ovos. Garanto que ninguém vai adivinhar qual é o ingrediente mágico deste doce delicioso. É um jeito maravilhoso de fazer as crianças (e até os adultos!) comerem feijão.

óleo para pincelar
1¾ xícara ou 425 g de feijão-preto cozido
½ xícara de xarope de agave
½ xícara de cacau em pó
2 colheres (sopa) de chia (ver Nota na página 151)
1 colher (chá) de essência de baunilha
3 colheres (sopa) de óleo de canola prensado a frio
½ colher (chá) de fermento químico em pó
½ xícara de gotas de chocolate amargo sem leite
½ xícara de nozes picadas

1. Preaqueça o forno a 180 °C. Pincele uma fôrma (20 × 20 cm) com o óleo.
2. Bata no liquidificador o feijão-preto, o agave, o cacau em pó, a chia, a essência de baunilha, o óleo de canola e o fermento, até obter uma consistência homogênea. Raspe as laterais do copo do aparelho, se necessário.
3. Despeje a massa na fôrma untada.
4. Espalhe as gotas de chocolate e as nozes por igual pela massa.
5. Leve ao forno por 45 a 50 minutos, até a beirada da massa desgrudar da fôrma e o brownie parecer firme.
6. Deixe esfriar por alguns minutos e, depois, corte em 16 quadrados.

Nota: Esta massa fica úmida e suculenta.

CADA PORÇÃO: 149 calorias, 3 g de proteína, 20 g de carboidrato, 8 g de gordura, 2 g de gordura saturada, 3 g de fibra, 11 g de açúcar, 99 mg de sódio
NUTRIENTES ESTRELADOS: magnésio (10% VD), manganês (14% VD)

Abobrinha
com arroz germinado

Experimente grãos (e leguminosas) germinados

Abobrinha com arroz germinado
Granola de lentilha germinada com damasco

Todos os cereais e leguminosas são, em essência, uma semente à espera de germinar e trazer à vida uma mudinha nova. Por isso, as sementes são plenas de nutrientes riquíssimos: elas sustentam a nova plantinha que vai despontar e florescer. Basta oferecer a esse cereal um pouco de umidade e calor e pronto: eis um grão germinado! E isso também acontece com as leguminosas

Os cereais e leguminosas germinados estão em voga. Passeando por uma loja de produtos naturais, vamos encontrar sacos e latas com uma imensa variedade de grãos germinados. Não estou me referindo aos brotos que ficam nos setores refrigerados, como os brotos de feijão e de alfafa, que ostentam alguns centímetros da plantinha tenra saindo da semente (esses são, fundamentalmente, mudas: não são mais sementes, mas gramíneas, no caso do broto de alfafa, ou mudas de feijão, no caso do broto de feijão). Estou me referindo aos grãos e às leguminosas com apenas um brotinho minúsculo saindo do grão. Eles ainda são sementes, mas esse pequeno broto é uma amostra das mudanças que ocorrem internamente – e que podem nos beneficiar.

O processo de germinação também aumenta o teor de nutrientes, como fibras, vitaminas B e C e cálcio. Consumir cereais e leguminosas germinadas não tem a ver apenas com a saúde, mas também se trata de uma maneira diferente de celebrar os prazeres de comer vegetais integrais. Embora seja possível encontrar em lojas de produtos naturais cereais e leguminosas já germinados, como arroz, lentilha e trigo, você pode germiná-los em casa. Para isso, deixe os grãos de molho em uma tigela com água da noite para o dia. Em seguida, escorra a água, cubra os grãos com um pano úmido e deixe a tigela em um lugar quente. Então, diariamente, transfira os grãos para uma peneira, lave-os com água limpa e morna e retorne para a tigela, até os brotinhos começarem a surgir (o que leva cerca de 1 a 3 dias). Os grãos germinados podem ser cozidos como se cozinha qualquer outro grão e também dão uma farinha rústica que fica deliciosa em pães e outras massas assadas.

Ver foto na página 330

Mude sua dieta em 52 passos simples

Abobrinha com arroz germinado

- 17 minutos
- 1 hora
- 8 porções
  (¾ de xícara cada, aproximadamente)

Esta viçosa guarnição de inspiração latina é cheia de sabores do coentro fresco, da abobrinha, do pimentão e da cebolinha, com um leve toque de pimenta. É um prato perfeito para celebrar o recente renascimento dos grãos germinados. Germinar arroz integral tanto aprimora os níveis nutricionais como facilita a digestão desse grão. Adoro servir este arroz colorido e nutritivo com uma entrada bem latina, como Guandu com abóbora e sofrito (página 210).

3¾ xícaras de água
1½ xícara de arroz cateto integral germinado (ver Nota)
1 colher (chá) de caldo de legumes com baixo teor de sódio (ver página 359)
½ colher (sopa) de azeite extra virgem
2 abobrinhas italianas pequenas picadas
2 dentes de alho médios picados
½ colher (chá) de cominho em pó
½ pimentão verde médio picado
3 cebolinhas médias picadas
1 pimenta jalapeña pequena sem semente cortada em quartos
1½ xícara de coentro fresco
2 colheres (sopa) de suco de limão-siciliano

1. Aqueça a água em uma panela média em fogo alto. Acrescente o arroz germinado e o caldo de legumes. Tampe a panela, abaixe o fogo para médio e cozinhe por 45 a 50 minutos, até ficar macio.
2. Aqueça o azeite em uma frigideira ou panela grande em fogo médio. Acrescente a abobrinha, o alho, o cominho e o pimentão. Refogue por 5 minutos.
3. Junte o arroz germinado e a cebolinha e cozinhe por mais 4 minutos.
4. À parte, leve ao liquidificador ou processador a pimenta, o coentro e o suco de limão, batendo até ficar bem triturado (mas não líquido).
5. Junte a mistura de coentro ao arroz ainda ao fogo, misturando bem e cozinhando por 2 minutos, aproximadamente, para esquentar por inteiro.

Nota: Procure por grãos germinados, como o arroz, em lojas de produtos naturais ou especializadas. Se não conseguir encontrar, germine-os em casa (ver página 331). No passo 1, você pode usar uma panela de arroz elétrica, se preferir.

Variações: No passo 1, você pode substituir o arroz integral germinado por quinoa, trigo ou centeio germinados, seguindo as orientações da embalagem para o tempo de cozimento e para a quantidade de água. Também pode substituir o arroz integral germinado por arroz comum germinado, se preferir.

....

CADA PORÇÃO: 159 calorias, 4 g de proteína, 31 g de carboidrato, 2 g de gordura, 0 g de gordura saturada, 3 g de fibra, 3 g de açúcar, 157 mg de sódio
NUTRIENTES ESTRELADOS: niacina (11% VD), tiamina (13% VD), vitamina A (10% VD), vitamina B6 (19% VD), vitamina C (54% VD), vitamina K (29% VD), magnésio (17% VD), potássio (10% VD)

Granola de lentilha germinada com damasco

- 18 minutos
- 45 minutos
- 12 porções (⅓ de xícara cada, aproximadamente)

Você sabia que pode acrescentar leguminosas, como essas delicadas lentilhas germinadas, a uma porção de preparados feitos no forno? Assadas, elas oferecem um certo toque crocante – além de proteínas e fibras – a esta granola, que é aromatizada com damascos e condimentos tostados. Prepare uma porção para espalhar por cima de cereais, frutas e iogurtes feitos à base de vegetais durante a semana inteira.

1 xícara de lentilha germinada seca (ver Nota)
1½ xícara de água
2 xícaras de aveia em flocos
¼ de xícara de coco ralado sem açúcar
⅓ de xícara de sementes de girassol sem casca
2 colheres (sopa) de gergelim
2 colheres (sopa) de chia
½ xícara de tâmaras picadas
½ xícara de damascos secos picados
2 colheres (sopa) de óleo de canola prensado a frio
2 colheres (sopa) de xarope de bordo
2 colheres (chá) de essência de baunilha
½ colher (chá) de canela em pó
½ colher (chá) de pimenta-da-jamaica em pó
½ colher (chá) de noz-moscada em pó
½ colher (chá) de cardamomo em pó

1. Coloque as lentilhas e a água em uma panela pequena, tampe e leve ao fogo alto até a fervura. Quando ferver, abaixe o fogo para médio e cozinhe por apenas 10 minutos, para que as lentilhas permaneçam firmes e ligeiramente crocantes (não cozinhe demais). Escorra e reserve.
2. Preaqueça o forno a 180 °C.
3. Em uma tigela grande, junte a aveia, o coco ralado, as sementes de girassol, o gergelim, a chia, as tâmaras e os damascos. Acrescente as lentilhas cozidas.

4. Em uma tigela pequena, misture o óleo de canola, o xarope de bordo, a baunilha, a canela, a pimenta-da-jamaica, a noz-moscada e o cardamomo. Leve à fervura em fogo médio, mexendo sempre. Retire do fogo e despeje essa mistura na granola, misturando bem.
5. Espalhe a granola em uma camada fina por uma assadeira e leve ao forno por 30 minutos, até dourar. Mexa a cada 10 minutos.
6. Guarde em um recipiente hermeticamente fechado por até 1 mês.

Nota: Se você não encontrar lentilhas germinadas, germine-as em casa (ver página 331) ou apenas use lentilhas comuns.

Variações: Substitua as sementes de girassol por gergelim ou sementes de abóbora sem casca; e os damascos, por uvas-passas, cerejas secas ou maçã seca picada.

CADA PORÇÃO: 171 calorias, 4 g de proteína, 25 g de carboidrato, 7 g de gordura, 1 g de gordura saturada, 4 g de fibra, 11 g de açúcar, 3 mg de sódio
NUTRIENTES ESTRELADOS: tiamina (11% VD), vitamina E (10% VD), cobre (16% VD), ferro (15% VD), manganês (26% VD)

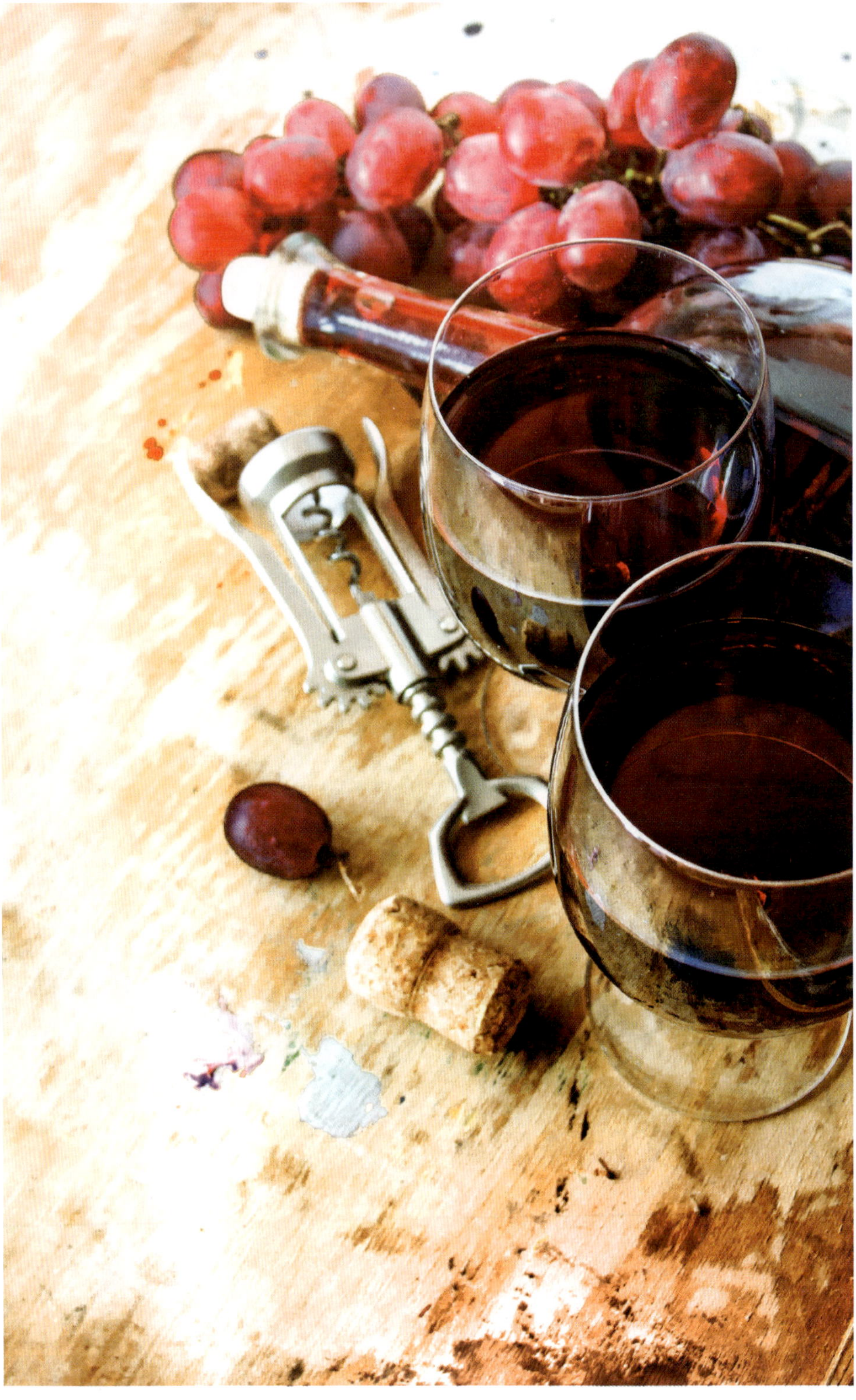

Aprecie bebidas alcoólicas, sobretudo vinho tinto, mas com moderação

Vinho quente com uvas-passas e amêndoas

Uma taça de um bom vinho faz maravilhas. O vinho vem de uvas que cresceram em um vinhedo ensolarado e que, depois, foram esmagadas para que seu suco fosse extraído, fermentado em um tanque e, então, envelhecido em barris de carvalho, para em seguida ser engarrafado, receber uma rolha e ser guardado em caves frescas e úmidas durante meses, talvez anos. Sentir o perfume de um vinho pode surpreender pelos aromas de jasmim, fumaça, cedro ou frutas tropicais. Prová-lo pode revelar ainda mais sabores, como o de sal marinho, pimenta, morango e chocolate – todos naturalmente resultantes do processo de fabricação do vinho.

A fabricação de vinho é mais um exemplo dos processos tradicionais de produção de alimentos de origem vegetal que trouxeram saúde e prazer às pessoas séculos a fio: essa tradição tem pelo menos 10.000 anos! E, agora, sabemos que o consumo moderado de vinho (uma porção diária para mulheres; duas, para os homens) – e de outras bebidas alcoólicas, como cerveja – oferece benefícios comprovados à saúde, sobretudo à saúde cardiovascular. Pessoas que bebem com moderação apresentam metade do risco de morrer de doenças coronarianas e de ataque cardíaco do que as que não bebem. No caso do vinho tinto, esses benefícios podem ser proporcionados pelos milhares de polifenóis encontrados na uva. E o próprio álcool parece proteger o coração, ao melhorar o colesterol, prevenindo a formação de coágulos.

No entanto, o consumo de álcool – mesmo moderado – também é um fator de risco para o desenvolvimento de câncer. O American Institute for Cancer Research [Instituto Norte-americano de Pesquisa de Câncer] afirma que é preciso evitar bebida alcoólica para prevenir câncer, embora confirme que o consumo moderado traz outros benefícios à saúde que podem compensar para quem de fato aprecia bebidas alcoólicas. Lembremos: os benefícios do consumo de álcool desaparecem rapidamente se a pessoa bebe em excesso, podendo, então, causar doenças e morte. Portanto, o instituto sugere que ninguém deve sair bebendo apenas para obter os benefícios potenciais.

Se você já aprecia bebidas alcoólicas, beba com moderação, como fazem no Mediterrâneo, onde o consumo de vinho é parte da celebrada dieta. Sirva-se de uma taça de vinho, saboreando-a com boas comidas, amigos e familiares.

Vinho quente com uvas-passas e amêndoas

🕐 6 minutos
🕐 2 horas e 10 minutos
🍴 6 porções
(½ xícara cada, aproximadamente)

Em muitos países do Norte europeu, costuma-se servir no inverno uma mistura simples de vinho, suco e especiarias para esquentar os ossos. E essa bebida também aquece o espírito! Em qualquer canto é possível encontrar alguma variação desse preparado – das cabanas de esqui nas montanhas nevadas da Suíça às lareiras das casas suecas no período de férias.

2 xícaras de vinho tinto (por exemplo, merlot, cabernet, syrah)
1 xícara de suco de cranberries ou de outra fruta vermelha (ver Nota)
1 colher (sopa) de xarope de agave
1 colher (chá) de cravos-da-índia inteiros
1 colher (chá) de pimentas-da-jamaica inteiras
2 paus de canela
½ colher (chá) de raspa de laranja
¼ de xícara de uvas-passas
¼ de xícara de amêndoas em lâminas

1. Em uma tigela pequena, despeje o vinho tinto, o suco e o mel.
2. Acrescente os cravos-da-índia, as pimentas-da-jamaica, a canela e a raspa de laranja. Tampe e deixe em infusão por 2 horas em temperatura ambiente.
3. Forre uma peneira com um papel-toalha e coe a mistura de vinho em uma panela pequena. Descarte as especiarias e a raspa de laranja.
4. Junte ao vinho as uvas-passas e as amêndoas e leve ao fogo para esquentar, mas não deixe ferver.
5. Sirva em canequinhas.

Nota: Você pode usar suco de cranberry com framboesa, de cranberry com mirtilo ou de cranberry com morango. O vinho quente pode ser preparado com antecedência, refrigerado e, depois, reaquecido antes de servir. Nesse caso, só acrescente as uvas-passas e as amêndoas na hora de servir (passo 4).

CADA PORÇÃO: 130 calorias, 1 g de proteína, 13 g de carboidrato, 2 g de gordura, 0 g de gordura saturada, 1 g de fibra, 9 g de açúcar, 8 mg de sódio
NUTRIENTES ESTRELADOS: vitamina C (20% VD), manganês (20% VD)

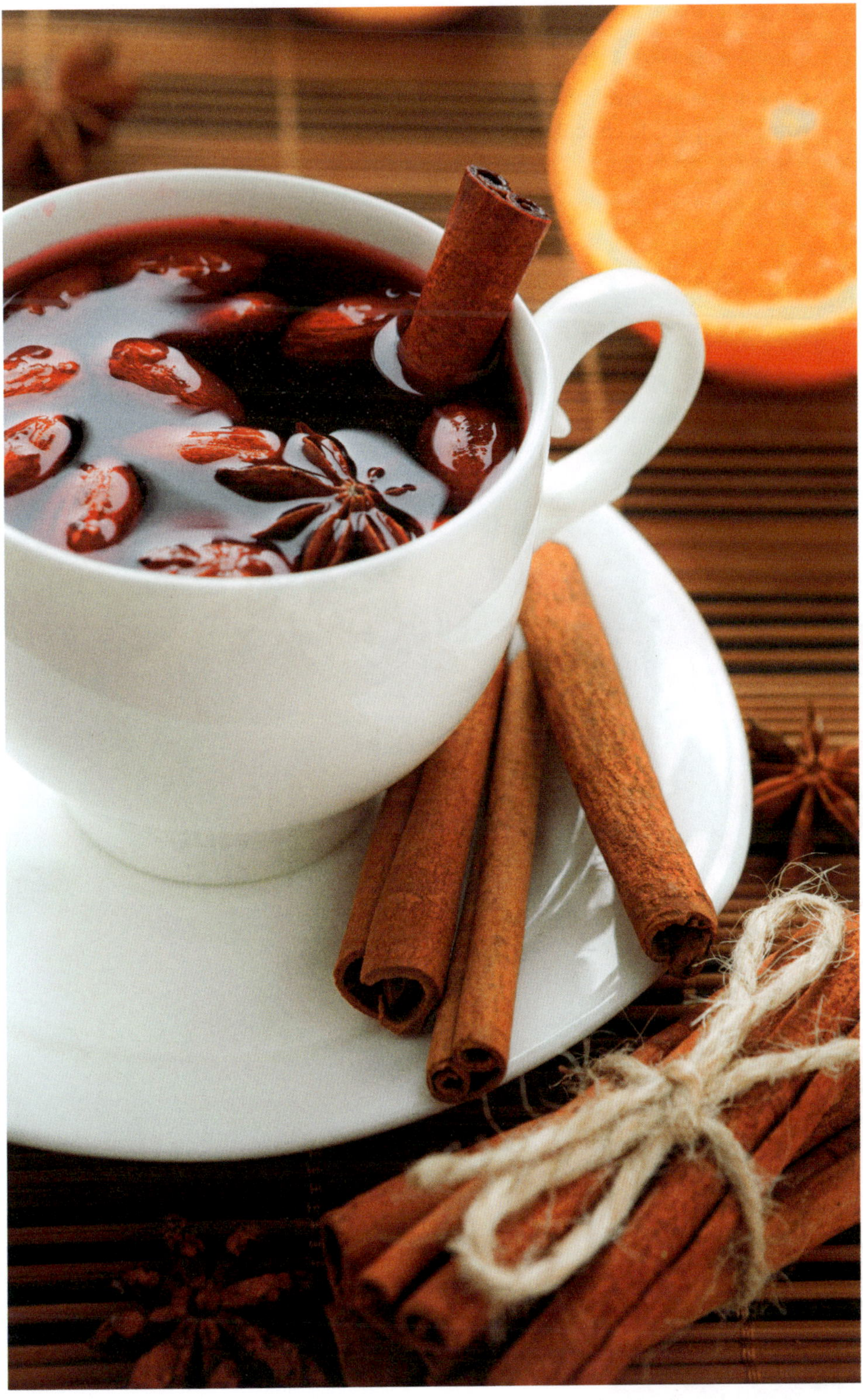

Cupcake de cenoura
com cobertura de chocolate

Compartilhe a paixão pelo poder dos vegetais

51

Queijo de castanha de caju com pipoca de sementes
Salada de abóbora e cebola caramelizada
Cupcake de cenoura com cobertura de chocolate

À medida que adquire hábitos alimentares para transformar sua dieta, provavelmente você vai se sentir mais com mais energia, e talvez os exames mostrem resultados melhores ou taxas mais favoráveis. Esses benefícios estão vinculados a uma alimentação baseada em vegetais integrais.

Agora é hora de partilhar esse poder com seus amigos e familiares. Por exemplo, você pode dar uma festa vegetariana e preparar alguns dos seus pratos preferidos (os deste capítulo são ótimos aperitivos). Também comece a preparar refeições baseadas em vegetais integrais para o jantar da semana, leve-as nas festas de família e inclua-as na marmita do almoço.

À medida que aprende a apreciar mais os sabores dos vegetais integrais, você abre seus horizontes para mais ousadias nessa sua nova vida incrementada pelo poder dos vegetais. Por exemplo, mergulhe nos vegetais que vêm da água – um mundo de ingredientes de sabor umami, como algas marinhas, uva-da-praia e glaucófitas, entre outras –, que são ricos em nutrientes, como vitaminas, minerais e compostos anti-inflamatórios. Não tenha medo de experimentar alimentos novos e incomuns quando encontrá-los. Explore mercados e quitandas para fazer achados como hortaliças asiáticas, incluindo melão amargo e aipo-chinês, ou vegetais latino-americanos, como yacon e nopal. Abra os olhos e as papilas para condimentos e ervas novas, como as pimentas javanesas e o sumagre. E experimente novos grãos e leguminosas, como o freekeh, um trigo verde do Oriente Médio, e o chana dal, uma espécie de ervilha pequena usada na culinária indiana. Deixe-se tomar pelo entusiasmo por sabores, texturas e qualidades dos vegetais integrais e inspire mais pessoas à sua volta.

Comece a descobrir boas fontes de alimentos de origem vegetal no lugar onde você vive, como restaurantes especializados, lojas de produtos alimentícios e cursos de culinária dedicados ao veganismo ou vegetarianismo, e grupos na internet que incentivem essas formas de alimentação. Leve as suas novas perspectivas alimentares para a esfera virtual e descubra comunidades, organizações e blogs relacionados a esse universo. Se você estiver inspirado para tanto, pode até registrar a sua experiência em um blog próprio.

Queijo de castanha de caju com pipoca de sementes

🕐 14 minutos

🕐 14 minutos
(tempo de molho e de resfriamento não incluído)

🍴 8 porções
(30 g cada, aproximadamente)

Alegre-se com seu novo ponto de vista em relação aos vegetais e prepare-se para demonstrá-lo na próxima festa ou celebração. Fazer você mesmo um queijo vegano é o máximo! Alguns queijos vegetais são surpreendentemente parecidos com as versões à base de leite animal, com crosta, miolo e aromas envelhecidos. É preciso prática para aprimorá-los, uma habilidade realmente artesanal, mas esta receita de queijo cremoso de castanha de caju é a forma mais simples de começar. Não é necessário nenhum ingrediente nem equipamento especial: apenas castanhas de caju cruas e alguns temperos. Sirva-o com pipoca de sementes para que os aromas, de fato, pipoquem.

Queijo de castanha de caju
1 xícara de castanhas de caju cruas
1 colher (sopa) de azeite extra virgem
¼ de xícara de suco de limão-siciliano
3 colheres (sopa) de água
1 colher (chá) de levedura nutricional (ver página 173)
¼ de colher (chá) de cúrcuma em pó
uma pitada de sal kosher (opcional)

Pipoca de sementes
1 colher (chá) de azeite extra virgem
½ colher (chá) de cominho em grãos
½ colher (chá) de mostarda em grãos
½ colher (chá) de coentro em grãos

1. Coloque as castanhas de caju em uma tigela, cubra com água e deixe-as de molho de véspera. Cubra a tigela com uma toalha.
2. No dia seguinte, escorra a água e lave bem as castanhas em água fria.
3. Coloque as castanhas, o azeite, o suco de limão, a água, a levedura nutricional, a cúrcuma e uma pitada do sal, a gosto, no liquidificador ou processador.
4. Processe a mistura por 2 minutos, aproximadamente, até ficar homogênea e cremosa. Raspe as paredes do copo de aparelho, se necessário.

5. Forre uma peneira ou um coador com uma gaze ou toalha limpa, colocando-a em cima de uma tigela. Despeje a mistura de castanhas, espremendo a toalha ou gaze. Deixe em temperatura ambiente por 4 horas.
6. Desdobre a gaze ou toalha e transfira o queijo de castanha com cuidado para outra gaze ou toalha limpa. Embrulhe-o e leve à geladeira até o dia seguinte (ou por 8 horas, pelo menos).
7. Desdobre o pano e modele o macio queijo de castanha no formato de um pãozinho redondo.
8. Para preparar a pipoca de sementes, pouco antes de servir, aqueça o azeite em uma frigideira pequena em fogo médio a alto. Acrescente os demais ingredientes e mexa por 1 minuto, até estourarem.
9. Coloque o queijo de castanha de caju em um recipiente para servir e cubra-o com as sementes quentes e o azeite. Sirva imediatamente.

Nota: Você pode deixar as sementes de fora (no passo 8), se preferir um queijo de castanha de caju básico e macio. Este queijo não fica firme o suficiente para ser ralado ou fatiado fino, mas pode ser cortado em lâminas para ser consumido em sanduíches ou com biscoitos integrais. Conserve na geladeira por até 1 semana.

CADA PORÇÃO: 120 calorias, 3 g de proteína, 6 g de carboidrato, 10 g de gordura, 1,5 g de gordura saturada, 1 g de fibra, 1 g de açúcar, 4 mg de sódio
NUTRIENTES ESTRELADOS: cobre (19% VD), magnésio (13% VD), manganês (15% VD), fósforo (10% VD)

Salada de abóbora e cebola caramelizada

- 12 minutos
- 51 minutos
- 4 porções (1¼ xícara cada, aproximadamente)

Como agora o seu prato já está transbordando de alegrias vegetais, chegou a hora de você dividi-las! A melhor maneira de mostrar o poder desses alimentos é com pratos saborosos e maravilhosos, como este meu preferido para as épocas de clima mais frio. A cebola caramelizada e os condimentos torrados se mesclam com a abóbora assada – imbatível em vitamina A, a menina dos nossos olhos –, oferecendo uma salada bonita e reconfortante. Se você tem pressa, compre abóbora já cortada, disponível em muitos supermercados.

1 colher (sopa) de azeite extra virgem
1 colher (sopa) de xarope de bordo
1 colher (sopa) de suco de laranja
1 colher (chá) de vinagre de vinho branco
uma pitada de pimenta-do-reino moída na hora
1 colher (café) de canela em pó
½ colher (café) de noz-moscada em pó
½ colher (café) de gengibre em pó
¼ de colher (café) de cravo-da-índia em pó
uma pitada de sal marinho (opcional)
2½ xícaras de abóbora sem casca cortada
½ cebola amarela média fatiada fino
¼ de xícara de sementes de abóbora sem casca
3 xícaras de verduras baby variadas, incluindo radicchio

1. Preaqueça o forno a 190 °C.
2. Em uma tigela pequena, prepare o molho, misturando o azeite, o xarope de bordo, o suco de laranja, o vinagre, a pimenta-do-reino, a canela, a noz--moscada, o gengibre e o cravo-da-índia. Prove e adicione uma pitada de sal marinho, a gosto.
3. Junte a abóbora, a cebola e as sementes de abóbora em uma assadeira rasa.
4. Despeje o tempero na mistura de abóbora da assadeira, revirando bem.
5. Coloque a assadeira na parte mais alta do forno e asse por 40 minutos, aproximadamente, até a abóbora ficar macia e a cebola, dourada.
6. Retire do forno e deixe esfriar em temperatura ambiente.
7. Arrume as verduras em uma saladeira ou travessa. Disponha a mistura de abóbora por cima, com cuidado. Sirva imediatamente.

Variações: Existem vários tipos de abóbora que servem para esta receita: abóbora-menina, abóbora-paulista, abóbora-de-pescoço, entre outras. Para as verduras, você pode substituir a mistura de folhas por um só tipo de folhas baby, como espinafre, couve ou rúcula.

....

CADA PORÇÃO: 132 calorias, 3 g de proteína, 21 g de carboidrato, 5 g de gordura, 1 g de gordura saturada, 4 g de fibra, 7 g de açúcar, 21 mg de sódio
NUTRIENTES ESTRELADOS: vitamina A (211% VD), vitamina C (34% VD), magnésio (13% VD), manganês (21% VD), potássio (12% VD)

Ver foto na página 340

Mude sua dieta em 52 passos simples

Cupcake de cenoura com cobertura de chocolate

- 26 minutos
- 1 hora e 15 minutos
- 12 porções (1 cupcake cada)

Quem disse que doce não pode ser substancioso e delicioso? O caso em questão: os meus cupcakes veganos, feitos com cereais integrais, naturalmente adoçados com um toque de xarope de agave e uvas-passas, e cheios de cenoura ralada e condimentos. Prepare-os como sobremesa ou para um lanche prático.

⅓ de xícara de óleo de canola prensado a frio
1 colher (chá) de essência de baunilha
1 xícara de leite vegetal sem açúcar
⅓ de xícara de xarope de agave
1 colher (sopa) de linhaça moída
2 colheres (sopa) de chia (ver Nota na página 151)
1¾ xícara de cenoura ralada (3 cenouras médias, aproximadamente)
2 xícaras de farinha de trigo integral
1 colher (chá) de fermento químico em pó
1 colher (chá) de bicarbonato de sódio
1 colher (chá) de canela em pó
¼ de colher (chá) de pimenta-da-jamaica em pó
¼ de colher (chá) de gengibre em pó
¼ de colher (chá) de noz-moscada em pó
¼ de colher (chá) de cravo-da-índia em pó
¼ de xícara de uvas-passas
¼ de xícara de nozes-pecãs picadas

Cobertura
227 g de queijo cremoso vegetal
½ xícara de açúcar de coco (ver Nota)
½ colher (chá) de essência de baunilha
3 colheres (sopa) de cacau em pó
leite vegetal, se necessário

Decoração (opcional)
Nozes-pecãs picadas, raspas de casca de laranja e/ou chocolate amargo ralado

1. Preaqueça o forno a 180 °C.
2. Em uma tigela, junte o óleo de canola, a essência de baunilha, o leite vegetal, o xarope de agave, a linhaça e a chia, batendo com um mixer ou misturando vigorosamente por 2 minutos, até a mistura ficar homogênea e espumante.
3. Junte a cenoura.
4. Em outra tigela, misture a farinha, o fermento, o bicarbonato, a canela, a pimenta-da-jamaica, o gengibre, a noz-moscada e o cravo-da-índia. Junte esta mistura aos ingredientes líquidos, um pouquinho de cada vez, mexendo ligeiramente, apenas para mesclar. Acrescente as uvas-passas e as nozes-pecãs.
5. Disponha 12 forminhas de papel em uma fôrma para muffins com 12 cavidades e despeje a massa em cada uma delas (¾ de cada forminha, aproximadamente).
6. Leve os cupcakes ao forno por 30 a 35 minutos, até dourar (e um palitinho sair seco da massa). Retire do forno e deixe esfriar por alguns minutos. Retire os bolinhos da fôrma e deixe-os esfriarem completamente.
7. À parte, bata o queijo cremoso vegano, o açúcar de coco, a baunilha e o cacau em uma batedeira ou manualmente, até obter um creme homogêneo e fofo. Acrescente leite vegetal, 1 colher (chá) por vez, se necessário, para melhorar a textura.
8. Espalhe a cobertura sobre os bolinhos já frios e decore com as nozes-pecãs, as raspas de laranja e/ou o chocolate amargo ralado, como desejar.

Nota: Deixe a cobertura de lado, se preferir uma sobremesa mais saudável ou para servir como muffin. O açúcar de coco (também chamado de açúcar de palmeira, de palma ou de coqueiro) vem se tornando mais disponível e tem um sabor que lembra o caramelo. Se não for possível encontrá-lo, use o açúcar mascavo.

Variações: Substitua as nozes-pecãs por tâmaras, nozes, avelãs ou macadâmias picadas. Para uma receita sem glúten, substitua a farinha de trigo por alguma mistura de farinhas sem glúten, e certifique-se de que todos os demais ingredientes não contenham glúten.

CADA PORÇÃO: 278 calorias, 5 g de proteína, 40 g de carboidrato, 13 g de gordura, 2 g de gordura saturada, 4 g de fibra, 17 g de açúcar, 258 mg de sódio
NUTRIENTES ESTRELADOS: tiamina (12% VD), vitamina A (55% VD), cálcio (10% VD), cobre (12% VD), ferro (10% VD), magnésio (14% VD), manganês (60% VD), fósforo (18% VD), selênio (22% VD)

Espetinhos vegetarianos
com seitan ao chimichurri

Estabeleça novas metas

Espetinhos vegetarianos com seitan ao chimichurri
Legumes ao forno com kümmel
Bolo salgado de cereais e nozes com molho de cogumelo

52

Pronto, você está chegando ao fim dessa jornada para mudar sua dieta com o poder dos alimentos de origem vegetal. Espero que você tenha se apaixonado pelos vegetais e passado a admirá-los em todo o seu esplendor de cores, sabores, texturas e nuances. Espero que você tenha descoberto pratos que já estão entrando para o rol das suas receitas preferidas, e que eles apareçam na sua mesa muitas vezes daqui por diante. Espero que você tenha deixado algumas manchas nas páginas deste livro e marcado suas receitas favoritas à medida que foi incorporando esses passos. Espero que seus filhos, familiares e amigos tenham sido agradavelmente surpreendidos ao descobrir que consumir pratos à base de vegetais pode ser delicioso. E espero que você tenha aprendido algumas coisinhas sobre como conservar uma boa saúde a vida inteira.

Agora, gostaria que você parasse um pouco para refletir com cuidado sobre o significado dessa experiência para você. Foi fácil inserir mais alimentos vegetais integrais na sua alimentação? Esse estilo de alimentação faz com que você se sinta melhor? Você está sabendo mais a respeito dos alimentos que o rodeiam? Qual vai ser o seu próximo passo?

Talvez você queira continuar nessa jornada de transformação diminuindo ainda mais o seu consumo de alimentos de origem animal – carne, aves, peixes, laticínios, ovos – e aumentando as refeições à base de vegetais durante a semana. Ou talvez você esteja pronto para assumir um estilo de vida pescetariano, no qual se diz "não" a carnes vermelhas e aves, maximizando os benefícios de consumir peixe algumas vezes por semana. Isso também é ótimo. Se você estiver pronto para dar uma chance ao vegetarianismo, e gostaria de fazer isso à base de alimentos integrais de origem vegetal, em vez de consumir alimentos vegetarianos industrializados e refinados, ótimo! E, se estiver realmente pronto para entrar com tudo em um estilo de vida completamente vegano, baseado apenas em vegetais, isso é maravilhoso. Gostaria de cumprimentá-lo pela sua trajetória pessoal rumo a uma vida agraciada pelo poder dos alimentos de origem vegetal. Muito poder dos vegetais para você!

Ver foto na página 348

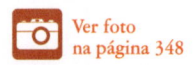

Mude sua dieta em 52 passos simples

Espetinhos vegetarianos com seitan ao chimichurri

- 14 minutos
- 37 minutos (tempo de marinada não incluído)
- 4 porções (1 espetinho cada)

Aprenda com outras culturas e amplie os seus horizontes. O chimichurri é um molho argentino picante, feito de ervas, tradicionalmente usado em carnes grelhadas, mas que também se destaca em hortaliças e no seitan. O saboroso e "carnudo" seitan – basicamente, proteína de trigo – tem suas próprias raízes culinárias, que remontam à China do século VII. Basta enfiar em espetinhos pedaços de abobrinha, cebola, pimentão e seitan e grelhá-los (ou assar no forno) para dar um show com este aperitivo, tão delicioso quanto atraente, em sua próxima festa ou churrasco.

2 dentes de alho médios
1 xícara cheia de coentro fresco (só as folhas)
½ xícara cheia de salsinha fresca (só as folhas)
suco de 2 limões-sicilianos médios
suco de 2 limões-taiti médios
1½ colher (sopa) de azeite extra virgem
1 colher (sopa) de xarope de agave
227 g de seitan fatiado (ver Nota)
1 cebola média cortada em gomos
1 abobrinha italiana pequena fatiada grosso
1 pimentão médio fatiado grosso

1. Em um processador ou liquidificador, junte o alho, o coentro, a salsinha, o suco dos limões, o azeite e o xarope de agave. Bata até as ervas ficarem bem trituradas (mas não líquidas).
2. Prepare 4 espetinhos de madeira ou metal, alternando as fatias de seitan, cebola, abobrinha e pimentão. (Se usar espetinhos de madeira, molhe-os primeiro.)
3. Coloque os espetinhos em uma travessa larga e rasa. Despeje a marinada e leve à geladeira por 1 hora.
4. Aqueça a grelha e cozinhe os espetinhos por 8 a 10 minutos de cada lado, até os vegetais ficarem macios mas firmes e crocantes. Pincele os espetinhos com o molho enquanto grelham.

Nota: Você também pode assar os espetinhos no forno por 35 a 40 minutos (15 a 20 minutos de cada lado) a 205 °C, pincelando-os com o molhinho algumas vezes enquanto assam. O seitan é um substituto para a carne que pode ser encontrado em lojas de produtos naturais, na seção refrigerada.

Variação: Substitua a abobrinha por cogumelos ou berinjela. Para um prato sem glúten, substitua o seitan por tofu firme (para um resultado melhor, prensado; ver página 115).

CADA PORÇÃO: 189 calorias, 17 g de proteína, 22 g de carboidrato, 7 g de gordura, 1 g de gordura saturada, 6 g de fibra, 9 g de açúcar, 293 mg de sódio
NUTRIENTES ESTRELADOS: ácido fólico (10% VD), vitamina A (22% VD), vitamina B6 (13% VD), vitamina C (263% VD), vitamina K (218% VD), cálcio (15% VD), cobre (12% VD), ferro (10% VD), magnésio, (13% VD), manganês (34% VD), fósforo (13% VD), potássio (11% VD), selênio (12% VD)

Legumes ao forno com kümmel

- 16 minutos
- 1 hora e 26 minutos
- 8 porções (¾ de xícara cada)

Garanta mais vegetais em seu prato. Não é difícil – mesmo quando chega o frio –, se você tentar utilizar sempre os produtos da safra. Antes que as batatas chamassem a atenção do mundo ocidental, diversas raízes e tubérculos, como certas variedades de nabo, já eram utilizados. Ricos em fibras, carboidratos não refinados e plenos de nutrientes importantes, esses humildes vegetais se desenvolviam em climas frios e duravam meses escondidos embaixo da terra. Não é de admirar que tenham sido tão importantes para os trabalhadores por toda a Europa. Na verdade, raízes e tubérculos assados ainda são uma tradição nos domingos ingleses. Esta receita simples, aromatizada com o gostinho de anis do kümmel, pede uma diversidade desses vegetais. Faça dela a sua tradição de domingo, combinada com Bolo salgado de cereais e nozes com molho de cogumelo (página 354).

1 rabanete grande sem casca cortado em cubos
1 nabo médio cortado em cubos
1 mandioquinha média sem casca cortada em cubos
1 batata média sem casca cortada em cubos
1 cenoura média cortada em rodelas
1½ colher (sopa) de azeite extra virgem
⅓ de xícara de suco de maçã
1 colher (chá) de vinagre de maçã
2 dentes de alho médio picados
1 colher (chá) de kümmel
½ colher (chá) de mistura de ervas com baixo teor de sódio (ver página 359)
¼ de colher (chá) de pimenta-do-reino moída na hora

1. Preaqueça o forno a 180 °C.
2. Misture o rabanete, o nabo, a mandioquinha, a batata e a cenoura em uma assadeira (20 × 30 cm, aproximadamente).
3. Em uma tigela pequena, misture o azeite, o suco de maçã, o vinagre, o alho, o kümmel, as ervas e a pimenta-do-reino. Despeje sobre os vegetais e misture tudo.
4. Leve ao forno, sem cobrir, por 1 hora e 10 minutos, aproximadamente, até os legumes ficarem macios e dourados. Revire-os uma ou duas vezes enquanto estão assando.

Variações: Substitua a batata por 1 batata-doce pequena e troque os outros vegetais pelo que estiver na época na quitanda ou na feira.

....

CADA PORÇÃO: 106 calorias, 2 g de proteína, 19 g de carboidrato, 3 g de gordura, 0,5 g de gordura saturada, 4 g de fibra, 8 g de açúcar, 48 mg de sódio
NUTRIENTES ESTRELADOS: ácido fólico (10% VD), vitamina A (23% VD), vitamina B6 (12% VD), vitamina C (55% VD), potássio (16% VD)

Bolo salgado de cereais e nozes com molho de cogumelo

- 35 minutos
- 1 hora e 20 minutos
- 8 porções (2 fatias cada)

Não tenha medo de experimentar coisas novas ao longo da sua jornada de descoberta do poder dos vegetais – mesmo que sejam lembranças do passado. Fui criada em uma casa meio vegetariana, durante a década de 1970, e a minha mãe fazia mágicas ao criar uma variedade de pães de cereais e castanhas para o jantar. Esses pães estavam na moda na época, e acho que estão prontos para ressurgir, como está acontecendo com outras modas culinárias. A simples ideia de combinar cereais integrais, leguminosas, oleaginosas, vegetais e ervas em um bolo assado, saboroso e sem carne já é brilhante. Esta estrela da culinária caseira pode ser um excelente jantar acompanhado de legumes da estação assados (ver página 352) ou vagens cozidas no vapor.

⅓ de xícara de lentilhas pequenas
⅓ de xícara de arroz integral de rápido cozimento
¼ de xícara de painço
¼ de xícara de amaranto
2¼ xícaras de água
1 cubo de caldo de legumes com baixo teor de sódio
1 colher (sopa) de azeite extra virgem
1 cebola média picada fino
2 dentes de alho médios picados fino
1 talo de salsão picado fino
1 cenoura média ralada
1 xícara de cogumelos picados fino
1 pimentão verde médio picado fino
½ xícara de nozes picadas fino
¼ de xícara de salsinha fresca picada ou 1 colher (sopa) de salsinha desidratada
2 colheres (sopa) de caldo de legumes em pó
óleo para pincelar
½ xícara de aveia em flocos
½ xícara de farelo de pão integral (ver Nota na página 107)
1 colher (sopa) de molho inglês vegetariano (ver Nota na página 307)
1 colher (sopa) de shoyu com baixo teor de sódio
¼ de xícara de massa de tomate
¼ de colher (chá) de pimenta-do-reino moída

Molho de cogumelo
1 colher (chá) de azeite extra virgem
½ xícara de cogumelos picados
1 dente de alho médio picado fino
2 xícaras de leite vegetal sem açúcar
3 colheres (sopa) de farinha de trigo
1 colher (sopa) de shoyu com baixo teor de sódio
uma pitada de pimenta-do-reino moída na hora

Decoração
2 colheres (sopa) de salsinha fresca picada

1. Em uma panela pequena, misture as lentilhas, o arroz integral, o painço, o amaranto, a água e o cubo de caldo de legumes. Tampe e cozinhe por 25 minutos em fogo médio, mexendo de vez em quando. Quando tudo ficar macio, mas não empapado, escorra a água que sobrar e transfira a mistura para uma tigela grande.
2. À parte, aqueça o azeite em uma frigideira ou panela grande. Junte a cebola, refogando por 6 minutos. Mexa de vez em quando.
3. Junte o alho, a salsão, a cenoura, os cogumelos, o pimentão, as nozes, a salsinha e o caldo de legumes em pó. Refogue por 8 minutos, mexendo de vez em quando.
4. Preaqueça o forno a 180 °C. Pincele uma fôrma (20 × 30 cm, aproximadamente) com o óleo (ver Nota).
5. Transfira os legumes refogados para a tigela com a mistura de lentilhas. Adicione a aveia, o farelo de pão, o molho inglês, o shoyu, a massa de tomate e a pimenta-do-reino. Misture bem.
6. Despeje a mistura na fôrma, cubra com papel-alumínio e leve ao forno por 45 minutos. Retire o alumínio e deixe assando por mais 20 a 25 minutos, até dourar e ficar macio.
7. Enquanto o bolo assa, prepare o molho de cogumelos. Aqueça o azeite em uma panela em fogo médio. Acrescente os cogumelos e o alho e refogue por 3 minutos. Em uma tigela, bata o leite vegetal, a farinha, o shoyu e a pimenta-do-reino até obter uma mistura homogênea e lisa. Despeje a mistura na panela e cozinhe por 8 minutos, aproximadamente, misturando sempre, até engrossar e soltar bolhas.
8. Para servir, fatie o bolo na metade no sentido do comprimento, e depois fatie em 8, obtendo um total de 16 fatias. Com uma espátula, disponha com cuidado 2 fatias no prato de servir, pondo por cima o molho de cogumelos (4½ colheres (sopa) para cada porção, aproximadamente). Decore com 1 colher (chá) de salsinha fresca picada.

Nota: Você pode assar o bolo em duas fôrmas de pão (20 × 12 cm, aproximadamente).

Variações: As nozes podem ser substituídas por nozes-pecãs, avelãs ou sementes de girassol. Para uma receita sem glúten, use caldos, aveia, farelos, molho inglês e shoyu sem glúten, e substitua a farinha de trigo por 1½ colher (sopa) de amido de milho.

....

CADA PORÇÃO: 265 calorias, 11 g de proteína, 35 g de carboidrato, 10 g de gordura, 1 g de gordura saturada, 7 g de fibra, 5 g de açúcar, 363 mg de sódio
NUTRIENTES ESTRELADOS: ácido fólico (24% VD), niacina (18% VD), riboflavina (25% VD), tiamina (25% VD), vitamina A (32% VD), vitamina B6 (20% VD), vitamina C (81% VD), vitamina K (106% VD), cálcio (13% VD), cobre (19% VD), ferro (18% VD), magnésio (19% VD), manganês (54% VD), potássio (17% VD), selênio (14% VD), zinco (10% VD)

Observações sobre ingredientes

Purê de pera ou de maçã
Para preparar o seu, junte em uma panela 4 maçãs ou peras médias maduras (sem casca e sem caroços, picadas), ¼ de xícara de água, suco de 1 limão-siciliano pequeno e ½ colher (chá) de canela em pó (ou a gosto). Cozinhe em fogo médio a baixo, sem tampar a panela, por 30 minutos aproximadamente, até os pedaços de fruta amolecerem. Depois, use um liquidificador ou processador para obter a textura desejada.

Óleo de canola prensado a frio
Para o preparo do óleo de canola prensado a frio, obtém-se o óleo do vegetal por meio de processos mecânicos, em vez de processos químicos, que usam solventes. Alguns solventes químicos podem contaminar o ambiente. Por esse motivo, eu recomendo que você sempre use óleos prensados a frio.

Leite de coco
Quando menciono "leite à base de coco", estou me referindo a um leite vegetal feito com coco, que é vendido em caixas como as de leite de origem animal [não é um produto muito comum no Brasil]. Por outro lado, o leite de coco ou leite de coco light é o leite de coco que é vendido em vidros ou em caixas pequenas, que pode ser facilmente encontrado nos supermercados brasileiros. Ele sempre deve ser bem misturado (chacoalhando o vidro) antes de ser medido, pois o líquido se separa na embalagem

Maionese vegetal
Recomendo que você use só raramente ingredientes muito processados, mas a maionese vegana industrializada, por exemplo, oferece uma cremosidade excelente aos molhos. É possível encontrar maionese vegana em algumas lojas de produtos naturais, mas você pode preparar uma mais natural seguindo esta receita:

RENDE ⅔ DE XÍCARA

½ xícara de leite de soja sem açúcar
1 colher (sopa) de suco de limão-siciliano
1 colher (chá) de mostarda de Dijon
¼ de xícara de azeite extra virgem
uma pitada de sal marinho (opcional)
uma pitada de pimenta-do-reino branca (opcional)

1. Junte o leite de soja, o suco de limão e a mostarda em um recipiente comprido e estreito, como um copo. Para um melhor resultado, bata os ingredientes com um mixer. Devagarinho, vá acrescentando 1 colher do azeite por vez enquanto bate por 4 minutos, aproximadamente, até a mistura ficar mais espessa e formar espuma.
2. Despeje a mistura em um recipiente e leve à geladeira. Ela vai engrossar ao gelar. Antes de usar, tempere com sal e pimenta a gosto.

Creme azedo vegetal

Embora seja possível encontrar o creme azedo (sour cream) vegano em lojas de produtos naturais, você também pode preparar o seu seguindo esta receita simples:

RENDE ¾ DE XÍCARA, APROXIMADAMENTE

½ xícara de tofu macio firme
1 colher (sopa) de azeite extra virgem
suco de 1½ limão-siciliano
1 colher (chá) de vinagre branco
uma pitada de sal marinho (opcional)

1. Bata no liquidificador ou com um mixer o tofu, o azeite, o suco de limão e o vinagre. Bata até obter uma mistura bem homogênea. Acrescente uma pitada de sal, a gosto.
2. Leve à geladeira até a hora de servir. Ele vai engrossar ligeiramente.

Condimentos

Neste livro, sugiro a utilização de diversas misturas de ervas. Eis aqui algumas dicas e orientações para você preparar as suas próprias misturas.

Tempero cajun: Típico dos descendentes de colonos de origem francesa que se fixaram na Louisiana, estado do sul dos Estados Unidos, esse tempero oferece um toque especial aos pratos, porém suas versões industrializadas costumam ter alto teor de sódio. Prepare a sua versão misturando 2½ colheres (chá) de páprica, 2 colheres (chá) de alho em pó, 1½ colher (chá) de cebola em pó, 1½ colher (chá) de orégano seco, 1½ colher (chá) de tomilho seco, 1 colher (chá) de pimenta-do-reino moída, 1 colher (chá) de pimenta-de-caiena em pó e ½ colher (chá) de pimenta calabresa. Misture bem e conserve em recipiente hermeticamente fechado.

Garam masala: O garam masala é uma mistura de temperos tradicional da culinária indiana. Pode ser encontrado em muitas lojas ou mercados especializados em produtos asiáticos, bem como *on-line*. Você também pode preparar o seu, misturando 1 colher (sopa) de cominho em pó, 1½ colher (chá), respectivamente, de coentro em pó, cardamomo moído, cúrcuma em pó e pimenta-do-reino moída e ½ colher (chá), respectivamente, de cravo-da-índia em pó, gengibre em pó, canela

Observações sobre ingredientes

em pó, mostarda em pó e noz-moscada moída. Misture bem e conserve em recipiente hermeticamente fechado.

Ervas de Provença: Esta mistura de ervas tradicional do sul da França pode ser encontrada em muitos supermercados e lojas especializadas, mas você também pode preparar a sua, misturando partes iguais de tomilho, alecrim, manjericão, manjerona, orégano, sementes de erva-doce e alfazema desidratadas. Misture bem e conserve em recipiente hermeticamente fechado.

Mistura de ervas com baixo teor de sódio: Existem muitas marcas que comercializam misturas de ervas. Existe uma grande variedade de sabores, desde os picantes até as variedades com alho. Gosto de usar misturas que sirvam para tudo, a fim de dar um sabor básico às receitas, e, depois, acrescento condimentos mais específicos para acentuar o tempero.

Tempero para taco com baixo teor de sódio: Os temperos prontos para tacos (espécie de panqueca da culinária mexicana) são deliciosos, mas têm muito sal. Portanto, prepare o seu próprio tempero com baixo teor de sódio, misturando 2 colheres (chá) de pimenta vermelha em pó, 1½ colher (chá) de páprica, 1 colher (chá) de cebola em pó, 1 colher (chá) de alho em pó, ½ colher (chá) de cominho em pó, ½ colher (chá) de orégano seco, ¼ de colher (chá) de pimenta-do-reino moída, ⅛ de colher (chá) de pimenta-de-caiena em pó e ⅛ de colher (chá) de pimenta calabresa. Misture bem e conserve em recipiente hermeticamente fechado

Zátar: Este tradicional tempero do Oriente Médio é usado para dar um sabor extra a muitos pratos. Para preparar o seu, moa em um processador ou pilãozinho 2 colheres (sopa) de sumagre, 1 colher (sopa) de tomilho seco, 1 colher (sopa) de manjerona seca, 1 colher (sopa) de orégano seco e 1½ colher (chá) de gergelim. Conserve em recipiente hermeticamente fechado.

Caldo de legumes com baixo teor de sódio

Para cada 1 xícara de caldo de legumes pedida neste livro, você pode usar 1 xícara de caldo de legumes com baixo teor de sódio pronto, em lata; ou 1 colher (chá) de caldo de legumes com baixo teor de sódio em pó mais 1 xícara de água; ou meio cubo de caldo de legumes com baixo teor de sódio mais 1 xícara de água. Ou você pode preparar o seu próprio caldo, seguindo esta receita:

RENDE 7 XÍCARAS

1 colher (sopa) de azeite extra virgem
1 cebola grande picada
3 cenouras médias picadas
2 talos de salsão com as folhas, picados
1 pimentão picado
3 cebolinhas picadas

4 dentes de alho
8 xícaras de água
15 g de cogumelos desidratados
10 grãos de pimenta-do-reino
2 xícaras de ervas frescas sortidas (salsinha, sálvia, orégano, tomilho, manjerona, manjericão)
2 folhas de louro
2 colheres (sopa) de shoyu com baixo teor de sódio
uma pitada de sal marinho (opcional)

1. Em uma panela, aqueça o azeite e acrescente a cebola, a cenoura, o salsão, o pimentão, a cebolinha e o alho. Refogue por 10 minutos.
2. Acrescente a água, os cogumelos, os grãos de pimenta, as ervas, o louro e o shoyu. Misture bem, tampe a panela e abaixe o fogo para médio. Deixe cozinhando por 1 hora e 30 minutos.
3. Prove e adicione uma pitada de sal marinho, a gosto. Coe o caldo e use os legumes como acompanhamento ou conserve-os na geladeira para usar depois.
4. Use o caldo imediatamente ou conserve na geladeira por até 1 semana. Você também pode congelá-lo.

Outras leituras

Para obter mais informações sobre alimentação à base de vegetais, sugiro que você recorra a algumas das minhas referências prediletas [em inglês].

A Universidade de Loma Linda (www.llu.edu), onde me formei, tem desenvolvido pesquisas incríveis sobre o poder da alimentação à base de alimentos de origem vegetal por meio de seus Adventist Health Studies [Estudos Adventistas da Saúde]. Esses estudos são uma referência na área e estão reunindo documentos que comprovam que esse estilo de alimentação faz bem à saúde e ao ambiente.

O projeto Segunda-Feira Sem Carne (www.meatlessmonday.com) é uma boa maneira de começar a se inspirar com a alimentação baseada em vegetais. Ficar sem carne um dia da semana é um objetivo fácil de atingir, e todos nós podemos nos beneficiar disso.

O site Oldways Vegetarian Network [Rede Vegetariana à Moda Antiga] (www.oldwayspt.org) fornece informações de base científica sobre uma alimentação equilibrada baseada em vegetais e em pratos tradicionais deliciosos. Tenho orgulho de ser a nutricionista dessa organização.

O Vegetarian Resource Group [Grupo de Pesquisa Vegetariana] (www.vrg.org) é aquele lugar onde você encontra tudo o que precisa saber sobre uma alimentação saudável à base de vegetais.

Agradecimentos

Gostaria de exprimir o meu apreço pelas muitas pessoas que inspiraram este livro. Para começar, os meus editores, Matthew Lore e Molly Cavanaugh, de The Experiment Publishing, que *realmente* possuem uma alimentação baseada em vegetais, pela maravilhosa visão sobre o meu livro. Sonhamos com um livro que pudesse ajudar as pessoas a desenvolver hábitos simples e fáceis, que pudessem transmitir a essência de uma alimentação à base de vegetais para melhorar a saúde. E queríamos que este livro fosse cheio de imagens de comidas deliciosas e maravilhosas do mundo todo, o que veio à luz pela sensibilidade de Heather Poire, uma fotógrafa que também compreende de verdade a beleza dos vegetais. A minha agente, Linda Konner, esteve comigo ao longo de todo o percurso, guiando a realização deste livro. E os meus amigos, que celebraram comigo o meu primeiro livro, *The Plant--Powered Diet*, e jamais perderam o ritmo enquanto eu rumava para o *Mude sua vida em 52 passos simples*. A minha família – Peter, Christian e Nicholas –, que passou o ano inteiro me encorajando ou desencorajando diante de inúmeras preparações à base de vegetais em nossa mesa de jantar. Estavam certos quando me sugeriram que jogasse no lixo o cheesecake vegano e ao dizerem que a minha receita de jambalaya era maravilhosa! O meu marido levou a sério as ideias que proponho em meu primeiro livro e, com isso, parou de tomar remédio para baixar o colesterol. E os meus filhos adolescentes não reclamam muito quando os obrigo a comer frutas, verduras e cereais integrais em todas as refeições (vai chegar o dia em que eles vão me agradecer por isso!). Agradeço também a todos os agricultores que trabalham sem descanso há gerações, conservando as sementes de suas melhores plantas e cultivando-as todos os anos, de modo que eu possa desfrutar de joias como certas preciosas variedades de tomate. Sobretudo, este livro é para as milhares de pessoas que encontraram alegria e saúde vivendo com uma alimentação à base de vegetais. A turma dos consumidores de vegetais está crescendo com força; ela é o futuro, e eu fico feliz de fazer parte desse grupo.

Índice remissivo

Os números de páginas em itálico referem-se a fotos.

A

abacate
    e coentro, Quesadillas de feijão-preto, *194*, 196-7
    Guacamole fresco com tomate e pimenta, 215
Abacaxi e manga com coco, 76
abóbora e semente de abóbora
    Abóbora assada com gengibre e cardamomo, *224*, 228-9
    Bolinho de abóbora temperadinho com semente de abóbora, *140*, 142-3
    Espetinhos vegetarianos com seitan ao chimichurri, *348*, 350-1
    Guandu com abóbora e sofrito, 210-1
    Macarrão de abóbora com molho de tomate e pignoli, 62-3
    Mexido de tofu Califórnia, *254*, 256-7
    Salada de abóbora e cebola caramelizada, 344-5
abobrinha
    com arroz germinado, *330*, 332-3
    recheada com centeio e açafrão, *164*, 168-9
acelga e favas, Fusilli à toscana com, 184-5
ácido
    alfalinolênico (ALA), 291
    docosahexaenoico (DHA), 291
    eicosapentaenoico (EPA), 291
ácidos graxos ômega-3, 291
acompanhamentos, guarnições
    Abóbora assada com gengibre e cardamomo, *224*, 228-9
    Abobrinha com arroz germinado, *318*, 320-21
    Aspargo e tofu assados no limão e endro, 114-5
    Batata e ervilha cremosas, 226-7
    Couve-de-bruxelas assada com limão, sálvia e avelã, 78-9
    Couve-flor assada com condimentos moídos na hora, 138-9
    Couve no missô com castanha de caju, *58*, 60-1
    Cozido de vagem com cebola caramelizada, 34-5
    Cuscuz marroquino com damasco e pistaches, 84-5
    Espetinhos vegetarianos com seitan ao chimichurri, *348*, 350-1
    Feijão à moda siciliana, 108-9
    Gratinado de brócolis e cogumelo, 304-5
    Legumes ao forno com kümmel, 352-3
    Pilaf de centeio e pimentão vermelho, 72-3
    Polenta com folhas de mostarda, 258-9
    Polenta com molho à putanesca, 98-9
    Purê trufado de batata e nabo, 282-3
    Suculento feijão-branco assado com shitake, 302-3
    Wraps de alface à moda tailandesa, *246*, 252-3
açúcar, consumo, 233
açúcar de coco (ou palma), 347-8
alfazema, 316
algas marinhas e vegetais marinhos secos, *320*, 324-5, 341
    Cevada com algas marinhas e amendoim, 144-5
    Couve no missô com castanha de caju, *58*, 60-1
    Sanduíche de grão-de-bico e algas marinhas, *320*, 324-5
alho assado, 78-9
alho-poró, 286-7

alimentar-se
  com consciência, 273
  na correria, 153
alimentos
  compras de, 89, 103
  crus, 309
  de verdade, 173
  densidade energética dos, 75
  do mundo, 129
  fermentados, 247, 321
  história dos, 279-80
  integrais, 47, 173
  nativos, 267
  rótulos de, 67
  transmissão de tradições dos, 33
alimentos fermentados, 247, 321
amaranto
  Biscoitos crocantes de gengibre e, 162-3
  Bolo salgado de cereais e nozes com molho de cogumelo, 354-6
amêndoa e farinha de amêndoa
  Barrinhas de aveia e figo, 126-7
  Fettuccine ao romesco, 22-3
  Pasta caseira de, amendoim e sementes, 223
  Penne integral com pesto à moda de Trápani, 132-3
  Salada de vagem, tomate e amêndoas, 46, 50-1
  Shake matinal de frutas e amêndoas, 298
  Shortcake de morango e macadâmias, *110*, 112-3
  Vinho quente com uvas-passas e amêndoas, 338
  Ver também oleaginosas e sementes
amendoim e pasta de amendoim
  Cevada com algas marinhas e amendoim, 144-5
  Macarrão soba com amendoim e seitan, 66, 68-9
  Panquecas de trigo-sarraceno e pera, 150-1
  Pasta caseira de amêndoa, amendoim e sementes, 223
  Tigela de quinoa e banana com pasta de amendoim, 149
  Torta cremosa de pasta de amendoim, *232*, 234-5
aperitivos
  Focaccia de grão-de-bico com tomate seco e azeitonas, 166-7
  Queijo de castanha de caju com pipoca de sementes, 342-3
  Torradas rústicas de feijão-branco e tomate seco, 198-9
  Wraps de tofu ao curry com papaia, *152*, 156-7
  Ver também beliscar, fazer lanchinhos
arroz
  Arroz-doce integral com banana e coco, 250-1
  germinado, Abobrinha com, *330*, 332-3
  negro, Refogado à moda de Xangai com, *18*, 20-1
  selvagem com caqui e espinafre baby, Salada de, *180*, 182-3
aspargo
  e tofu assados no limão e endro, 114-5
  Risoto de aveia com, 56-7
  Salada de hortaliças em fita com molho de limão, 170-1
aveia e aveia em flocos
  Barrinhas de aveia e figo, 126-7
  Barrinhas nutritivas de noz-pecã, cereja e chia, 216-7
  Bolo salgado de cereais e nozes com molho de cogumelo, 354-6
  Crumble de pêssego e cranberries, 118-9
  Granola de lentilha germinada com damasco, 334-5
  Hambúrguer de farro e feijão-branco, *52*, 54-5
  Mingau de aveia, maçã e cardamomo à moda escandinava, *218*, 222
  Risoto de aveia com aspargos, 56-7
  Shake matinal de frutas e amêndoas, 298
  Waffles de aveia e mirtilos, 202-3
avelã
  Abobrinha recheada com centeio e açafrão, *164*, 168-9
  Café gelado batido com, 317
  Couve-de-bruxelas assada com limão, sálvia e, 78-9
  Ver também oleaginosas e sementes
azeite de oliva extra virgem, 135
azeites e óleos, 135, 213-4
azeitonas
  Cassoulet de alecrim e azeitonas, 100-1
  Feijão à moda siciliana, 108-9
  Feijão-carioca e tofu à moda mexicana, *146*, 148

Índice remissivo

Focaccia de grão-de-bico com tomate seco e azeitonas, 166-7
Polenta com molho à putanesca, 98-9
Salada de batata à moda da Pantelária, *134*, 136-7

B

bactérias boas, 247
baixo teor de sódio, mistura de ervas com, 359
banana
    com pasta de amendoim, Tigela de quinoa e, 149
    e coco, Arroz-doce integral com, 250-1
    e nozes, Pão de linhaça, 292-3
barrinhas
    de aveia e figo, 126-7
    de noz-pecã, cereja e chia, 216-7
batata
    à moda da Pantelária, Salada de, *134*, 136-7
    assada e alho-poró, Sopa de, 286-7
    e nabo, Purê trufado de, 282-3
    e ervilha cremosas, 226-7
batata-doce e inhame
    Cozido de inhame e lentilha à moda etíope, 104-5
    Cozido defumado com batata-doce, *206*, 208-9
    Nhoque de batata-doce com pesto de pistaches e laranja, 90-1
bebida alcoólica, 337
bebidas
    Café gelado batido com avelãs, 317
    Chá de romã e flores, 318
    Chocolate quente picante, 328
    Lassi de soja e morango, *284*, 288
    Refresco de limão e alfazema, 316
    Shake matinal de frutas e amêndoas, 298
    Vinho quente com uvas-passas e amêndoas, 338
    Vitamina verde tropical, *296*, 299
beliscar, fazer lanchinhos
    sobre, 159
    Barrinhas de aveia e figo, 126-7
    Barrinhas nutritivas de noz-pecã, cereja e chia, 216-7
    Bolinho de abóbora temperadinho com semente de abóbora, *140*, 142-3
    Grão-de-bico tostado bem temperado, 48-9

Homus de edamame, 160-1
Macarrão soba com amendoim e seitan, 66, 68-9
Mix energético de chocolate amargo e cereja, *290*, 295
Salada de udon com gergelim e ervilha--torta, *32*, 38-9
Vitamina verde tropical, *296*, 299
berinjela à moda mediterrânea, Lasanha de alcachofra e, *102*, 106-7
betaglucano, 56, 95
beterraba
    e folhas de beterraba, Borscht de, 244-45
    e trigo-sarraceno à moda de Mumbai, Salada de cenoura, 154-5
biscoitos, 162-3, 220-1
Biscoitos crocantes de gengibre e amaranto, 162-3
biscoitos integrais, 231
Biscoitos integrais com sementes, 220-1
bok choy *ver* couve-chinesa
bolinho com semente de abóbora, *140*, 143-3
Bolo de maçã e uva-passa, 236-7
Bolo salgado de cereais e nozes com molho de cogumelo, 354-6
Borscht de beterraba e folhas de beterraba, 244-45

C

café
    sobre, 315
    gelado batido com avelãs, 317
café da manhã
    sobre, 147
    Bolinho de abóbora temperadinho com semente de abóbora, *140*, 142-3
    Feijão-carioca e tofu à moda mexicana, *146*, 148
    Granola de lentilha germinada com damasco, 334-5
    Mexido de tofu Califórnia, *254*, 256-7
    Mingau de aveia, maçã e cardamomo à moda escandinava, *218*, 222
    Mingau de teff com tâmara, figo e pistache, 178-9
    Panquecas de trigo-sarraceno e pera, 150-1
    Polenta com folhas de mostarda, 258-9

Shake matinal de frutas e amêndoas, 298
Tigela crocante de farro e chia com frutas frescas, 294-5
Tigela de quinoa e banana com pasta de amendoim, 149
Vitamina verde tropical, *296*, 299
Waffles de aveia e mirtilos, 202-3
Café gelado batido com avelãs, 317
cajun, tempero, 345
cálcio, 255
caldo de legumes, 359-60
calorias, 75
câncer, 337
caqui, *180*, 182-3
carboidratos, 141
cardamomo
  à moda escandinava, Mingau de aveia, maçã e, *218*, 222
  Abóbora assada com gengibre e, *224*, 228-9
Caribe, Feijão à moda do, 42-3
carne
  produtos que imitam, 261
  questões de saúde associadas a, 15, 19, 25, 75
  refeições sem a carne como elemento principal, 25, 349
Cassoulet de alecrim e azeitonas, 100-1
castanha de caju
  com pipoca de sementes, Queijo de, 342-3
  Couve no missô com, *58*, 60-1
  cebola caramelizada, 34-5
celíaca, doença, 16
centeio
  Abobrinha recheada com, e açafrão, *164*, 168-9
  Pilaf de, e pimentão vermelho, 72-3
cereais industrializados, refinados, 67, 81, 141, 147, 159
cereais integrais, 75, 141
cereja
  e chia, Barrinhas nutritivas de noz-pecã, 216-7
  Mix energético de chocolate amargo e, *290*, 295
cevada
  sobre, 144
  com algas marinhas e amendoim, 144-5
  Sopa de tomate e, 274-5

chá
  sobre, 315
  de romã e flores, 318
  Refresco de limão e alfazema, 316
chana dal, Cozido de, *200*, 205
chimichurri, Espetinhos vegetarianos com seitan ao, *348*, 350-1
chocolate amargo
  sobre, 327
  Bolo de maçã e uva-passa, 236-7
  Brownie de feijão-preto e nozes, *326*, 329
  Chocolate quente picante, 328
  e cereja, Mix energético de, *290*, 295
  Torta cremosa de pasta de amendoim, *232*, 234-5
chocolate quente, 328
Chocolate quente picante, 328
chuchu, 65-6
cobertura de chocolate, *340*, 346-7
coco
  essência de, 299
  iogurte de coco. *Ver* iogurte
  leite de, 357
  Abacaxi e manga com, 76
  Arroz-doce integral com banana e, 250-1
  Barrinhas nutritivas de noz-pecã, cereja e chia, 216-7
  Granola de lentilha germinada com damasco, 334-5
  Mix energético de chocolate amargo e cereja, *290*, 295
  Tigela de quinoa e banana com pasta de amendoim, 149
coentro, *194*, 196-7
cogumelo
  sobre, 301
  Abobrinha recheada com centeio e açafrão, *164*, 168-9
  Bolo salgado de cereais e nozes com molho de, 354-6
  Cozido de vagem com cebola caramelizada, 34-5
  Frigideira de tempeh e noodle com couve-chinesa, *260*, 264-5
  Fusilli à toscana com acelga e favas, 184-5
  Gratinado de brócolis e, 304-5
  Hambúrguer de farro e feijão-branco, *52*, 54-5

Índice remissivo

Lámen com kimchi coreano, 322-3
Lentilha com cogumelos silvestres e brócolis, 242-3
portobello, Torta de espinafre e, *300*, 306-7
Refogado à moda de Xangai com arroz negro, *18*, 20-1
Risoto de aveia com aspargos, 56-7
Suculento feijão-branco assado com shitake, 302-3
Tacos de tofu e, 26-7
Wraps de alface à moda tailandesa, *246*, 252-3
comprar alimentos, 89, 103
condimentos, 358-9
confeitaria. *Ver* pão, bolos, biscoitos
couve
 com nectarina e castanha-do-pará, Salada toscana de, *278*, 281
 e zátar, Cozido de grão-de-bico com, 30-1
 no missô com castanha de caju, *58*, 60-1
couve-chinesa (bok choy), *260*, 264-5
Couve-de-bruxelas assada com limão, sálvia e avelã, 78-9
couve-flor
 assada com condimentos moídos na hora, 138-9
 Salada primaveril com divino molho verde, 310-1
 Tagine marroquino vegetariano com cuscuz, *186*, 192-3
cozidos. *Ver* sopas, cozidos
cozinhar, 165
cranberries, 118-9
creme azedo vegetal, 358
Crumble de pêssego e cranberries, 118-9
CSA (Community Supported Agriculture), 111
Cupcake de cenoura com cobertura de chocolate, *340*, 346-7
cuscuz
 marroquino com damasco e pistaches, 84-5
 Tagine marroquino vegetariano com, *186*, 192-3

D

damasco
 e pistaches, Cuscuz marroquino com, 84-5
 Granola de lentilha germinada com, 334-5
despensa, ingredientes básicos, 53
DHA (ácido docosa-hexaenoico), 291
divino molho verde, 300-301
doces, 233
drinques. *Ver* bebidas

E

edamame, Homus de, 160-1
endívia com ervilhas, broto de ervilha e molho cremoso de limão, Salada de, *74*, 77
endro, 114-5
ensopados
 Cozido de vagem com cebola caramelizada, 34-5
 Gratinado de brócolis e cogumelo, 304-5
 Ratatouille de tofu, 262-3
 Suculento feijão-branco assado com shitake, 302-3
EPA (ácido eicosapentaenoico), 291
erva-doce, 204
ervas, 187
ervas de Provença, 359
ervas e kiwi com pistache e molho de laranja, Salada de, *308*, 312
ervilha
 broto de ervilha e molho cremoso de limão, Salada de endívia com, *74*, 77
 cremosas, Batata e, 226-7
 Guandu com abóbora e sofrito, 210-1
 Salada de udon com gergelim e ervilha--torta, *32*, 38-9
 Salada picante de feijão-fradinho, *172*, 174-5
 Sopa sueca de, *128*, 130-1
especiarias, temperos, 187
espelta, Salada tropical de repolho-roxo e, *88*, 92-3
Espetinhos vegetarianos com seitan ao chimichurri, *348*, 350-1
espinafre
 baby, Salada de arroz selvagem com caqui e, *180*, 182-3
 e cogumelo Portobello, Torta de, *300*, 306-7

F
farelo de pão integral, 107
farro
    e feijão-branco, Hambúrguer de, *52*, 54-5
    e chia com frutas frescas, Tigela crocante de, 294-5
favas, Fusilli à toscana com acelga e, 184-5
Feijão à moda do Caribe, 42-3
Feijão à moda siciliana, 108-9
feijão-branco
    assado com shitake, Suculento, 302-3
    e tomate seco, Torradas rústicas de, 198-9
    Hambúrguer de farro e, *52*, 54-5
feijão com milho, 268-9
feijão-de-lima, *266*, 270-1
feijão-preto
    abacate e coentro, Quesadillas de, *194*, 196-7
    e milho picante, 248-9
    e nozes, Brownie de, *326*, 329
Feijão-rajado com milho à moda cajun, 268-9
feijão-verde francês (flageolet), 100
Feijão-vermelho com jambalaya de quiabo, 36-7
Fettuccine ao romesco, 22-3
figo
    Barrinhas de aveia e figo, 126-7
    Mingau de teff com tâmara, figo e pistache, 178-9
fitoquímicos, 14, 41, 201, 261
flores, Chá de romã e, 318
Focaccia de grão-de-bico com tomate seco e azeitonas, 166-7
folhas de mostarda, Polenta com, 258-9
frutas
    porções recomendadas de, 117
    tropicais, 76
    Pavê de damasco, ameixa e pêssego, 230-1
    Shake matinal de frutas e amêndoas, 298
    Vitamina verde tropical, *296*, 299
frutas vermelhas
    Mix energético de chocolate amargo e cereja, *290*, 295
    Salada de frutas vermelhas com molho de zimbro, *272*, 276-7

Shake matinal de frutas e amêndoas, 298
Tigela crocante de farro e chia com frutas frescas, 294-5
fubá, flocos de milho. *Ver* polenta
Fusilli à toscana com acelga e favas, 184-5

G
garam masala, 154-5, 358-9
gengibre
    e amaranto, Biscoitos crocantes de, 162-3
    e cardamomo, Abóbora assada com, *224*, 228-9
gergelim e ervilha-torta, Salada de udon com, *32*, 38-9
glúten, sensibilidade, 81
gorduras, 213-4, 291
granola e barrinhas de granola
    Barrinhas nutritivas de noz-pecã, cereja e chia, 216-7
    Granola de lentilha germinada com damasco, 334-5
grão-de-bico
    com couve e zátar, Cozido de, 30-1
    com tomate seco e azeitonas, Focaccia de, 166-7
    Cozido de chana dal, *200*, 205
    e algas marinhas, Sanduíche de, *320*, 324-5
    Homus de edamame, 160-1
    Tagine marroquino vegetariano com cuscuz, *186*, 192-3
    tostado bem temperado, 48-9
grãos
    germinados, 331, 333
    integrais, 81, 250
grãos germinados
    sobre, 331
    Abobrinha com arroz germinado, *330*, 332-3
    Granola de lentilha germinada com damasco, 334-5
Gratinado de brócolis e cogumelo, 304-5
Guacamole fresco com tomate e pimenta, 215
Guandu com abóbora e sofrito, 210-1

H
Hambúrguer de farro e feijão-branco, *52*, 54-5

Índice remissivo

Homus de edamame, 160-1
hortaliças
   sobre, 59
   em fita, 170-1
   folhas verde-escuras, 181
   recheadas, 168-9
   Espetinhos vegetarianos com seitan ao chimichurri, *348*, 350-1
   Legumes ao forno com kümmel, 352-3
   Salada de hortaliças em fita com molho de limão, 170-1
   Sopa de lentilha vermelha com batata e sálvia, 190-1
   Tagine marroquino vegetariano com cuscuz, *186*, 192-3

I
informação nutricional, 15, 67
iogurte
   Abacaxi e manga com coco, 76
   Lassi de soja e morango, *284*, 288
   Pavê de damasco, ameixa e pêssego, 230-1
   Salada primaveril com divino molho verde, 310-1
   Shortcake de morango e macadâmias, *110*, 112-3
isoflavonas, 261

J
jambalaya de quiabo, Feijão-vermelho com, 36-7

K
kimchi coreano, Lámen com, 322-3

L
laranja
   Abacaxi e manga com coco, 76
   Feijão à moda do Caribe, 42-3
   Macarrão soba com amendoim e seitan, *66*, 68-9
   Nhoque de batata-doce com pesto de pistaches e laranja, 90-1
   Pãozinho de minuto de painço e laranja, *80*, 86-7
   Salada de abóbora e cebola caramelizada, 344-5
   Salada de cenoura, beterraba e trigo-sarraceno à moda de Mumbai, 154-5
   Salada de ervas e kiwi com pistache e molho de laranja, *308*, 312

Salada de udon com gergelim e ervilha-torta, *32*, 38-9
Salada tropical de repolho-roxo e espelta, *88*, 92-3
Shake matinal de frutas e amêndoas, 298
Vinho quente com uvas-passas e amêndoas, 338
Vitamina verde tropical, *296*, 299
Lasanha de alcachofra e berinjela à moda mediterrânea, *102*, 106-7
Lassi de soja e morango, *284*, 288
Legumes ao forno com kümmel, 352-3
leguminosas
   sobre, 41
   como probióticos, 248
   e grãos germinados, 331, 333
   Brownie de feijão-preto e nozes, *326*, 329
   Cassoulet de alecrim e azeitonas, 100-1
   Cozido de vagem com cebola caramelizada, 34-5
   Cozido defumado com batata-doce, *206*, 208-9
   Feijão à moda do Caribe, 42-3
   Feijão à moda siciliana, 108-9
   Feijão-carioca e tofu à moda mexicana, *146*, 148
   Feijão-preto e milho picante, 248-9
   Feijão-rajado com milho à moda cajun, 268-9
   feijão-verde francês (flageolet), 100
   Feijão-vermelho com jambalaya de quiabo, 36-7
   Fusilli à toscana com acelga e favas, 184-5
   Hambúrguer de farro e feijão-branco, *52*, 54-5
   Quesadillas de feijão-preto, abacate e coentro, *194*, 196-7
   Salada de vagem, tomate e amêndoas, *46*, 50-1
   Salada picante de feijão-fradinho, *172*, 174-5
   Sopa de tortilha, *122*, 124-5
   Succotash de verão com tomate, *266*, 270-1
   Suculento feijão-branco assado com shitake, 302-3
   Torradas rústicas de feijão-branco e tomate seco, 198-9
   Tradicional salada de alface com tofu, *94*, 96-7

leite vegetal, 285
lentilha
   sobre, 44
   à moda etíope, Cozido de inhame e, 104-5
   Bolo salgado de cereais e nozes com molho de cogumelos, 354-6
   com cogumelos silvestres e brócolis, 242-3
   com tomate-cereja, Salada de, *40*, 44-5
   germinada com damasco, Granola de, 334-5
   vermelha com batata e sálvia, Sopa de, 190-1
levedura nutricional, 307
limão
   e alfazema, Refresco de, 316
   molho cremoso de, *74*, 77
   molho de, 170-1
   sálvia e avelã, Couve-de-bruxelas assada com, 78-9
linhaça, 219, 291, 292-3, 297
lista de compras, 89

M
macadâmia
   Biscoitos crocantes de gengibre e amaranto, 162-3
   Salada de endívia com ervilhas, broto de ervilha e molho cremoso de limão, *74*, 77
   Shortcake de morango e macadâmias, *110*, 112-3
   Macarrão soba com amendoim e seitan, 66, 68-9
maionese vegetal, 343-44
manjericão, Sorbet de melancia e, *116*, 120
manga, 76
margarina vegetal, 357-8
massas
   Fettuccine ao romesco, 22-3
   Frigideira de tempeh e noodle com couve-chinesa, *260*, 264-5
   Fusilli à toscana com acelga e favas, 184-5
   Lámen com kimchi coreano, 322-3
   Lasanha de alcachofra e berinjela à moda mediterrânea, *102*, 106-7
   Macarrão de abóbora com molho de tomate e pignoli, 62-3
   Macarrão soba com amendoim e seitan, 66, 68-9
   Nhoque de batata-doce com pesto de pistaches e laranja, 90-1
   Penne integral com pesto à moda de Trápani, 132-3
   Salada de udon com gergelim e ervilha-torta, *32*, 38-9
   Sopa de abobrinha e orzo, 70-1
   Ver também cuscuz; pratos principais
mercados e quitandas locais, 111
meta de alimentação à base de vegetais, 19, 349
Mexido de tofu Califórnia, *254*, 256-7
microbiota, 247
milho
   à moda cajun, Feijão-rajado com, 268-9
   picante, Feijão-preto e, 248-9
   Refogado à moda de Xangai com arroz negro, *18*, 20-1
   Sopa de tortilha, *112*, 124-5
   Succotash de verão com tomate, *266*, 270-1
mingau
   de teff com tâmara, figo e pistache, 178-9
   de aveia, maçã e cardamomo à moda escandinava, *218*, 222
missô com castanha de caju, Couve, *58*, 60-1
mistura de ervas com baixo teor de sódio, 359
Mix energético de chocolate amargo e cereja, *290*, 295
molho
   à putanesca, 98-9
   cremoso de limão, *74*, 77
   de cogumelo, 354-6
   de laranja, *308*, 312
   de limão, 170-1
   de tomate, 62-3
   de zimbro, *272*, 276-7
   romesco, 22-3
   verde, divino, 310-1
mostarda, Polenta com folhas de, 258-9
Muhammara, 188-9

N
nabo, Purê trufado de batata e, 282-3
nectarina, *278*, 281

Índice remissivo

Nhoque de batata-doce com pesto de pistaches e laranja, 90-1
nozes
    Brownie de feijão-preto e nozes, *326*, 329
    Muhammara, 188-9
    Pão de linhaça, banana e nozes, 292-3
noz-pecã
    cereja e chia, Barrinhas nutritivas de, 216-7
    Torta de batata-doce e, 238-9
nutrientes estrelados, 15

O

oleaginosas e sementes
    sobre, 219
    Barrinhas nutritivas de noz-pecã, cereja e chia, 216-7
    Biscoitos integrais com sementes, 220-1
    Bolinho de abóbora temperadinho com semente de abóbora, *140*, 142-3
    Bolo salgado de cereais e nozes com molho de cogumelo, 354-6
    Granola de lentilha germinada com damasco, 334-5
    Legumes ao forno com kümmel, 352-3
    Macarrão de abóbora com molho de tomate e pignoli, 62-3
    Pasta caseira de amêndoa, amendoim e sementes, 223
    Queijo de castanha de caju com pipoca de sementes, 342-3
    Salada de abóbora e cebola caramelizada, 344-5
    Salada toscana de couve com nectarina e castanha-do-pará, *278*, 281
    Shortcake de morango e macadâmias, *110*, 112-3
    Tigela crocante de farro e chia com frutas frescas, 294-5
    Torta de batata-doce e noz-pecã, 238-9
óleo de canola prensado a frio, 357
onívoro, definição, 19
orzo, 70-1
ossos, saúde e nutrição dos, 255

P

painço
    Bolo salgado de cereais e nozes com molho de cogumelo, 354-6

Pãozinho de minuto de painço e laranja, *80*, 86-7
panela de pressão, 207
panela elétrica (slow cooker), 207
Panquecas de trigo-sarraceno e pera, 150-1
pão, bolo, biscoitos
    Biscoitos crocantes de gengibre e amaranto, 162-3
    Biscoitos integrais com sementes, 220-1
    Bolinho de abóbora temperadinho com semente de abóbora, *140*, 142-3
    Bolo de maçã e uva-passa, 236-7
    Focaccia de grão-de-bico com tomate seco e azeitonas, 166-7
    Pão de linhaça, banana e nozes, 292-3
    Pãozinho de minuto de painço e laranja, *80*, 86-7
    Torradas rústicas de feijão-branco e tomate seco, 198-9
Pão de linhaça, banana e nozes, 292-3
pão integral, farelo, 107
Pãozinho de minuto de painço e laranja, *80*, 86-7
papaia, Wraps de tofu ao curry com, *152*, 156-7
Pasta caseira de amêndoa, amendoim e sementes, 223
patês
    Guacamole fresco com tomate e pimenta, 215
    Homus de edamame, 160-1
    Muhammara, 188-9
Pavê de damasco, ameixa e pêssego, 230-1
perda de peso, 575
pescetarianos, definição, 19
pêssego e cranberries, Crumble de, 118-9
pesto
    à moda de Trápani, 132-3
    de pistaches e laranja, 90-1
Pilaf de centeio e pimentão vermelho, 72-3
pimentão
    Muhammara, 188-9
    Pilaf de centeio e pimentão vermelho, 72-3
pignoli, Macarrão de abóbora com molho de tomate e, 62-3
pipoca de sementes, Queijo de castanha de caju com, 342-3
pistache
    Cuscuz marroquino com damasco e, 84-5

e laranja, Nhoque de batata-doce com pesto de, 90-1
e molho de laranja, Salada de ervas e kiwi com, *308*, 312
Mingau de teff com tâmara, figo e, 178-9
pizza de rúcula, *24*, 28-9
planejamento de refeições, 89
polenta
    com folhas de mostarda, 258-9
    com molho à putanesca, 98-9
polifenóis, 327
pratos principais
    Abobrinha recheada com centeio e açafrão, *164*, 168-9
    Bolo salgado de cereais e nozes com molho de cogumelo, 354-6
    Cevada com algas marinhas e amendoim, 144-5
    Cozido defumado com batata-doce, *206*, 208-9
    Feijão à moda do Caribe, 42-3
    Frigideira de tempeh e noodle com couve-chinesa, *260*, 264-5
    Hambúrguer de farro e feijão-branco, *52*, 54-5
    Lentilha com cogumelos silvestres e brócolis, 242-3
    Macarrão soba com amendoim e seitan, *66*, 68-9
    Pizza salada de rúcula, *24*, 28-9
    Quesadillas de feijão-preto, abacate e coentro, *194*, 196-7
    Ratatouille de tofu, 262-3
    Refogado à moda de Xangai com arroz negro, *18*, 20-1
    Risoto de aveia com aspargos, 56-7
    Suculento feijão-branco assado com shitake, 302-3
    Tacos de tofu e cogumelos, 26-7
    Torta de espinafre e cogumelo portobello, *300*, 306-7
    Ver também massas
probióticos, 248, 250
processador, liquidificador, mixer, 207
produtos
    frescos *versus* em conserva, 123
    períodos de safra dos, 225
purê de maçã, 357
purê de pera, 357

Purê trufado de batata e nabo, 282-3
putanesca, molho à, 98-9

Q

queijo vegano
    Cupcake de cenoura com cobertura de chocolate, *340*, 346-7
    Queijo de castanha de caju com pipoca de sementes, 342-3
quesadillas, *194*, 196-7
quiabo
    sobre, 13
    Feijão-vermelho com jambalaya de quiabo, 36-7
quiche. *Ver* Torta de espinafre e cogumelo portobello
quinoa e banana com pasta de amendoim, Tigela de, 149
quinoa vermelha, Salada de, 82-3

R

Ratatouille de tofu, 262-3
Refogado à moda de Xangai com arroz negro, *18*, 20-1
repolho
    Borscht de beterraba e folhas de beterraba, 244-45
    Lámen com kimchi coreano, 322-3
    Refogado à moda de Xangai com arroz negro, *18*, 20-1
    Salada tropical de repolho-roxo e espelta, *88*, 92-3
    Wraps de alface à moda tailandesa, *246*, 252-3
restaurantes, 153
Risoto de aveia com aspargos, 56-7
romã
    Salada de quinoa vermelha, 82-3
    Chá de romã e flores, 318
    xarope de, 188-9
romesco, molho, 22-3
rótulos de alimentos, 67
rúcula
    Pizza salada de, *24*, 28-9
    Salada de maçã, erva-doce e, 204
    Vitamina verde tropical, *296*, 299

S

sabores do mundo, 129
sal, 195

salada
- de abóbora e cebola caramelizada, 344-5
- de alface com tofu, Tradicional 94, 96-7
- de arroz selvagem com caqui e espinafre baby, *180*, 182-3
- de batata à moda da Pantelária, *134*, 136-7
- de cenoura, beterraba e trigo-sarraceno à moda de Mumbai, 154-5
- de chuchu e jicama, 64-5
- de endívia com ervilhas, broto de ervilha e molho cremoso de limão, 74, 77
- de ervas e kiwi com pistache e molho de laranja, *308*, 312
- de frutas vermelhas com molho de zimbro, *272*, 276-7
- de hortaliças em fita com molho de limão, 170-1
- de lentilha com tomate-cereja, *40*, 44-5
- de maçã, erva-doce e rúcula, 204
- de quinoa vermelha, 82-3
- de udon com gergelim e ervilha-torta, *32*, 38-9
- de vagem, tomate e amêndoas, *46*, 50-1
- picante de feijão-fradinho, *172*, 174-5
- Pizza de rúcula, *24*, 28-9
- primaveril com divino molho verde, 310-1
- Succotash de verão com tomate, *266*, 270-1
- Tabule de trigo-sarraceno, 176-7
- toscana de couve com nectarina e castanha-do-pará, *278*, 281
- tropical de repolho-roxo e espelta, *88*, 92-3

sálvia, Sopa de lentilha vermelha com batata e, 190-1

sanduíches, patês ou recheios
- Hambúrguer de farro e feijão-branco, *52*, 54-5
- Homus de edamame, 160-1
- Muhammara, 188-9
- Pasta caseira de amêndoa, amendoim e sementes, 223
- Queijo de castanha de caju com pipoca de sementes, 342-3
- Sanduíche de grão-de-bico e algas marinhas, *320*, 324-5
- *Ver também* wraps

seitan
- ao chimichurri, Espetinhos vegetarianos com, *348*, 350-1
- Macarrão soba com amendoim e, *66*, 68-9

sementes. *Ver* oleaginosas e sementes

semente de abóbora, Bolinho de abóbora temperadinho com, *140*, 142-3

sensibilidade ao glúten, 81

shakes. *Ver* vitaminas

Shake matinal de frutas e amêndoas, 298

shitake, Suculento feijão-branco assado com, 302-3

Shortcake de morango e macadâmias, *110*, 112-3

sobremesas
- Abacaxi e manga com coco, 76
- Arroz-doce integral com banana e coco, 250-1
- Barrinhas de aveia e figo, 126-7
- Biscoitos crocantes de gengibre e amaranto, 162-3
- Bolo de maçã e uva-passa, 236-7
- Brownie de feijão-preto e nozes, *326*, 329
- Crumble de pêssego e cranberries, 118-9
- Cupcake de cenoura com cobertura de chocolate, *340*, 346-7
- Pão de linhaça, banana e nozes, 292-3
- Pavê de damasco, ameixa e pêssego, 230-1
- Shortcake de morango e macadâmias, *110*, 112-3
- Sorbet de melancia e manjericão, *116*, 120
- Torta cremosa de pasta de amendoim, *232*, 234-5
- Torta de batata-doce e noz-pecã, 238-9

sódio, 67, 195

sofrito, 210-1

soja
- sobre, 261
- Couve no missô com castanha de caju, *58*, 60-1
- e morango, Lassi de, *284*, 288
- Sanduíche de grão-de-bico e algas marinhas, *320*, 324-5
- *Ver também* tofu

sopas, cozidos
- Borscht de beterraba e folhas de beterraba, 244-45

Cassoulet de alecrim e azeitonas, 100-1
Cozido de chana dal, *200*, 205
Cozido de grão-de-bico com couve e zátar, 30-1
Cozido de inhame e lentilha à moda etíope, 104-5
Cozido defumado com batata-doce, *206*, 208-9
Feijão-preto e milho picante, 248-9
Feijão-rajado com milho à moda cajun, 268-9
Feijão-vermelho com jambalaya de quiabo, 36-7
Guandu com abóbora e sofrito, 210-1
Lámen com kimchi coreano, 322-3
Ratatouille de tofu, 262-3
Sopa de abobrinha e orzo, 70-1
Sopa de batata assada e alho-poró, 286-7
Sopa de lentilha vermelha com batata e sálvia, 190-1
Sopa de tomate e cevada, 274-5
Sopa de tortilha, *122*, 124-5
Sopa sueca de ervilha, *128*, 130-1
Tagine marroquino vegetariano com cuscuz, *186*, 192-3
Sorbet de melancia e manjericão, *116*, 120
Succotash de verão com tomate, *266*, 270-1
Suculento feijão-branco assado com shitake, 302-3
supermercados, 103, 111
suplementos alimentícios, 173, 255

T

Tabule de trigo-sarraceno, 176-7
taco, tempero para, 359
Tacos de tofu e cogumelos, 26-7
Tagine marroquino vegetariano com cuscuz, *186*, 192-3
tahine, 183
tailandesa, Wraps de alface à moda, *246*, 252-3
tâmara
    sobre, 166-67
    Biscoitos crocantes de gengibre e amaranto, 162-3
    Bolinho de abóbora temperadinho com semente de abóbora, *140*, 142-3
    figo e pistache, Mingau de teff com, 178-9
    Granola de lentilha germinada com damasco, 334-5

teff com tâmara, figo e pistache, Mingau de, 178-9
tempeh e noodle com couve-chinesa, Frigideira de, *260*, 264-5
Tigela crocante de farro e chia com frutas frescas, 294-5
tofu
    à moda mexicana, Feijão-carioca e, *146*, 148
    ao curry com papaia, Wraps de, *152*, 156-7
    assado, 96
    assados no limão e endro, Aspargo e, 114-5
    Califórnia, Mexido de, *254*, 256-7
    e cogumelos, Tacos de, 26-7
    Lámen com kimchi coreano, 322-3
    prensado, 115
    Ratatouille de, 262-3
    Torta cremosa de pasta de amendoim, *232*, 234-5
    Torta de espinafre e cogumelo portobello, *300*, 306-7
    Tradicional salada de alface com, *94*, 96-7
tomate
    e amêndoas, Salada de vagem, *46*, 50-1
    e cevada, Sopa de, 274-5
    e pimenta, Guacamole fresco com, 215
    molho de, 62-3
    Polenta com molho à putanesca, 98-9
    Salada de batata à moda da Pantelária, *134*, 136-7
    Salada de lentilha com tomate-cereja, *40*, 44-5
    Salada picante de feijão-fradinho, *172*, 174-5
    seco e azeitonas, Focaccia de grão-de-bico com, 166-7
    seco, Torradas rústicas de feijão-branco e, 198-9
    Sopa de tortilha, *122*, 124-5
    Succotash de verão com, *266*, 270-1
    Tagine marroquino vegetariano com cuscuz, *186*, 192-3
torradas rústicas, 198-9
torta
    cremosa de pasta de amendoim, *232*, 324-5
    de batata-doce e noz-pecã, 238-9
    de espinafre e cogumelo portobello, *300*, 306-7

tortilha
    Feijão-carioca e tofu à moda mexicana, *146*, 148
    Quesadillas de feijão-preto, abacate e coentro, *194*, 196-7
    Sopa de, *122*, 124-5
    Tacos de tofu e cogumelos, 26-7
    Wraps de tofu ao curry com papaia, *152*, 156-7
Tradicional salada de alface com tofu, *94*, 96-7
tradições culinárias, 33
trigo-sarraceno
    à moda de Mumbai, Salada de cenoura, beterraba e, 154-5
    Barrinhas nutritivas de noz-pecã, cereja e chia, 216
    e pera, Panquecas de, 150-1
    Tabule de, 176-7

U

udon com gergelim e ervilha-torta, Salada de, *32*, 38-9
umami, 301, 341
utensílios de cozinha, 207
uva-passa
    Barrinhas nutritivas de noz-pecã, cereja e chia, 216-7
    Bolo de maçã e uva-passa, 236-7
    Cupcake de cenoura com cobertura de chocolate, *340*, 346-7
    Mingau de aveia, maçã e cardamomo à moda escandinava, *218*, 222
    Salada de cenoura, beterraba e trigo-sarraceno à moda de Mumbai, 154-5
    Tagine marroquino vegetariano com cuscuz, *186*, 192-3
    Vinho quente com uvas-passas e amêndoas, 338

V

vagem, tomate e amêndoa, Salada de, *46*, 50-1
variedade, refeições, 95
vegano, definição, 19
vegetais
    benefícios nutricionais, 14-5
    coloridos, 201
    história dos, 13-4
    inteiros, consumo, 241
    paixão pelos, 341

vegetariano, definição, 19
verduras
    Borscht de beterraba e folhas de beterraba, 244-45
    Couve no missô com castanha de caju, *58*, 60-1
    Polenta com folhas de mostarda, 258-9
    Salada de ervas e kiwi com pistache e molho de laranja, *308*, 312
vinho
    sobre, 321, 337
    quente com uvas-passas e amêndoas, 338
    Risoto de aveia com aspargos, 56-7
vitamina B12, 173
vitamina D, 255
vitaminas
    sobre, 297
    Shake matinal de frutas e amêndoas, 298
    Vitamina verde tropical, *296*, 299
vitamina verde, *296*, 299

W

Waffles de aveia e mirtilos, 202-3
wraps
    de alface à moda tailandesa, *246*, 252-3
    de tofu ao curry com papaia, *152*, 156-7

X

xarope de bordo (maple syrup), 238-9

Z

zátar
    sobre, 359
    Cozido de grão-de-bico com couve e, 30-1
zimbro, molho de, *272*, 276-7

Compartilhe a sua opinião
sobre este livro usando a hashtag
#MudeSuaDieta
nas nossas redes sociais:

/EditoraAlaude
/EditoraAlaude
/AlaudeEditora